Eric Mührel
Verstehen und Achten

AF545412

Eric Mührel

Verstehen und Achten

Professionelle Haltung als Grundlegung Sozialer Arbeit

4., überarbeitete Auflage

Der Autor

Eric Mührel, Dr. phil. habil., Dipl.-Päd. (Univ.), Dipl.-Soz. Arb. (FH), Professor für professionsspezifische und ethische Grundlagen sozialer Berufe, Hochschule Koblenz, Fachbereich Sozialwissenschaften.

Das Werk einschließlich aller seiner Teile ist urheberrechtlich geschützt. Jede Verwertung ist ohne Zustimmung des Verlags unzulässig. Das gilt insbesondere für Vervielfältigungen, Übersetzungen, Mikroverfilmungen und die Einspeicherung und Verarbeitung in elektronische Systeme.

Dieses Buch ist erhältlich als:
ISBN 978-3-7799-6036-2 Print
ISBN 978-3-7799-5312-8 E-Book (PDF)

4., überarbeitete Auflage 2019
Vorauflagen erschienen im Verlag DIE BLAUE EULE · Essen

© 2019 Beltz Juventa
in der Verlagsgruppe Beltz · Weinheim Basel
Werderstraße 10, 69469 Weinheim
Alle Rechte vorbehalten

Herstellung und Satz: Ulrike Poppel
Druck und Bindung: Beltz Grafische Betriebe GmbH, Bad Langensalza
Printed in Germany

Weitere Informationen zu unseren Autor_innen und Titeln finden Sie unter: www.beltz.de

Vorwort zur 4. Auflage

Die vierte Auflage von *Verstehen und Achten* erscheint mit neuem Untertitel und nunmehr im Verlag Beltz Juventa. Die Veränderung des Untertitels weist darauf hin, dass zu den bleibenden Kerngedanken gut fünfzehn Jahre nach der Erstveröffentlichung eine neue Kontextualisierung erfolgte. Damit ist auch eine leicht veränderte Gesamtausrichtung der Erörterungen intendiert. Im Jahr der ersten Auflage 2005, in den Hochzeiten der Ökonomisierung und der Marktorientierung, wurden *Haltung* und zumal *professionelle Haltung* in der Sozialen Arbeit eher als beiläufige Spielereien betrachtet. Es ging um Effizienz und Effektivität, *best practice* und Kundenorientierung. Zu Zeiten der zweiten Auflage 2008 hatte sich daran im Wesentlichen noch nicht viel geändert. Erst als die Finanz-, Wirtschafts- und Staatenkrise mit voller Wucht einsetzte, stürzte dieses Denken de facto in sich zusammen, obgleich die damals eingeführten Mechanismen weiterhin fast alle gesellschaftliche Sphären durchweben und bestimmen – auch die Soziale Arbeit. Als 2015 die dritte Auflage erschien war die aufkommende Aktualität von (professioneller) Haltung und zudem auch die der (philosophischen) Reflexion leicht zu verstehen. Haltung galt als Inbegriff einer Gegenbewegung zur *kalten* Ökonomisierung. Menschen mit ihrer Freiheit und damit Würde sollten wieder in den Fokus gesellschaftlicher Diskurse rücken. Damit einher ging eine allgemeine Repolitisierung, die der Politik den Primat vor der Wirtschaft wieder zusprach. Auch in der Sozialen Arbeit fand diese Bewegung unter dem Label *Kritische Soziale Arbeit* spürbar ihren Widerhall. Freilich lässt sich fragen, warum ein gesellschaftliches Primat sich vornehmlich auf die Politik oder auf die Ökonomie und nicht beispielsweise auf die Kunst, das Recht oder die Kultur insgesamt beziehen sollte.

Wird es jetzt absehbar wieder stiller werden um die (professionelle) Haltung? Es gibt zwar sicherlich noch genügend gesellschaftliche Abgründe wie beispielhaft der aufziehende neue Antisemitismus, die zu Haltung aufrufen. Doch die Halbwertzeiten von Leitbegriffen sind aktuell kurz. Ist Haltung nicht doch ein zu weiter, zu weicher und sozialwissenschaftlich nicht operationalisierbarer Begriff? All diesen etwaigen Entwicklungen entgegen wirkt nun die Konturierung der veränderten Gesamtausrichtung, indem sie im aristotelischen Sinne Haltung durchaus klar umfasst und beschreibt. Auf diesem Fundament wird dann professionelle Haltung als – systematische – Grundlegung Sozialer Arbeit mit den Paradigmen Verstehen und Achten erörtert. Die Ausführungen zum Verstehen beziehen sich im Wesentlichen auf die Hermeneutik Hans-Georg Gadamers. Die Perspektiven auf das Achten orientieren sich an der Fundamentalethik Emmanuel Lévinas' und an der Dekonstruktion der *Gastfreundschaft* von Jacques Derrida.

Es soll an dieser Stelle der Hinweis erfolgen, dass die Haltung, die Gadamer in der Zeit der nationalsozialistischen Gewaltherrschaft einnahm, zwiespältig war. Er war zwar kein Mitglied der NSDAP, aber 1933 Mitunterzeichner des „Bekenntnisses der Professoren an den deutschen Universitäten und Hochschulen zu Adolf Hitler und dem nationalsozialistischen Staat". Zudem hat er in seinem beruflichen Werdegang von der *Entlassung* jüdischer Kollegen von Universitäten profitiert. Erwähnt werden soll auch seine im Auftrag des Auswärtigen Amtes erfolgte Vortragsreihe im besetzten Paris 1941 mit anklingenden völkischen Inhalten. Gadamer kann als Paradebeispiel für die persönliche Anpassung im Nationalsozialismus aus Karrieregründen betrachtet werden. Damit reiht er sich ein in die in großen Teilen unrühmliche Haltung vieler seiner damaligen Kollegen, wie es beispielhaft in der Sonderausgabe „Die Philosophen und der Nationalsozialismus" des Philosophie Magazins Anfang 2015 dargestellt wird. Auf dem Hintergrund dieser zumindest nicht eindeutigen Haltung Gadamers zum Nationalsozialismus erscheint die Spannung zwischen den hier dargestellten philosophischen Denkwegen von Gadamer auf der einen Seite wie denen von Lévinas und Derrida, beide mit ihrem je eigenen und spezifischen Verhältnis zu *ihrem* Judentum, auf der anderen Seite nochmals in einem besonderen *Licht*.

Die Verweise auf die Schriften Derridas, Lévinas' und Gadamers wurden nicht mit Bezug auf neuere Ausgaben ihrer Werke aktualisiert. Der hierfür notwendige zeitliche Aufwand wäre unangemessen gewesen. Dementgegen wurden die Verweise auf die Pensées Blaise Pascals neu gestaltet. Die Nummerierung der einzelnen Fragmente orientiert sich nun mit einer Ausnahme an der Zählung von *Sellier deux* in der Edition von Philippe Sellier (französische Ausgabe 2003, deutsche Ausgabe 2016) und nicht mehr an der von Léon Brunschvicg in der Herausgabe von Ewald Wasmuth von 2001 (10. Auflage).

Die zitierte Literatur wird nach der geisteswissenschaftlich üblichen Weise mit Kurztiteln in den jeweiligen Anmerkungen wiedergegeben. Der vollständige Titel der jeweiligen Literatur ist im Literaturverzeichnis einsehbar.

An dieser Stelle bedanke ich mich ausdrücklich bei Herrn Dr. Hohmann vom Verlag „Die Blaue Eule" für die hervorragende Zusammenarbeit bei der Veröffentlichung der ersten drei Auflagen. Weiterhin gilt mein Dank auch Frau Silke Schlaf für die unterstützende Gestaltung des Manuskripts der jetzigen Auflage.

Koblenz, im Mai 2019

Inhalt

Einleitung

Die Einbeziehung des Begriffs Haltung in das offizielle Motto der 67. Berlinale 2017 „Unterhaltung mit Haltung“ ist beispielhaft für den Zugewinn dieses Begriffs an gesellschaftlicher Bedeutung. Haltung steht dabei für eine deutliche Positionierung zu gesellschaftlich und kulturell abgründigen Entwicklungen. Im Falle der Berlinale waren dies die terroristische Bedrohung in Europa, der weltweit aufkeimende Neonationalismus und die Wahl Donald Trumps zum 45. Präsidenten der Vereinigten Staaten als Sinnbild für den Beginn einer insgesamt reaktionären Epoche. Die Fernsehmoderatorin Anja Reschke erhebt eine solche Positionierung in ihrem Aufruf „Haltung zeigen!“ aus 2018 zu einer Art Lebensprinzip als Bekenntnis für eine offene und demokratische Gesellschaft. Mit diesem Bedeutungsgewinn in gesellschaftlichen Diskursen korrespondiert eine in den letzten Jahren zunehmende Erörterung auch der professionellen Haltung in der Sozialen Arbeit und in pädagogischen Berufen. Dabei wird zuweilen der Begriff direkt thematisiert oder in Verbindung mit einer Kunstfertigkeit des Handelns und der Person als Werkzeug in der Sozialen Arbeit und in pädagogischen Handlungsfeldern gebracht.[1] Gleichwohl lässt sich dabei zwar das Phänomen Haltung in vielen Facetten beschreiben, aber was *ist* Haltung?[2] Was kann wirklich greifbar unter professioneller Haltung verstanden werden? Michael Winkler verbindet mit dem Phänomen Haltung zugleich Faszination und zuweilen Ratlosigkeit.[3] Auf diesem Hintergrund erscheint es fast paradox, gerade professionelle Haltung als Grundlegung der Sozialen Arbeit fassen und beschreiben zu wollen.[4] Und dennoch wird diese *Setzung* im Folgenden erörtert. Die Begründung hierfür lässt sich anhand der Entstehungsgeschichte bis hin zur vierten Auflage ggf. nachvollziehen. Der ersten Auflage von *Verstehen und Achten* im Jahre 2005 war der Untertitel *Philosophische Reflexionen zur professionellen Haltung in der Sozialen Arbeit* beigefügt. Auch für die beiden weiteren Auflagen wurde dies so beibehalten. Jetzt, gut fünfzehn Jahre nach der Erstveröffentlichung lautet der Untertitel: *Professionelle Haltung als Grundle-*

1 Beispielhaft hierzu sei verwiesen auf die Sammelbände Düring/Krause, Pädagogische Kunst und professionelle Haltungen; Schwer/Solzbacher, Professionelle pädagogische Haltung und Blaha/Meyer/Colla/Müller-Teusler, Die Person als Organon in der Sozialen Arbeit.

2 Siehe hierzu Kurbacher/Wüschner, Was ist Haltung?

3 Vgl. Winkler, Haltung bewahren – sozialpädagogisches Handeln unter Unsicherheitsbedingungen.

4 Zudem wird davon ausgegangen, dass die zugrundeliegende Systematik auch auf andere soziale Berufe übertragen werden kann.

gung Sozialer Arbeit. Diese Veränderung bezieht sich auf die Notwendigkeit einer klaren Positionierung zu einer philosophischen, im engeren Sinne ethischen Grundlegung Sozialer Arbeit. Es hat sich im Laufe der Jahre gezeigt, dass es eben nicht *nur* um Reflexionen zur professionellen Haltung geht, sondern gerade in diesen sich eine Grundlegung Sozialer Arbeit verdichtet, die als Einladung verstanden werden will. Diese Einladung bezieht sich auf das Nachdenken über den Sinn und die Kernaufgaben Sozialer Arbeit. Sie erfolgt auf dem Hintergrund einer wahrnehmbaren Fragmentierung Sozialer Arbeit zwischen unterschiedlichen gesellschaftlichen, wissenschaftlichen wie professionsinternen Bewegungen: Evidenzbasierung, Sozialtechnologie, Repolitisierung, Ökonomisierung, Digitalisierung, sozialwissenschaftliche und nun ggf. lebenswissenschaftliche Wende. Soziale Arbeit ist in ihrer Kernaufgabe eine Arbeit von Personen mit Personen, in der es neben der Einbeziehung aller gesellschaftlichen und alltäglichen Lebensumstände eben um eine zwischenmenschliche Beziehung(*-sarbeit*)[5] und damit um *Verstehen* und *Achten* geht. Auf dem Fundament einer „Phänomenologie des Humanen" kann dabei Soziale Arbeit als „institutionelle Bergung" von Personen verstanden werden.[6]

Eine philosophische Grundlegung Sozialer Arbeit

Die vorliegende philosophische Grundlegung der Sozialen Arbeit ist – das sei gleich zu Beginn erwähnt – strukturell für die stetige Einbeziehung sozial- aber auch lebenswissenschaftlicher Forschungsergebnisse offen. Etwas enger gefasst handelt es sich um eine ethische Grundlegung, die eben auch andere philosophische Gebiete – besonders anthropologische Fragestellungen – immer mit aufgreift. *Eine* philosophische Grundlegung weist schon auf die Möglichkeit auch anderer hin.[7] Eine Begrenzung ist also schon innerhalb dieses philosophischen Zugangs notwendig, so denn das Vorhaben mit dem Hervorbringen seiner spezifischen Konturen gelingen soll. Denn auf die Frage, was alles unter Philosophie verstanden werden kann, ist letztlich keine abschließende Antwort

5 Zum Verständnis der Sozialen Arbeit als Beziehungsarbeit siehe weiter Gahleitner, Soziale Arbeit als Beziehungsprofession.

6 Hundeck, Biographisches Erzählen als humane Selbstbehauptung, 50 und 47. Zu einem grundlegenden Verständnis der *Sozialen Arbeit als angewandte Ethik* sei auf den gleichnamigen Sammelband von Begemann/Heckmann/Weber verwiesen.

7 Besonders aktuell ist dabei der von Hundeck vorgelegte Entwurf einer Sozialpädagogik in Anlehnung an die Philosophie Paul Häberlins. Siehe hierzu Hundeck, Weltbejahung und Gemeinschaft. Zu verweisen ist auch auf Ried, Sozialpädagogik und Menschenbild. Hierbei erfolgt eine Bestimmung und Bestimmbarkeit der Sozialpädagogik als Denk- und Handlungsform. Nach wie vor aktuell ist auch Wendts Thematisierung der Lebensführung. Siehe hierzu Wendt, Eignung.

möglich. Die Antworten hängen selbst bereits von jeweiligen philosophischen Perspektiven ab, und die Vielfalt derselben ist imponierend groß.[8] Es seien daher zwei Möglichkeiten einer Antwort auf die Frage, was unter Philosophie verstanden werden kann, gegeben, die das Feld des Vorhabens abstecken und eingrenzen sollen. Gleichzeitig wird zwischen diesen Verständnissen von Philosophie das Vorhaben der Grundlegung der professionellen Haltung zwischen den Paradigmen *Verstehen* und *Achten* in der Sozialen Arbeit aufgespannt.

Hans-Georg Gadamer beschreibt die Aufgabe der Philosophie wie folgt:

> „Auf alles zu hören, was uns etwas sagt, und es uns gesagt sein zu lassen, darin liegt der hohe Anspruch, der an jeden Menschen gestellt ist. Sich für sich selbst daran zu erinnern ist eines jeden eigenste Sache. Es für alle und für alle überzeugend zu tun ist die Aufgabe der Philosophie."[9]

Was fällt an dieser Beschreibung Gadamers auf? Da ist zum einen die wohl unermessliche Breite an dem, was den Menschen *an*spricht und ihm *zu*sagt. Der Mensch ist hierbei ein Hörender, der vor den Anspruch gestellt ist, sich etwas sagen zu lassen. Zum anderen beschreibt Gadamer als die Aufgabe der Philosophie, das genannte Zusagen wahr- und aufzunehmen und das in ihm Zugesagte für alle überzeugend *verständlich* zu machen. Dieser hohe Anspruch an die Philosophie, das sich Zusagende zum *Verstehen* zu bringen, weist auf die philosophische Hermeneutik hin, für die Gadamer als einer der bedeutendsten Vertreter gelten kann.

Emmanuel Lévinas betrachtet die Philosophie aus einer anderen Perspektive als Gadamer. Auch für ihn bezeugt sich im Philosophieren die *Liebe zur Weisheit* in der Art, das Zusagende verständlich für andere auszudrücken. Doch für Lévinas bedeutet Philosophie auch noch etwas anderes. Dies wird deutlich in seiner Frage, um was für eine Weisheit es sich bei der *Liebe zur Weisheit* handelt.[10] Bezieht sich die Weisheit *lediglich* auf die den Gegenstand einsetzenden Wissensarten oder die Reflexion der verschiedenen Wissensarten? Lévinas bezieht die Weisheit jedoch auch über die Ebene des Erkennens und Verstehens hinaus auf die Weisheit *der* Liebe oder die Weisheit *als* Liebe. So beschreibt er die Philosophie wie folgt: „Philosophie als Liebe zur Liebesweisheit, deren Lehrer das Antlitz des anderen Menschen ist!"[11] Lévinas' Bezug auf das Antlitz des

8 Zu den mannigfaltigen Möglichkeiten des Philosophierens sowie zu der Vielfalt der Philosophien und ihrer Schulen vgl. Bien, Was ist das, die Philosophie?

9 Gadamer, Die Aufgabe der Philosophie, 173.

10 Vgl. Lévinas, Totalität und Unendlichkeit, 12.

11 Ebenda. Erkennbar ist hier eine Nähe zwischen Lévinas' Auffassung von Philosophie in ihren verschiedenen Ebenen und der Unterscheidung Pascals der verschiedenen Ordnungen des Körpers, des Geistes und der Liebe mit ihren jeweiligen eigenen *Philosophien*.

anderen Menschen verdeutlicht, dass er aus der Perspektive einer dialogischen, wenn nicht gar diakonischen Philosophie heraus *die* Philosophie beschreibt. Der Dialog und besonders die Diakonie als *unerotische Liebe* umfassen in der Intention Lévinas' das Moment der unbedingten Achtung der Andersheit des anderen Menschen.

Im Rahmen dieser zwei philosophischen Perspektiven, die miteinander *ins Gespräch* gebracht werden, betrachten wir die professionelle Haltung in der Sozialen Arbeit unter den Paradigmen *Verstehen* und *Achten*.

Die vorliegende philosophische Grundlegung *Sozialer Arbeit* bezieht sich auf ein spezifisches Verständnis Sozialer Arbeit. In diesem wird davon ausgegangen, dass sowohl auf der Ebene der Profession wie auf der der wissenschaftlichen Disziplin – so denn dieser Logik der *Trennung* gefolgt werden mag – eine Subsumtion der historischen Entwicklungsstränge der Sozialarbeit und der Sozialpädagogik stattgefunden hat. Daher liegt den folgenden Erörterungen ein Verständnis von der Profession Soziale Arbeit und der Wissenschaft Soziale Arbeit zugrunde.[12]

Wegmarken

Kapitel eins beschreibt aktuelle Kontexte der Sozialen Arbeit und die Erörterung der anthropologischen Prämissen für das Verständnis der professionellen Haltung. Dabei wird zunächst ein Blick auf die Situation der Sozialen Arbeit in Relation zu den gegenwärtigen und zukünftigen gesellschaftlichen Herausforderungen geworfen. Anschließend erfolgt eine Beschreibung des Personseins von Menschen samt der damit einhergehenden dialogischen Dimension.

Kapitel zwei erörtert ein grundlegendes Verständnis der professionellen Haltung, wobei zunächst spezifisch *Haltung* und *Profession* thematisiert wer-

---

Vgl. hierzu Pascal, Pensées (erstmalig 1670 unter dem Titel *Pensées de M. Pascal sur la Religion et sur quelques autres sujets, qui ont été trouvées après sa mort parmi ses papiers*), Frgt. 342. Diese unverkennbare Nähe wird noch zu erörtern sein.

12 Siehe hierzu Birgmeier/Mührel, Wissenschaftliche Grundlagen der Sozialen Arbeit. Ausgenommen hiervon ist ein spezielles Verständnis der Sozialpädagogik als zivilgesellschaftliches Programm; siehe hierzu beispielhaft Hundeck/Mührel, José Ortega y Gasset: Sozialpädagogik als politisches Programm und zudem C. Müller, Sozialpädagogik als Erziehung zur Demokratie. Die Verwendung der Begriffe Sozialarbeit, Sozialpädagogik und Soziale Arbeit erfolgt synonym. Die professionell in der Sozialen Arbeit Tätigen bezeichne ich in der Regel als Sozialpädagoginnen oder Sozialarbeiterinnen; in der Mehrzahl sind dies ja auch Frauen. Wenn ich dabei jeweils die feminine oder auch mal maskuline Bezeichnung wähle, sind Menschen gleich welchen sexuellen Selbstverständnisses immer mit benannt und einbezogen.

den. Eine systematische Darstellung der professionellen Haltung rundet diese Kapitel ab.

Kapitel drei widmet sich der Beschreibung des Verständnisses von *Verstehen.* Dabei wird *Verstehen* als eine *Facette* der professionellen Haltung mit Bezug auf die Lebensweise des Klienten bzw. Adressaten beschrieben. Anhand der Betrachtungen von Ortega y Gasset soll erörtert sein, was generell unter *Lebensweise* verstanden werden kann. Was heißt es dann, jemanden in seiner Lebensweise zu verstehen? Worauf zielt Verstehen im Allgemeinen und im sozialpädagogischen Gespräch im Besonderen? Was macht zudem das Besondere des sozialpädagogischen Gesprächs in einer kritischen Absetzung zu anderen Formen des Gesprächs, beispielsweise des psychotherapeutischen oder des freundschaftlichen, aus? Welche *Rollen* nehmen die Gesprächspartner im Gespräch ein? Die Beschreibungen orientieren sich im Wesentlichen an dem Verständnis Gadamers von Verstehen in *Wahrheit und Methode*, wobei Gadamers Sichtweise auch mit anderen Autoren kritisch befragt wird.

In Kapitel vier wird in einer noch näher zu bestimmenden Entgegensetzung zur Facette des *Verstehens* die der *Achtung* der professionellen Haltung beschrieben. Achtung bezieht sich dabei auf die Andersheit des Klienten bzw. Adressaten. Nach der Klärung der Frage, was unter der Andersheit des Anderen grundsätzlich verstanden sein kann, werden zwei Zugänge zur Achtung der Andersheit eröffnet. Zum einen geschieht dies anhand der Fundamentalethik Emmanuel Lévinas' in der Beschreibung der *maßlosen Verantwortung* gegenüber dem Anderen. Zum anderen wird Jacques Derridas Zugang über die spekulative Gastfreundschaft erörtert, der sich als besonders konträr gegenüber den zuvor mit Gadamer zu beschreibenden Möglichkeiten des Verstehens erweist. In diesem Zusammenhang bildet die Frage der Verknüpfung von Verstehen des Anderen und seiner gewaltsamen Bemächtigung die Hintergrundfolie für die Beschreibung der Achtung des Klienten in der sozialpädagogischen Beziehung.

Die mit Lévinas und Derrida *be*fragte Beziehung zum Anderen in der zwischenmenschlichen Begegnung soll anschließend vertiefend anhand der Herausforderungen der Biotechnologie- und Informationsgesellschaft in einem Exkurs *hinter*fragt werden. Was wird es denn zukünftig bedeuten, einem *Menschen* zu begegnen und einem Menschen zu *begegnen*? Dabei wird die Frage der Andersheit des Anderen neu zu stellen sein.

In Kapitel fünf werden *Achten* und *Verstehen* in ihrer vermeintlichen Polarität innerhalb der professionellen Haltung in der Sozialen Arbeit diskutiert. Stehen Achten und Verstehen sich konträr und antagonistisch gegenüber, so dass das eine das andere auszuschließen droht? Oder können Achten und Verstehen als zwei *Pole* betrachtet werden, zwischen denen sich die professionelle Haltung *aufspannt*?

Der Epilog thematisiert abschließend die Relationen von Haltung und Bildung. Dabei wird besonders auf das Gebilde, die Figur des *honnête homme* bei Blaise Pascal als Orientierungspunkt für diese Relation eingegangen.

Zwei wesentliche Aspekte zur Lesart

Zwei für das Vorhaben wesentliche Aspekte wollen in dieser Einführung abschließend noch betont sein:

Wenn ich im Folgenden anstatt *ich meine*, *ich denke* oder auch *ich schließe daraus* schreibe *wir meinen*, *wir denken* oder *wir schließen daraus*, so tue ich dies nicht aus narzisstischen Gründen. Im Gegenteil, dies soll eher Ausdruck einer Bescheidenheit hinsichtlich vermeintlicher eigener *großer* Gedanken sein. Zudem deutet dieses *wir* die Verbundenheit mit vielen Wegbereitern an, denen ich persönlich oder auch lediglich in ihren Werken begegnet bin, aber auch jene mit den Lesern dieser Ausführungen, mit denen ich die Abschnitte des nun vor uns liegenden Werkes *zusammen* gehe. Miteinander *gehen* bedeutet keinen *Gleichschritt* und damit eine eventuelle Vereinnahmung der Leser. Vielmehr ist im gemeinsamen Gehen eine Offenheit angelegt, welche zu eigenen Wegen des Denkens einladen mag. Durch das Lesen tritt jeder von uns in eine Wirkungsgeschichte der ganzen Tradition von Denkerinnen und Denkern aller Epochen ein, die durch ihr Schreiben jeweils das weitergaben, was sie durch ihr Lesen und ihre Gespräche mit anderen sammelten und in ihren Fragehorizont einordneten. Werden wir daher nicht eher von den Ideen Anderer ergriffen als dass wir selber Ideen ergreifen? Als ein Zeuge solchen Denkens sei hier Blaise Pascal angeführt:

> „Manche Autoren sagen, wenn sie von ihren Werken sprechen: mein Buch, mein Kommentar, meine Geschichte usw.… Sie tun sich wie ein Bürger, der ein Haus an der Gasse hat und immer ein *bei mir zu Haus* im Munde hat. Sie sollten lieber *unser Buch*, *unser Kommentar*, *unsere Geschichte* usw. sagen, da meist mehr des Guten anderer als von ihnen darin steht.“[13]

Wir halten in dieser Arbeit an dem Begriff *Klient* in der sozialpädagogischen Beziehung fest. Der Begriff bedeutet von seiner Etymologie (lat. cliens) her Schutzbefohlener und Schützling. Doch für den von einem anderen gewährten Schutz bedarf es gleichzeitig der *Anlehnung an* den bzw. des *Beugens/Neigens vor* (lat. clinare) dem Schutzgewährenden.[14] Dieses Abhängigkeitsverhältnis trifft, wie wir noch aufzeigen werden, jedoch nur auf *eine* Ebene der Beziehung

13 Pascal, Pensées (hier: 2001), Frgt. 43.

14 Vgl. hierzu Pfaffenberger, Klient.

zwischen Sozialpädagogin und Klient, die paternalistische, zu. Grundsätzlich begegnen sich in der sozialpädagogischen Beziehung zwei Personen.[15] Der Begriff Klient bezeichnet im von uns verwendeten Sinne eine Person, die sich in einem Klientenstatus befindet. Der Klient ist daher nicht in seinem Personsein grundsätzlich verhindert, er befindet sich jedoch in einer „Bewährungskrise seines Selbstbestimmungsversuches“[16]. Diese wird durch seine Lebensweise hervorgerufen, also durch die wechselseitige Beeinflussung von Individualität und Lebensumständen. Zur Bewältigung dieser *Bewährungskrise* bedarf er unter Umständen der Hilfe einer Sozialpädagogin, die ihn in seiner Selbstwerdung innerhalb der Krisensituation unterstützt.

15 Der Begriff Person wird im Rahmen der *Anthropologischen Prämissen* eingehend erörtert.

16 Schmidt, Der Sozialpädagoge als Helfer, 151-152. Zu dieser Thematik vgl. auch ders., „Und so weiter“ – „Warum gerade ich?“ Normalbiographie, Krise und Sozialpädagogik, VIII-XV und ders., Menschen in krisenhaften Lebenssituationen, 194-199.

1 Grundlegungen

Im Vorwort wurde darauf hingewiesen, dass für die vorliegende Neuauflage eine Aktualisierung der Rahmung der grundlegenden Erörterungen der und zur professionellen Haltung erfolgte. Gut fünfzehn Jahre nach der Veröffentlichung der Erstauflage ist dies geboten, da die gesellschaftliche Entwicklung und die Entwicklung der Sozialen Arbeit als Profession und Disziplin derart vorangeschritten sind, dass die Kontexte aus der Mitte des letzten Jahrzehnts nicht mehr passend erscheinen. Diese Aktualisierung der Rahmung erfolgt im Kapitel *Kontexte der Sozialen Arbeit.* Dabei wird im Besonderen auf die zukünftigen Herausforderungen der Sozialen Arbeit auf dem Hintergrund sich immens schnell und stark wandelnder gesellschaftlicher Bedingungen eingegangen. Den zweiten Teil der Grundlegungen bildet eine Umgestaltung und Neukonturierung der anthropologischen Prämissen der vorliegenden Analysen zur professionellen Haltung. Diese werden später im Nachgang derselben nochmals aufgegriffen und dann im Horizont der gesellschaftlichen Transformationen durch die Bio- und Anthropotechniken sowie die Informations- und Kommunikationstechniken einer Kritik unterzogen.

1.1 Kontexte Sozialer Arbeit

In diesem Kapitel unterteilen wir die folgenden Betrachtungen in zwei Bereiche. Zunächst wird kurz – und damit verkürzt – das aktuelle Erscheinungsbild der Sozialen Arbeit beschrieben. Darauf folgt eine Erörterung der mit dieser Entwicklung korrelierenden gesellschaftlichen Entwicklungen und Herausforderungen.

Eine Sicht auf die gegenwärtige Lage Sozialer Arbeit

Der Blick auf die gegenwärtige Lage der Sozialen Arbeit und deren Bewertung korrespondiert mit der Sicht auf ein Glas, das halb gefüllt mit Wasser ist. Einerseits kann die Freude überwiegen, dass es halb gefüllt ist. Andererseits kann diese Freude stark getrübt sein, da es *nur* halb gefüllt ist. Kommen wir zunächst auf den ersten Fall zu sprechen. Soziale Arbeit ist in dieser Sicht eine fest verankerte Profession, die einen in der Bundesrepublik Deutschland gesellschaftlich anerkannten, sozialrechtlich tief verankerten und nicht mehr in Frage zu stellenden wesentlichen Beitrag zur sozialen Sicherheit und Stabilität liefert. Diesem gesellschaftlichen Auftrag entsprechend besetzen Sozialpädagoginnen Planstellen in mannigfaltigen Institutionen und Einrichtungen des Sozial- und Gesundheitswesens. Diese Stellen sind im überwiegenden Umfang zufriedenstellend bis gut ausgestattet und entlohnt. Sie werden ausgefüllt von in der Regel gut bis sehr gut motivierten Sozialpädagoginnen. Der Arbeitsmarkt für diese ist momentan hervorragend. Die Aussichten eines direkten Übergangs in die Berufstätigkeit für Absolventinnen des Studiums sind im Vergleich zu vor fünfzehn Jahren sehr gut. Die Bologna-Reform hat dazu geführt, dass Sozialpädagoginnen mit einem Masterabschluss auch Führungsstellen in den entsprechenden Institutionen wahrnehmen können. Zugleich eröffnet sich mit den Masterstudiengängen ein immens leichterer Zugang zur Promotion als in Zeiten der Diplomstudiengänge. Flankierend zur professionellen Sozialen Arbeit sind viele Menschen ehrenamtlich im sozialen Sektor tätig. Soziale Arbeit als Profession hat somit insgesamt gesehen einen eigenständigen und festen Platz innerhalb der Zivil- und Bürgergesellschaft.

Auch die Soziale Arbeit als wissenschaftliche Disziplin erlebt – mit dem freudigen Blick auf das halb gefüllte Glas – geradezu eine Blütezeit. Sie ist bundesweit fest verankert in Hochschulen, in Universitäten und in manchen Bundesländern auch in Berufs- und Studienakademien bzw. Dualen Hochschulen. Eine kaum zu überblickende Anzahl an Professorinnen ist in diesem Bereich tätig. Diese nehmen neben den Aufgaben der Lehre zunehmend auch Forschungsaufgaben wahr. Davon zeugen eine wiederum kaum zu überblickende Anzahl von Publikationen zu Theorie und Praxis der Sozialen Arbeit wie auch mannigfaltige Forschungsprojekte quer durch alle Hochschultypen. Zudem hat sich Soziale Arbeit sowohl innerhalb der Profession wie auch in der Wissenschaft in mehreren und diversen Fachverbänden organisiert und ist gesellschaftlich wie politisch damit auch sichtbar. Kann es bei diesem Blick eigentlich wirklich irgendetwas zu beanstanden geben? Soziale Arbeit hat demnach in den letzten drei Jahrzehnten eine hervorragende Entwicklung vollzogen, die für andere soziale Berufe und die Gesundheitsberufe geradezu als vorbildlich einzuschätzen ist. Bei dieser Bewertung ist freilich nicht der Blick auf die internationale Entwicklung gerichtet. Diese Entwicklung ist in sich heterogen und in vielerlei Hinsicht von den gesellschaftlichen Voraussetzungen ggf. gar nicht mit der Entwicklung in der Bundesrepublik vergleichbar.

Freilich wird die Bewertung der Lage der Sozialen Arbeit anders ausfallen, wenn diese mit der Sicht auf ein *nur* halb mit Wasser gefülltes Glas korrespondiert. In dem Bereich der Handlungsfelder in der Praxis Sozialer Arbeit stellt sich weiterhin mitunter die Frage, welche spezifischen Aufgaben – in einer Unterscheidung zu den Aufgaben anderer Berufe – denn Sozialpädagoginnen obliegen. Und was sollen oder müssen Sozialpädagoginnen zur Übernahme dieser Aufgaben wirklich *können*? Aufgabenbereiche der Sozialen Arbeit sind in vielen Institutionen von anderen Professionen und Berufen dominiert und vorgegeben. Fach- und Dienstaufsicht obliegen oft nicht den Sozialpädagoginnen selbst. Viele Stellen von Sozialpädagoginnen sind als prekär einzustufen. Nach wie vor gibt es viele befristete Stellen. Sozialpädagoginnen arbeiten oft mit reduziertem Stellenumfang, wobei sie eigentlich doch Arbeit wie bei einem vollem Stellenumfang leisten. In Teilen ist die Entlohnung der Sozialpädagoginnen nicht adäquat, sie werden mit nicht akademisch ausgebildeten Fachkräften gleich niedrig vergütet. Adäquat entlohnte Stellen für Masterabsolventinnen gibt es so gut wie gar nicht. Insgesamt gesehen müsste die Entlohnung von Sozialpädagoginnen in allen Bereichen spürbar erhöht werden.

Analog zu dieser indifferenten Lage in der Praxis ist auch die Lage der Sozialen Arbeit als wissenschaftliche Disziplin als prinzipiell uneinheitlich und unübersichtlich einzustufen. Es gibt zwar entsprechende nationale wie internationale Qualifikationsrahmen für Soziale Arbeit. Dennoch ist es oft umstritten und bleibt es nebulös, was als wirklich wichtig für das Studium der Sozialen Arbeit in den unterschiedlichen Niveaus gelten soll. Es gibt keine anerkannte Systematik in der Wissenschaft Sozialer Arbeit, die sich verbindlich in der Lehre niederschlagen würde. Je nach dem, an welcher Hochschule die meist jungen Menschen studieren, haben sie ein in Teilen komplett anderes Studium absolviert als andere an entsprechenden anderen Hochschulen. Die Wissenschaft(en) der Sozialen Arbeit ist (sind) in mehreren Fachgesellschaften organisiert, die nicht oder wenig miteinander kommunizieren. Das führt zu einer Aufsplitterung des wissenschaftspolitischen Erscheinungsbildes. Um es kurz zu fassen: In dieser Perspektive hat die teilweise sicherlich gute Entwicklung der Sozialen Arbeit insgesamt doch nicht zu mehr als einem Pyrrhussieg geführt. Die Praxis ist in großen Teilen fremdbestimmt von anderen Professionen, und als Wissenschaft fehlt Sozialer Arbeit eine einvernehmliche Systematik als innere Richtschnur. Eine solche Richtschnur geben *nur* die Bezugswissenschaften, die als Leitplanken das umgrenzen, was unter Sozialer Arbeit in einer heterogenen Vielfalt verstanden werden kann.

Diese beiden ausgeführten Sichtweisen auf die Lage der Sozialen Arbeit sind nicht zu homogenisieren. Und dennoch lässt sich – vielleicht – *ein* Substrat aus ihnen ziehen. Dieses Substrat soll im Folgenden wiederum kurz und damit verkürzt geschildert sein. Es dient als ein Wink auf die Beschreibungen der professionellen Haltung. Dabei greifen wir zunächst ein Bild für die Soziale Arbeit auf: den Schwamm![17] Das mag auf den ersten Blick zu Irritationen führen, und dennoch spiegelt sich in diesem Bild eine realistische Betrachtung der Lage Sozialer Arbeit. Wie ein Schwamm saugt sie je gegenwärtige gesellschaftliche Bewegungen und damit gesellschaftliche Konflikte in sich auf. Nach einer kritischen, das heißt unterscheidenden, Reflexion bezieht sie diese in ihre Kon-

17 Siehe hierzu Mührel, Zur Einführung: Quo vadis Soziale Arbeit?, 7-9.

zeptionen ihrer professionellen und wissenschaftsdisziplinären Selbstverständnisse mit ein. Die entstehenden *Lösungen* setzt sie dann in einer *Flut* von heterogenen und teils antagonistischen Theorien, Konzepten und Methoden in die gesellschaftliche Wirklichkeit frei. Diese *Lösungen* sind ebenso heterogen wie die gesellschaftlichen Bewegungen, mit denen Soziale Arbeit immer wieder neu konfrontiert wird. Von daher wird auch das Fehlen einer einheitlichen Systematik erklärbar. Auf diese Weise produziert und reproduziert Soziale Arbeit ein Reservoir von Deutungen gesellschaftlicher Bewegungen und deren Entfaltung in der sozialen Wirklichkeit. Das ist eine immense Leistung! Die Pluralität dieser Deutungen erlaubt ein differenziertes und vielschichtiges Eingehen im Sinne sozialpädagogischer Antworten auf diese Bewegungen. Susanne Maurer spricht in diesem Kontext von „Sozialer Arbeit als offenes Archiv gesellschaftlicher Konflikte", welches sich als ein „gesellschaftliches Gedächtnis" aus dieser (Re-)Produktion von Deutungen gesellschaftlicher Bewegungen generiert.[18] Der Schwamm Soziale Arbeit mag zuweilen porös und inkonsistent sein. Das kann dazu führen, dass andere Professionen und wissenschaftliche Disziplinen ihm Teile abtrennen und als sozialpädagogische Elemente in die eigenen Strukturen integrieren. An dieser Stelle sind beispielhaft die Gesundheitswissenschaften, die Kindheitswissenschaften und die Pflegewissenschaften zu nennen. Dennoch: In dieser *schwammigen* Lage wird ein substanzieller Kern Sozialer Arbeit sichtbar. Gleich werden jene gegenwärtigen und zukünftigen gesellschaftlichen Bewegungen und Entwicklungen besprochen, die unserer Meinung nach den Schwamm Soziale Arbeit vor neue Herausforderungen stellen könnten. An dieser Stelle sei jetzt noch ein zentraler Punkt mit Blick auf die Beschreibung der professionellen Haltung angeführt. Die ganze *Fülle* Sozialer Arbeit regt manchmal in ihrer Breite und Tiefe der erkenntnistheoretischen, wissenschaftsmethodischen und konzeptionellen Entwürfe zum achtsamen und anerkennenden Staunen an. Manchmal irritiert sie und strapaziert die Nerven aller Beteiligten. Sie wirkt zuweilen wie die *Sophisterei*, die das antike Athen zunächst zur Blüte und dann zu Fall brachte.[19] Ganz sokratisch stellt sich dann die unerhörte Frage nach dem *Bedenken* der wahren Bestimmung Sozialer Arbeit: „(…) Bedenken (ohne negativen Sinn), das heißt eine Sache, die man bedenkt, zu einem Motiv für das Leben (…)"[20] formen. Und diese Bestimmung Sozialer Arbeit gründet auf der irreduziblen Wahrheit des je konkreten Menschen, dem die Sozialpädagogin begegnet. Da gilt es, Haltung zu zeigen – eine professionelle Haltung! Diese Bestimmung Sozialer Arbeit gilt es zu bedenken und daraus ein Motiv für das Berufs*leben* zu formen.

18 Siehe hierzu Maurer, Soziale Arbeit als „offenes Archiv" gesellschaftlicher Konflikte.
19 Vgl. Birnbaum, Das unverbrüchliche Gesetz im Tod des Sokrates, 12-17.
20 Ebenda, 25.

Aktuelle gesellschaftliche Entwicklungen und Herausforderungen

Soziale Arbeit hat sich in den letzten drei Jahrzehnten mit diversen gesellschaftlichen Entwicklungen und Herausforderungen konfrontiert. Dabei handelt es sich um gesellschaftliche Bewegungen, die weiterhin ihren Nachklang in einer kritischen Reflexion in Neuausrichtungen und Neukonzeptionen im Bereich der Profession wie der wissenschaftlichen Disziplin finden. Als Beispiele seien hier einige Stichworte genannt: Globalisierung, Risikogesellschaft, Gender, Diversity, Disability, Agency, Neonationalismus, Postkolonialismus, Postmigrationsgesellschaft. Diese Liste könnte wohl noch fortgeführt werden. Besonders einschneidend war die Auseinandersetzung mit der Ökonomisierung fast aller gesellschaftlichen Bereiche ausgehend von der Mitte der 1990er Jahre. Die damit verbundene Marktgläubigkeit bei gleichzeitiger massiver Entpolitisierung konnte mit Blick auf die ethischen Paradigmen der Sozialen Arbeit, der Menschenrechte und der sozialen Gerechtigkeit, nur eine insgesamt repolitisierte und eben kritische Soziale Arbeit auf den Plan rufen. Die in 2008 einsetzende Finanz- und Wirtschaftskrise, die zu einer strukturellen Staatskrise in weiten Teilen Europas und der Welt führte, mag die tief verankerte Marktgläubigkeit in weiten Teilen der Gesellschaft zumindest irritiert haben. Dennoch: Die Mechanismen der Marktorientierung haben fast uneingeschränkt weiter in allen gesellschaftlichen Bereichen einen zentralen Stellenwert – auch in der Sozialen Arbeit. Es sieht eher so aus, dass die aktuelle Entwicklung auf dem Hintergrund von Despotismus, totalitären Machtstrukturen und Neonationalismus in vielen Ländern einer radikalen, jetzt national ausgerichteten Marktorientierung zusprechen. Diese Entwicklung hat verheerende Konsequenzen. Sie führt zu einer Remilitarisierung und einer weiteren Ausbeutung der sozialen, ökologischen und ökonomischen Ressourcen. Damit sind zwei unseres Erachtens zentrale gegenwärtige und zukünftige gesellschaftliche Herausforderungen genannt, mit denen Soziale Arbeit sich konfrontiert sieht: Zivile Sicherheit und Nachhaltigkeit. Beide Punkte sind miteinander verwoben, im Grunde stellt Zivile Sicherheit einen Aspekt der Nachhaltigkeit dar. Aufgrund ihrer gesellschaftlichen Relevanz und Dringlichkeit wird auf beide hier getrennt eingegangen.

Zivile Sicherheit

Fast wie ein alternativloses Dogma werden eine neue Aufrüstung und eine Remilitarisierung in den Medien verkündet. Ganz abgesehen davon werden auch Wirtschaftskriege als politisch legitimes Mittel zur Bearbeitung von neuen Konfliktlinien benannt. Neue, die Sicherheit bedrohende Konflikte seien angeblich unausweichlich. Wer letztlich gegen wen sich in Stellung bringt ist noch nicht ganz absehbar. Der Westen gegen Russland, der Westen gegen China, die Vereinigten Staaten gegen den Iran, Europa gegen die Vereinigten Staaten, alles scheint möglich. Es darf wohl schon frohlockt werden, wenn Europa nicht zerfällt und seine alten Konflikte neu heraufbeschwört. Alleinig eine hohe militärische Abschreckung könne langfristig Sicherheit gewähren. *Fatum ineluctabile*? Die Frage stellt sich, wer überhaupt außer der Rüstungsindustrie ein Interesse an solchen Szenarien haben kann. Wie im Dornröschenschlaf erstarrt blicken die Zivil- und Bürgergesellschaften in Europa und anderen Ländern der Welt auf die Vorgaben der politischen Taktgeber in den Regierungen. Ein Beispiel: Die Frieden gewöhnten Europäer kann und wird beim Grillen im Sommer das Aufstellen neuer taktischer und mit Atomsprengköpfen zu bestückender Mittelstreckenraketen wohl nur wenig irritieren. Die prognostizierten neuen Konfliktlinien in der Welt, auch zum nahegelegenen Russland, scheinen doch weit weg zu sein. Diese Einstellung erscheint tatsächlich fatal! Warum gibt es keinen breiten gesellschaftlichen Widerstand gegen diese neuen politischen und militärischen Strategien? Diese Strategien *fressen* ideelle und ökonomische Ressourcen, die doch für ganz andere translaterale und friedensstiftende Maßnahmen Verwendung finden könnten. Man mag mit Stéphane Hessel ausrufen: *Empört Euch!* und *Engagiert Euch!*[21] Zudem sei mit Blick auf die Soziale Arbeit daran erinnert, dass Jane Addams sich stets auch für Frieden eingesetzt und dafür 1931 den Friedensnobelpreis erhalten hat. Wie kann ein breites gesellschaftliches Bündnis für ein international ausgerichtetes Konzept einer zivilen – und eben nicht militärischen – Sicherheit entstehen? Soziale Arbeit könnte und sollte sich hierbei mit einbringen. Als ein Beispiel für ein solches ziviles Konzept der Sicherheit sei auf ein Szenario im Entwurf einer Arbeitsgruppe der Badischen Landessynode hingewiesen.[22] Dabei geht es um das Aufzeigen von Möglichkeiten einer zivilen und demokratischen Gestaltung von Sicherheit. Hierfür sollen Wege eines mittelfristigen Umstiegs von der militärischen zu einer gewaltfreien Friedenssicherung gefunden und umgesetzt werden. Dieses Konzept fußt auf fünf Säulen: Gerechte Außenbeziehungen, Nachhaltige Entwicklung der EU-Anrainerstaaten, Teilhabe an der internationalen Sicherheitsarchitektur, Resiliente Demokratie und Konversion der Bundeswehr und der Rüstungsindustrie. Hier taucht auch wieder der Zusammenhang zur Nachhaltigkeit auf. Und in dem Bereich dieser *Säule* sowie im Bereich *Resiliente Demokratie* kann Soziale Arbeit enorm effektiv wirken.

Nachhaltigkeit

Wenn wir nun den Aspekt der Nachhaltigkeit aufgreifen, so ist der Bezug zur Sozialen Arbeit ganz naheliegend. Soziale Arbeit befasst sich mit dem sozialen

---

21 Hierzu siehe die beiden Aufrufe von Hessel, Empört Euch! und ders., Engagiert Euch! Hessel verfasste diese auf dem Hintergrund der Finanz- und Wirtschaftskrise, die eben eine politische Krise zerplatzter Träume der reinen Marktorientierung war und ist.

22 Zur entsprechenden Studie siehe Becker/Maaß/Schneider-Harpprecht, Sicherheit neu denken – Von der militärischen zur zivilen Sicherheitspolitik.

Wandel und der sozialen Entwicklung von Gesellschaften. Die aktuellen und zukünftigen gesellschaftlichen Herausforderungen wurden schon kurz angesprochen. Es wird zumindest nicht ganz abwegig sein, an dieser Stelle nochmals die großen Transformationsprozesse wie beispielsweise Klimawandel, Flucht, Migration, Digitalisierung, Demographie, Energiewende und eben Zivile Sicherheit zu benennen. Diese in Fahrt kommenden Transformationsprozesse werden die Menschheit in eine neue Entwicklungsepoche mit wahrscheinlich völlig neuen gesellschaftlichen und politischen Ordnungen katapultieren. Sie werden auf die eine oder andere Art zu gestalten sein. Die entscheidende Frage ist, ob sie human bewältigt werden. Und dabei sind die zentralen ethischen Grundlagen der Sozialen Arbeit angesprochen. Wird es bei dieser Bewältigung der Transformationsprozesse sozial gerecht zugehen? Wie wird es aussehen mit der Einhaltung der Menschenrechte? Soziale Arbeit wie soziale Berufe allgemein sind mit Bezug auf die humane Bewältigung der Transformationsprozesse von großer Bedeutung. Das Stichwort in diesem Zusammenhang ist Nachhaltigkeit. Bis dato ist der Zusammenhang von Nachhaltigkeit und Sozialer Arbeit eher marginal thematisiert worden. Dabei liegt es nahe, dass sich Soziale Arbeit auch aus berufsstrategischen Gründen inhaltlich mit dem bestehenden Diskurs der Nachhaltigkeit eng vernetzt. Nachhaltigkeit beinhaltet Handlungsprinzipien und -strategien, die sich an den 17 Zielen für nachhaltige Entwicklung der UN orientieren. Diese Ziele formulieren eine zu fördernde global nachhaltige Entwicklung auf sozialer, ökonomischer und ökologischer Ebene. Sie traten am 1. Januar 2016 mit einer Laufzeit von 15 Jahren in Kraft. Der offizielle Titel der entsprechenden Resolution lautet *Transformation unserer Welt: die Agenda 2030 für nachhaltige Entwicklung*.[23] Die 17 Ziele beinhalten entweder originäre Themen der Sozialen Arbeit oder tangieren Bereiche, in denen Soziale Arbeit professionell mitwirkt. Zwei zentrale Aufgaben Sozialer Arbeit lassen sich in diesem Zusammenhang benennen: zum einen die Sicherung sozialer Teilhabe aller Menschen und gesellschaftlicher Gruppen, zum anderen die Erziehung und Bildung besonders der jungen Generationen zur Reflexion der Transformationsprozesse und ihrer innovativen Mitgestaltung.

Zivile Sicherheit und Nachhaltigkeit stellen zwei zentrale weltgesellschaftliche Herausforderungen dar. Soziale Arbeit im Sinne Maurers als *Offenes Archiv* gesellschaftlicher Konflikte und kritischer Reflexion von gesellschaftlichen Bewegungen ist im Grunde prädestiniert dafür, diese Entwicklungen sinnstiftend und reflexiv mitzugestalten. Dabei kann sie einen wirkungsvollen Beitrag zu einer Kultur des – wertschätzenden – Verstehens und der Achtung der Andersheit der und des Anderen leisten; zu einer Kultur des Friedens, in der die Liebe zu den Mitmenschen und der gesamten Schöpfung auf dem Hintergrund einer in ge-

23 Die Resolution ist abrufbar auf der Website der Vereinten Nationen.

meinsamer Verwundbarkeit empfundenen Welt die treibende Kraft eines guten Handelns wird.[24] Im Kontext einer sich so fundierenden Sozialen Arbeit stellt sich die Frage nach dem Menschsein und damit nach der Stellung des Menschen in Relation zur belebten wie unbelebten Natur und zur *Welt* insgesamt.

1.2 Anthropologische Prämissen

In der Praxis Sozialer Arbeit begegnen sich Menschen in unterschiedlichen Kontexten der Betreuung und Beratung. Das ist der substanzielle Kern des Alltagsgeschäfts der überwiegenden Mehrheit von professionell wie ehrenamtlich Tätigen. Doch was bedeutet das, einem Menschen zu begegnen? Wie können wir das Menschsein der Klientinnen und unser eigenes Menschsein denken und bestimmen? Wovon sprechen wir, wenn wir von Menschen sprechen? Mit solchen Fragen betreten wir das Feld der Anthropologie, der Rede vom Menschen. Ein weites Feld, unübersichtlich und heterogen.[25] Gibt es eine Sonderstellung des Menschen in Relation zur unbelebten und belebten Natur? Eine solche zu behaupten erscheint angesichts der Erkenntnisse der Naturwissenschaften und besonders der Lebenswissenschaften immer fragwürdiger. Liegt es da nicht nahe, auch den Menschen und die Menschen als formbare und formatierbare Natur zu betrachten? Schon 1928 (!) sprach Max Scheler von einer zunehmenden „Vergehirnlichung“[26] des Menschen. Was Scheler damit ansprach und anspricht ist eine zunehmende Auffassung des Menschen von seinen hirnphysiologischen Bedingungen. Aus heutiger Sicht ist dies bei aller Differenziertheit der entsprechenden Entwürfe und Konzeptionen eine zunehmend dominanter werdende Auffassung, die zusammen mit den Bestimmungen der genetischen Bedingungen des Menschen diesen als ein Kompetenztableau auf materieller Basis denkt. Ein solches Kompetenztableau erscheint anthropotechnischen Optimierungen zugeneigt, Erziehung und Bildung können dabei wohl nur als sozialtechnologisches Beiwerk dienlich sein.[27]

---

24 Siehe hierzu Pelluchon, Ethik der Wertschätzung. Corine Pelluchon erörtert dabei Tugenden für die hier angesprochene humane und nachhaltige Gestaltung der laufenden Transformationsprozesse. Der Titel der Originalausgabe lautet *Éthique de la considération. Considération* umfasst mehr als der Begriff Wertschätzung im Deutschen auszudrücken vermag. Es geht neben der Wertschätzung auch um *Besinnung*, *Erwägung*, *Gründe* und *Achtung*.

25 Zu einer Übersicht der heterogenen Konzepte der Anthropologie siehe Pleger, Handbuch der Anthropologie.

26 Scheler, Die Stellung des Menschen im Kosmos, 59.

27 Freilich kann eine heutige philosophische Anthropologie ohne die kritische Einbeziehung der Forschungsergebnisse der Lebenswissenschaften keinen Geltungsanspruch mehr er-

Es mag anachronistisch wirken, hier in den folgenden Ausführungen Einspruch zu erheben. Dennoch ist es unseres Erachtens geboten. Es geht einerseits darum, Menschen grundlegend vor einem wissenschaftlich totalitären Zugriff zu bewahren. Andererseits kann Soziale Arbeit nicht als eine anthropotechnisch komplementäre Profession und Disziplin gedacht sein, die entkernt wurde von ihren humanistischen Prämissen einer – stets fraglichen – Emanzipation der Menschen durch Erziehung und Bildung. In dieser Emanzipation, denken wir sie als einen Akt der Freiheit und Befreiung aus auferlegter oder auch selbst intendierter Unmündigkeit hin zu einem Selbstbewusstsein über das eigene Leben und die eigene Stellung zur Welt, sind Menschen Personen – in der Begegnung mit Personen. Doch was ist damit gemeint? Auf diese Frage soll im Folgenden eingegangen werden. In einem ersten Schritt beziehen wir uns auf das Verständnis von *Person* im Besonderen bei Max Scheler. Anschließend wird ein zweiter Zugang zum Verständnis des Personseins eröffnet, der auf das dialogische Prinzip Martin Bubers rekurriert. An späterer Stelle, nach der grundlegenden Beschreibung der Achtung der Andersheit des anderen Menschen, wird in einem gesonderten Exkurs auf die Infragestellung des Zwischenmenschlichen und des Personenverständnisses durch die Lebenswissenschaften und Informationswissenschaften eingegangen. Dieses spätere Wiederaufgreifen der Thematik wird dadurch verständlich, dass die Ergebnisse der Erörterung der Achtung der Andersheit dann zentral mit aufgegriffen werden.

Es wird insgesamt hier keine in sich geschlossene Auffassung einer Anthropologie erörtert und *verkündet*. Eher handelt es sich um Reflexionen, die zum Nach- und Weiterdenken anregen möchten.

Der Mensch als Person

Soziale Arbeit kann grundlegend als eine Handlungswissenschaft verstanden werden. Im Sinne einer Grundlagenwissenschaft hat diese das Handeln der Menschen allgemein zum Gegenstand.[28] Über das Handeln und dessen Reflexion gelangen wir zu dem Verständnis von Menschen.[29] Dazu gehören Beschreibungen und Analysen ihrer Motivationen, in denen sich die psychischen, physischen, sozialen und spirituellen Dispositionen ihres Handelns widerspiegeln. Darauf aufbauend kann eine Verallgemeinerung des Menschen in diversen Handlungstheorien in spezifischen Disziplinen der Naturwissenschaften, Lebenswissen-

---

heben. Siehe hierzu die wegweisenden Beschreibungen eines zeitgemäßen Forschungsprogramms bei Thies, Philosophische Anthropologie auf neuen Wegen.

28 Siehe hierzu Birgmeier/Mührel, Wissenschaftliche Grundlagen Sozialer Arbeit, Kap. II.7.

29 Vgl. zu den Ausführungen in diesem Absatz Wojtyla, Wer ist der Mensch?, 6-10 u. 65-70. Wojtylas Gedankengänge basieren auf der Ethik Schelers.

schaften, Geisteswissenschaften und Sozialwissenschaften erfolgen, die sicherlich wesentliche Beiträge zur Erklärung des Handelns von Menschen leisten werden. In einer systematischen Ordnung ließe sich dann über das Handeln der Menschen eben der Mensch im Verhältnis zur unbelebten und belebten Natur bestimmen. Hiervon sprechen die bekannten Beschreibungen des Menschen beispielsweise als *Animal Rationale, Zoon Politikon, Homo Faber* oder ganz aktuell als *Homo Digitalis.* Die Frage ist, ob wir auf diesen Wegen das entscheidende Menschliche der individuellen Einzigartigkeit und des Einzigseins von konkreten Menschen in den Blick bekommen können. Wir fragen nach dem, was sie eben über alle solch verallgemeinernden Beschreibungen und Kategorisierungen hinweg als Menschen bestimmt. Wiederum gelangt unser Blick dabei auf das Handeln der Menschen. Diesmal fokussiert er aber nicht Motivationen und Dispositionen, sondern die ethische Dimension. Wie kann das verstanden werden? Das Handeln kann in dieser ethischen Perspektive in zwei Ebenen unterteilt werden, die im Vollzug des Handelns jedoch immer miteinander verwoben sind. Einerseits ist die Faktizität des Handelns gegeben, dass der Mensch immer konkret handelt und dieses oder jenes tut. Zum anderen ist die Ebene des Sollens offenkundig, die nach den Zielen des menschlichen Handelns fragt. In der dynamischen Spannung dieser beiden Ebenen in der ethischen Dimension des Handelns von Menschen erkennen wir das Menschliche des Menschen in seiner individuellen Personalität. Worin liegt aber diese Personalität genau? Worin äußert sich der Mensch als Person? Das Handeln umfasst einerseits einen transitiven Faktor, es ist ausgerichtet auf einen Gegenstand oder ein Gegenüber. Andererseits beinhaltet das Handeln auch einen intransitiven Faktor, der sich auf den Handelnden selbst bezieht. Menschen werden im Handeln zugleich auch *Augenzeugen* ihres Handelns, womit sich eine Reflexivität über die Ziele ihres Handelns eröffnet. In dieser Offenheit zeigt sich eine Grenze zu einer Wahrheit, die weder autopoietisch noch sozial konstruiert ist. Soziale Konstruktionen mögen dieser innerhalb kultureller Rahmungen spezifische Formierungen bzw. auch Deformierungen verleihen, aber substanziell herstellen können sie diese nicht. Diese Reflexivität bezeichnet nichts anderes als das Gewissen des Menschen, das in Relation zu einer Wahrheit steht, in der sich ein moralisches Sollen kundtut. „Im Gewissen verwirklicht sich die authentische Transzendenz der Person (…).“[30] Sie verwirklicht sich dadurch, dass der Mensch als Person eine Haltung zu diesem morali-

30 Ebenda, 128. Diese authentische Transzendenz im Gewissen basiert auf einem *geistigen* Leben der Person. „Geistiges Leben ist ebenso ursprünglich Wissen um anderes als (um) sich selbst. Es heißt bei anderen Dingen sein, in eine Welt hineinschauen, die der Person gegenübersteht. Das Wissen um sich selbst ist Aufgeschlossenheit nach innen, das Wissen um anderes ist Aufgeschlossenheit nach außen.“ Stein, Der Aufbau der menschlichen Person, 79. Vertiefend hierzu siehe auch dies., Endliches und ewiges Sein, Kap. VII, § 3, Das menschliche Personsein.

schen Sollen einnimmt, ja einnehmen muss, wodurch er auch als Wesen der Freiheit seiner – ethischen und damit reflexiven – Lebensführung ausgezeichnet ist.

Scheler benennt diese Vermögen des Gewissens *Aktzentrum*, das sich zu einer Wahrheit außerhalb des handelnden Menschen, die er als *Geist* umschreibt, öffnet. Folglich bestimmt er die Personalität des Menschen. „Das Aktzentrum aber, in dem Geist innerhalb endlicher Seinssphären erscheint, bezeichnen wir als *Person* in scharfem Unterschied zu allen funktionellen Lebenszentren, die nach innen betrachtet auch *seelische* Zentren heißen.“[31] Dies besagt nichts anderes, als dass Menschen als Personen sich eben nicht durch die oben genannten verallgemeinernden Beschreibungen und Kategorisierungen determinieren und vergegenständlichen lassen. Im Handeln offenbart sich ein stets einmaliger Bezug zu einer je eigenen Welt, die nur zu dieser einmaligen Person korreliert. „Ein *geistiges* Wesen ist also nicht mehr trieb- und umweltgebunden, sondern *umweltfrei* und, wie wir es nennen wollen, *weltoffen*. Ein solches Wesen hat *Welt*.“[32]

Jeder Mensch als Person ist somit ein Mysterium, irreduzibel ein in seiner Einzigkeit und Einzigartigkeit bestehendes Geheimnis. „Wo immer wir noch einen Menschen irgendwie *vergegenständlichen*, da entschlüpft uns seine Person aus der Hand, und es bleibt nur ihre bloße Hülle.“[33] „Da bleibt immer ein unbegründbares Plus.“[34] Diesem *Plus* der Person entsprechend ist auch die Welt dieser Person immer nur Welt genau dieser, die für andere etwas nie verstehend einholbares und eben einen originalen und einzigartigen Wesensbezug hat.[35] Für die Soziale Arbeit hat dieses Verständnis der Menschen als Personen eine unmittelbare Bedeutung. Sie erschließt sich in ihrer Dringlichkeit und Evidenz schon alleine dadurch, wenn wir von der Lebens*welt* der Klienten sprechen. Und es mag noch ein entscheidender Hinweis auf die hier nicht explizit ausgeführte Verknüpfung von einer spezifischen menschlichen Würde mit der Personalität gegeben sein. Nicht die im Handeln realisierte Personalität ist für die Würde entscheidend, sondern die Potenzialität, die reine Möglichkeit. Und diese Möglichkeit liegt in ihrer Potenz allen Menschen zugrunde, selbst wenn sie diese – aus welchen Gründen auch immer – nicht zu realisieren vermögen!

Person und Dialog

In dem folgenden zweiten Zugang zum Personsein greifen wir besonders die dialogische Dimension desselben auf. Dabei werden zu Beginn nochmals

---

31 Scheler, Die Stellung des Menschen im Kosmos, 38.

32 Ebenda.

33 Scheler, Wesen und Formen der Sympathie, 193.

34 Ebenda, 192.

35 Vgl. Scheler, Der Formalismus in der Ethik und die materiale Wertethik, 484-485.

grundlegende Verständnisse aufgegriffen, die eine gewisse Parallele zu den vorherigen Ausführungen aufzeigen. Dies kann nochmals eine Vertiefung der Betrachtungen bewirken. Dabei sei darauf hingewiesen, dass diese diversen Zugänge Möglichkeiten eines eigenen Zugangs zu dieser Thematik eröffnen können. Keinesfalls ist intendiert, hier eine abschließende Beschreibung darzulegen. Dies würde der Grundintention unserer Ausführungen auch völlig widersprechen und wäre in sich absurd.

Bernhard Welte fragt in *Zum Begriff der Person* danach, was den Menschen als solchen auszeichnet, dass wir ihn Person[36] nennen können. Einen Weg zur Findung einer Antwort auf diese Frage sieht er in allerlei Bestimmungen und Beschreibungen, die den Menschen *von außen her* betrachten und charakterisieren. Dazu zählt er unter anderem psychologische, metaphysische, charakterologische, biologische und physiologische Aussagen.[37] Doch alle diese Aussagen als Anthropologien greifen seiner Meinung nach immer zu kurz, indem sie die dem Menschen innewohnende Würde des Personseins nicht erfassen. „In diesem Punkte gleiten alle möglichen Begriffe ab wie an einem kristallenen Fels, der jedem Zugriff ins Unangreifbare enthoben ist."[38] Doch nicht nur die objektiven Beschreibungen des Menschseins treffen nicht den Kern der Frage des Personseins, auch alle Versuche jedes einzelnen Menschen, sich selbst abschließend zu beschreiben, laufen diesbezüglich ins Leere. Eine Person bleibt daher – *negativ* – jemand Unbegreifbares. Welte versteht Person jedoch *positiv* als einen sich selbst gehörenden Anfang. So beschreibt er den Menschen als dadurch zur Person werdenden, indem diesem die Kraft des Ursprungs zukommt. Jeder Mensch ist deswegen Person, weil er ein sich selbst entwerfender Jemand ist und in diesem Entwerfen einzigartig. Dieses Entwerfen im Anfang ist jedoch den immer schon vorangegangenen Anfängen von Menschen und Welt geschuldet und im Entwerfen auf diese bezogen.[39] Diesen Umstand akzentuiert Ferdinand Ulrich im Be-

---

36 Robert Spaemann weist bezüglich des Begriffs Person darauf hin, dass dieser in der vorchristlichen Antike die Rolle im Theater oder der Gesellschaft bestimmte. Über die Theologie des frühen Christentums bis in die heutige Zeit veränderte sich das Verständnis von Person. Die Trinitätslehre der Beschreibung der Person Jesu als Träger zweier Naturen, der göttlichen und der menschlichen, war Ausgangspunkt der Beschreibung des Menschen als Person in der von Boethius gegebenen Form als *persona est individua rationalis naturae susbstantia*, als *individuelles Dasein einer vernünftigen Natur*. Person ist also grundsätzlich nicht ein Etwas, sondern ein Jemand, der mich aus einem menschlichen Antlitz ansieht und über den nicht wie über eine Sache verfügt werden kann. Vgl. hierzu Spaemann, Sind alle Menschen Personen?, 418-419. Im weiteren Verlauf seiner Beschreibungen geht Spaemann dann auf die heutigen Infragestellungen dieses Verständnisses von Person ein, beispielsweise durch die Erkenntnisse der Lebenswissenschaften.

37 Vgl. Welte, Zum Begriff der Person, 11-12.

38 Ebenda, 12.

39 Vgl. ebenda, 14-17. Den Menschen in seiner Wesenhaftigkeit des Entwerfens seiner selbst im Anfang beschreibt für die Pädagogik beispielhaft Thea Sprey (heute: Sprey-Wessing),

schreiben des Personseins als *Gabe*. Denn wie sollte man *auf eigenen Füßen stehen*, wenn das eigene Dasein durch Tradition vermittelt ist?

> „Wenn ich von aller Anfang an aus dem mich umgreifenden, tragenden Vorweg der (des) Anderen auf mich selbst zu-komme, d. h. einer Zukunft mich verdanken muß, die, *bevor* sie in mir ankommt, in einem anderen gewesen, von diesem mir präformiert und sozusagen als *fertige* eingestiftet worden ist – und deshalb gar keine *echte Zukunft* (...) sein kann, sondern eine unechte (...), schon gewesene (...) sein muß?[40]

Doch Welte betrachtet den positiven Zugang wie den negativen zur Person als unzureichend. In beiden erscheint ihm Person als eine zugangslose kristallene Kugel. Mit Bezug auf Martin Buber fährt Welte fort:

> „Und doch kann man der Person als Person ansichtig werden, man kann das Du, das personale, zwar nicht formal begreifen, aber man kann seiner in der Begegnung von Ich und Du inne werden. In der Begegnung von Anfang zu Anfang, Ursprung zu Ursprung, von Freiheit zu Freiheit, quer durch die Weltmedien hindurch ist die Möglichkeit verborgen, des Du inne zu werden, ohne es zu begreifen (...).“[41]

Das Personsein findet und verwirklicht sich also nicht in der Abstraktion, sondern indem ich mich von Anfang zu Anfang, Ursprung zu Ursprung dialogisch entfalte. Eine der entscheidenden Passagen des *Dialogischen Prinzips* sei in diesem Zusammenhang angeführt:

> „Das Du begegnet mir von Gnaden – durch Suchen wird es nicht gefunden. Aber daß ich zu ihm das Grundwort spreche, ist Tat meines Wesens, meine Wesenstat. Das Du begegnet mir. Aber ich trete in die unmittelbare Beziehung zu ihm. So ist die Beziehung Erwähltwerden und Erwählen, Passion und Aktion in einem. Wie denn eine Aktion des ganzen Wesens, als die Aufhebung aller Teilhandlungen und somit aller – nur in deren Grenzhaftigkeit gegründeter – Handlungsempfindungen, der Passion ähnlich werden muß. Das Grundwort Ich-Du kann nur mit dem ganzen Wesen gesprochen werden. Die Einsammlung und Verschmelzung zum ganzen We-

---

indem sie dieses Menschenbild als Grundlage für ihre Beschreibung der pädagogischen Beziehung im Rahmen von Beraten und Ratschlagen voraussetzt. Vgl. hierzu Sprey, Beraten und Ratgeben in der Erziehung, besonders 117-120.

40 Ulrich, Gegenwart der Freiheit, 13. Siehe hierzu auch Hundeck, Durchbrochene Kontingenz und verdankte Existenz als Perspektiven Sozialer Arbeit. Hundeck eröffnet dabei einen Horizont des Professionsverständnisses auf der Basis der verdankten Existenz im Sinne der hier von Ulrich beschriebenen *Gabe*.

41 Welte, Zum Begriff der Person, 18.

> sen kann nie durch mich, kann nie ohne mich geschehen. Ich werde am Du; Ich werdend spreche ich Du. Alles wirkliche Leben ist Begegnung."[42]

Was ist damit gesagt? Zunächst verweist Buber auf den Aspekt des Erwähltwerdens durch das Du. Es begegnet von Gnaden und kann nicht gesucht werden. Das meint dann aber auch, dass wirkliche Begegnung nicht geplant und konstruiert werden kann. Sie ist Widerfahrnis, eine Passion. Romano Guardini beschreibt diesen Aspekt der Begegnung mit folgenden Worten: „So erweckt denn auch jede echte Begegnung das Gefühl der Unverdientheit, des Dankes, zum mindesten der Verwunderung, wie sie sich so merkwürdig gefügt habe."[43] Begegnung wird daher geschenkt und ist unverdient. Erst in einer nachträglichen Reflexion kann die Einsicht gewonnen werden, ob Begegnung in ihrer Fülle mehr oder weniger geschehen ist. Das von Buber beschriebene Erwählen und die Aktion des ganzen Wesens in seiner Hinwendung zum Du vermitteln zunächst den Eindruck eines Machens und Gestaltens der Begegnung und damit der Beziehung zum Du. Doch liegt dieses Erwählen nicht gerade mehr in dem Verschenken seiner selbst an den Anderen? In diesem Zusammenhang sei zur Verdeutlichung noch einmal Guardini in seiner Interpretation der folgenden Bibelstelle angeführt. „Jeder, der sein Leben retten will, wird es verlieren; wer aber sein Leben verliert um meinetwillen, der wird es finden."[44] Guardini löst diese Passage aus dem unmittelbaren religiösen Zusammenhang des Verhältnisses vom Menschen zu Christus heraus und erkennt hierin eine Schlüsselpassage zum Verstehen des menschlichen Daseins überhaupt. Dabei bezieht er sich auf den Begriff des Lebens, der im griechischen Ausdruck *psyche* auch *Seele* bedeuten kann. In dem Bedeutungsbogen zwischen Leben und Seele benennt er *psyche* als *lebendiges Selbst*. So *übersetzt* er die zitierte Bibelstelle wie folgt: „Wer sein lebendiges Selbst festhält, der wird es verlieren; wer es aber weggibt, wird es finden."[45] Wirkliche Begegnung geschieht also im Erwähltsein durch das Du und das Weggeben, Verschenken an das Du. Die Begegnung tritt somit heraus aus dem funktionalen Ablauf jedes Zwischenmenschlichen, beispielsweise der Routine der Abläufe im Rahmen der Dienste sozialer Berufe. Sie kann, muss aber nie geschehen. In dieser Hinsicht ist sie Gabe und Geschenk. Zudem beschreibt Buber im oben angeführten Zitat das Wirkliche des Lebens als das *Ich werdend spreche ich Du*. Doch was bestimmt in diesem Zusammenhang die Wirklichkeit? Wirklichkeit beschreibt zuallererst einen Wirkzusammenhang, in dem das Leben sich in seiner wesenhaften Bestimmung auszusagen anschickt. Jochanan Bloch beschreibt die Intention Bubers bezüglich dieses

42 Buber, Das Dialogische Prinzip 15. Buber betrachtet dabei explizit das menschliche Sichkundgeben als eine Antwort auf die Begegnung mit dem Du. Vgl. ebenda, 41.

43 Guardini, Die Begegnung, 17.

44 Mt 16,25, hier aus Guardini, Die Begegnung, 20.

45 Guardini, Die Begegnung, 20.

Ausweises an Wirklichkeit außerhalb jeglicher empirischen Befragbarkeit und auch außerhalb jeglichen philosophischen Fragehorizontes.[46] Wirklichkeit ist dabei wesentlich geheimnishaft, das heißt, sie entzieht sich der Konstruierbarkeit und kann auch reflexiv nie gänzlich eingeholt werden. Darin akzentuiert sich das Leben in seiner Wirklichkeit als Geschenk und Gabe der Begegnung mit dem Du. Die *wirkliche Person* als wirkliches lebendiges Selbst lebt in der Begegnung in einer inneren Verbundenheit mit dem und den Menschen.[47] Diese Begegnung als wirkliches Leben gibt das *Ich* und *Du* frei für ihre einzigartige Selbstwerdung in einer immer bleibenden Andersheit vor dem Geheimnis der Begegnung als rückhaltlose Annahme des jeweils anderen Du.[48]

Es sei noch einmal ein für unser Vorhaben wesentlicher Punkt in der Beschreibung der dialogischen Dimension ausgeführt. Begegnung impliziert immer schon im von Buber angeführten Erwähltwerden eines: eine Antwort. Im Wink und Anruf des Du stehe ich schon immer in der Ver-Antwortung diesem gegenüber, worin Welte den Zugang zur kristallenen Kugel des Personseins gegeben sieht.[49]

Dieser fundamentale Antwortcharakter des Personseins wird in unseren Beschreibungen von Haltung und Profession, Verstehen und Achten immer mit beschrieben sein. Er bildet auch in anderen Theorieentwürfen der Sozialpädagogik eine unbedingte Voraussetzung. So beispielsweise in der Konzeption der Sozialpädagogik als Handlungswissenschaft bei Hans-Ludwig Schmidt. Handeln wird dabei als ein selbstbestimmtes und geplantes Sich-Verhalten-zu verstanden, das sich immer auf etwas den einzelnen Menschen Betreffendes bezieht. Auf eine solche Widerfahrnis ist das Handeln immer eine Antwort. Person zu sein drückt sich dabei in der Einzigartigkeit des Handelns aus, wie der einzelne Mensch einer Widerfahrnis antwortend begegnet.[50] Antwortend Handeln ist dabei ein vorgreifendes Offensein für den und das Andere im Gegenzug zu einem reflektierenden, verobjektivierenden Berechnen des Anderen.[51]

---

46 Vgl. Bloch, Die Aporie des Du, 17. Bloch beschreibt die Wirklichkeit als unveräußerbar und als eine widerfahrende!

47 Vgl. Meinberg, Das Menschenbild der modernen Erziehungswissenschaft, 294-295.

48 Diese Begegnung eröffnet erst die Möglichkeit des Personseins, das sich nach Bernhard Schleißheimer in einem *In Beziehung sein* im dreifachen Sinne verwirklicht: der Beziehung zum anderen Menschen, der Beziehung zur Welt und der Beziehung zu sich selbst. Vgl. Schleißheimer, Ethik heute, 153-154.

49 Siehe Welte, Zum Begriff Person, 20.

50 Vgl. hierzu Schmidt, Theorien der Sozialpädagogik, 218-222. Die Konzeption Schmidts hat Birgmeier wieder aufgenommen, wobei er die Widerfahrnis als Gegenstand der Sozialen Arbeit proklamiert. Siehe dazu Birgmeier, Soziale Arbeit: „Handlungswissenschaft", „Praxiswissenschaft" oder „Praktische Wissenschaft"?, besonders 358-365.

51 Vgl. Schulz, Ich und Welt, 177-178.

2 Professionelle Haltung als Grundlegung Sozialer Arbeit

Von einer *professionellen* Haltung zu sprechen erweckt den Eindruck, diese wäre unter Umständen mehr oder weniger eindeutig von anderen Haltungen zu unterscheiden. Welche wären zwecks dieser Unterscheidung zu benennen? Was könnten wir unter einer oder verschiedenen *nichtprofessionellen* Haltung(en) verstehen? Gibt es beispielsweise im Sinne eines Grundverständnisses von Sozialität der Menschen eine *natürliche* Haltung? Und lässt sich eine *ehrenamtliche* Haltung von einer professionellen unterscheiden? Sollen nicht auch Bürgerinnen in Zeiten eines Anwachsens politischer Ränder eine *Haltung zur Demokratie* bzw. eine *demokratische* Haltung bewahren? Benötigt eine in Armut und Reichtum gespaltene Gesellschaft nicht eine *solidarische* Haltung aller ihrer Mitglieder? Und noch einmal anders gewendet: Hatte nicht auch der Marquis des Sade eine spezifische – *sadistische* – Haltung, die auf der Umkehrung der Werte beruhend das Verbrechen bejahte? Gibt es nicht auch eine *mörderische* Haltung in gewaltsamen Konflikten? Und existiert da nicht auch eine selbstmörderische Haltung der Menschen zu ihren natürlichen Lebensressourcen? Jegliche menschliche Regung lässt sich mit einer Haltung verbinden. Das heißt aber auch: Ohne Haltung geht es nicht! Jegliches Handeln des Menschen basiert auf einer Haltung, in der sich sein Verhältnis zur Welt – allgemein und zum konkreten *Gegenstand* seines Handelns – wie zu sich selbst äußert.

Fragen wir nun danach, was grundlegend unter einer professionellen Haltung verstanden werden kann. Hierfür befassen wir uns zuerst in unterschiedlichen Zugängen mit dem *Phänomen* der Haltung. Anschließend folgt eine kommentierende Erörterung der Begriffe Profession und Professionalisierung. Zum Ende dieses Kapitels wird der Horizont der Thematisierung einer professionellen Haltung in der Sozialen Arbeit eröffnet. Dabei wird dann die professionelle Haltung selbst als Grundlegung einer Systematik der Sozialen Arbeit darzustellen sein.

2.1 Haltung

Im alltäglichen Sprachgebrauch verwenden wir den Begriff Haltung in Beziehung zu unseren emotionalen Affekten. Sie oder er hat *Haltung bewahrt*! Dies sprechen wir einer Person zu, die sich *nicht hat gehen lassen* aufgrund einer Tatsache, die in ihr starke Gefühle ausgelöst hat, z. B. durch eine Beleidigung, die Zorn und Wut in ihr provozierte. Sozialpädagoginnen in der Jugendhilfe bewahren Haltung, wenn sie in einer verbalen Auseinandersetzung mit Jugendlichen, die sie erzürnt, nicht unangemessen mittels verbaler Entgleisung reagieren, da sie die Beschimpfungen der Jugendlichen unter Umständen als persönlichen Angriff gedeutet haben. In ähnlicher Weise sprechen wir von *Haltung bewahren* auch in Augenblicken tiefer Trauer, starken Schmerzes oder auch großer Freude. Damit sei nicht gesagt, dass es nicht notwendig angebracht erscheint, sich auch tatsächlich mal *gehen zu lassen*. Doch die Situationen, in denen wir dies tun, wählen wir in der Regel unter bestimmten Kriterien aus, z. B. dass wir nur uns nahestehenden Personen unsere Gefühlswallungen im positiven Sinne zumuten und andere nicht mit diesen kompromittieren wollen. Wir beabsichtigen nicht, andere oder uns selbst bloßzustellen, sondern mittels einer angemessenen Haltung unser *Gesicht zu wahren* und dies auch dem und den anderen zu ermöglichen.

In einem anderen Zusammenhang werden wir bezüglich unserer Haltung gegenüber Dingen befragt. Es interessiert andere, welche Haltung wir einnehmen im Sinne von *zu etwas stehen*. Ein Beispiel dafür sind empirische Untersuchungen mittels Umfragen, die sich auf die Annahme oder Ablehnung von politischen Entscheidungen oder auch auf die in der Werbung angepriesenen Produkte der Industrie beziehen. Immer wieder werden wir in unserer Haltung herausgefordert, sei es im alltäglichen Leben oder auch in eher rationalen Fragen, die unseren Alltag *noch* nicht erkennbar direkt betreffen, wie beispielsweise manche Erkenntnisse der Lebenswissenschaften. Anhand von drei Autoren, Aristoteles, Pico della Mirandola und Helmuth Plessner, werden wir uns dem Verständnis von Haltung annähern und dieses vertiefen.

Aristoteles – Ethik als Haltung

In der Nikomachischen Ethik[52] des Aristoteles finden wir das grundlegende Verständnis einer Ethik als Haltung. Aristoteles erörtert in der Nikomachischen Ethik die Frage nach dem menschlich Guten als das für das menschliche Handeln Gute. Die Ethik als Teilgebiet der praktischen Philosophie begreift den Menschen von der Praxis, seinem Handeln her. Tragendes Element ist das Streben des Menschen nach Glückseligkeit (*eudaimonia*). Bezogen auf das gute, wertvolle Handeln (*eupraxia*), als eine Form der *eudaimonia* neben der *theoria* als geistiger Schau und Kontemplation des tätigen Geistes, basiert dieses auf einem Streben (*orexis*) und dessen Ausformung zu einer Haltung (*hexis*). Diese Verfestigung durch Gewöhnung eines Strebens in einer Haltung wird schon im

52 Siehe bezüglich der anschließenden Ausführungen die folgenden *Bücher* und Kapitel der Nikomachische Ethik: I, II 1-4, VI 3-9 u. 13, X 8-9.

Begriff Ethik angedeutet, der auf *ethos* als Gewohnheit, Sitte und Brauch zurückgeht.[53] So entwickelt sich eine Haltung, die sich in Handlungsvorsätzen äußert (*hexis prohairetike*), einer Willenswahl (*prohairesis*) als überlegtes Streben. Doch für eine in sich gute, wertvolle Handlung bedarf es eines weiteren. Denn die Handlungsvorsätze und die Willenswahl können sich auf ein durch die Handlung zu erreichendes Ziel richten, ohne das Erfassen eines allgemeinen Guts an sich mitzutragen. Dies ist beispielsweise dann der Fall, wenn wir jemandem in seinem Tun arglistige Täuschung oder Heuchelei vorwerfen. Jemand kann uns seine Freundschaft vorspielen, ohne wirklich unser Freund sein zu wollen.[54] Eventuell führt ihn sein *freundschaftliches Handeln* zu seinem Ziel, indem er die Freundschaft für seine eigenen Zwecke, z. B. Ansehen, Aufgenommenwerden in bestimmte Kreise, gebraucht. Ein *wirklich, wahres* freundschaftliches Handeln als gutes und wertvolles Handeln liegt nach Aristoteles jedoch nur dann vor, wenn er auch tatsächlich unser Freund *ist*.[55] Zur Haltung im Sinne eines durch Gewöhnung verfestigten, überlegten Strebens muss eine intellektuelle Haltung hinzutreten. Diese intellektuelle Haltung vollzieht sich als ein auf das Handeln bezogenes Vergewissern. Das Vergewissern wiederum orientiert sich als *sittliche* Einsicht (*phronesis*) *klug* am in sich Richtigen des Handelns als eines allgemeinen Guts. Dabei orientiert sich die *Phronesis* an der *Theoria*, d. h. an der Wahrheit und objektiven Werten! Die *Phronesis* als solche Klugheit ist daher nicht nur ein beratschlagendes Besinnen auf das bezogen, was *ich* tun soll, sondern auch auf die Frage, was Menschen überhaupt tun sollen.[56]

> „Die Klugheit aber hat es mit den irdischen und menschlichen Dingen zu tun, mit Dingen, die Gegenstand der Überlegung sind. (...) Auch geht die Klugheit nicht nur auf das Allgemeine (aber eben doch auch – Anm. E.M.), sondern auch auf das Erkennen des Einzelnen. Denn sie hat es auch mit dem Handeln zu tun (...)."[57]

---

53 Die auf das gute Handeln bezogene Tüchtigkeit „(...) wird uns zuteil durch Gewöhnung, davon hat sie den Namen erhalten, der nur wenig von dem Wort Gewohnheit verschieden ist" (Eth. Nic. 1103a 17-18).

54 In den Büchern VIII und IX der Nikomachischen Ethik behandelt Aristoteles ausführlich die Freundschaft.

55 Schon Platon beschreibt dieses Wechselspiel von Schein und Sein der Freundschaft in der Politeia (334b – 335a). Doch diese Beschreibung steht im Kontext der Frage, wie ich Freund und Feind erkennen kann, um ihnen Gerechtigkeit widerfahren zu lassen. Es geht zumindest nicht primär um Haltung im hier besprochenen Sinne.

56 Dieses Faktum stellt Eugen Fink heraus. Siehe hierzu Fink, Metaphysik der Erziehung, 218-219 u. 227.

57 Eth. Nic. 1141b 7-9 u. 15-17.

Freundschaftlich handelt demnach nur der, der auch um der Freundschaft selber willen handelt.

Halten wir fest: Letztlich kann nur dann von einem guten und wertvollen Handeln die Rede sein, wenn tugendhaft-sittliches Handeln mit der Einsicht in dasselbe als Gutes zusammentrifft. Jemand kann z. B. Gerechtes tun ohne gerecht zu sein. Sein Handeln kann aus egozentrischen Gründen geschehen. Dies wäre für Aristoteles aber kein wirklich *gutes* gerechtes Handeln. Eine auf ein Handeln zielende, reflektierende *Grund*haltung (*hexis meta logou praktike*) besteht daher aus dem In-eins-fallen, der Übereinstimmung zweier Haltungen; einerseits der Haltung, die aus der Gewöhnung und Einübung entsteht (*hexis prohairetike*) und andererseits der Klugheit und sittlichen Einsicht in das Gute (*phronesis*) als intellektuelle Haltung.[58]

Aristoteles hat somit die Grenzen abgesteckt, innerhalb derer eine professionelle Haltung in der Sozialen Arbeit beschrieben werden kann. Denn auch dort ist das Einstimmen von der Einübung von Routinen, z. B. verschiedener Methoden der Beratung, und der intellektuellen Haltung, z. B. der kritischen Reflexion des Handelns als ein Abgleichen mit Theorien und Wissenschaftswissen, von ausschlaggebender Bedeutung für ein *gutes* professionelles Handeln.

Pico della Mirandola – Haltung und Selbstgestaltung[59]

Im Jahre 1485 bereitet der 22-jährige Giovanni Pico della Mirandola von Florenz aus eine öffentliche Disputation über 900 von ihm aufgestellte Thesen vor. Die Thesen beziehen sich unter anderem auf zwei Fragen:

1. Was ist der Mensch, d. h. wie ist sein Selbstverständnis?
2. Wie soll der Mensch leben und handeln?

Pico, in seinem jungen Alter schon Universalgelehrter und als vermögender Adliger Besitzer einer der größten Privatbibliotheken seiner Zeit, beabsichtigt, für die geplante Disputation Theologen und Philosophen aus ganz Europa als Gesprächspartner nach Rom einzuladen. Ziel der Darstellung seiner Thesen sowie der Disputation ist die Versöhnung gegensätzlicher Meinungen verschiedener religiöser, philosophischer, mystischer und magischer Schulen, die nach Picos Bekunden im Grunde im Zeichen einer Einheit der Wahrheit, vor allem in ihrem Verständnis vom Menschen zu betrachten sind. Die 900 Thesen wer-

---

58 In diesem Fazit beziehe ich mich auf Wolf, Aristoteles' Nikomachische Ethik, 148-149.

59 Vgl. zum folgenden Kapitel auch Mührel, Ethik und Menschenbild der Sozialen Arbeit. Eine Einführung.

den 1486 in Rom veröffentlicht. Papst Innozenz VIII verbietet die Disputation und Picos Thesen werden später als häretisch verurteilt. In der 1487 erscheinenden Verteidigungsschrift Picos ist die nie vorgetragene Eröffnungsrede der Disputation *Über die Würde des Menschen* enthalten, die als eines der ersten und edelsten Vermächtnisse des Humanismus der Renaissance das Verständnis vom Menschen bis in die heutige Zeit grundlegend geprägt hat.[60] Pico eröffnet seine Rede mit folgenden Worten:

> „Ich las in den Werken der Araber, ehrenwerte Väter, der Sarazene Abdala habe auf die Frage, was es auf dieser irdischen Bühne, um einmal den Ausdruck zu benutzen, als das am meisten Bewunderungswürdige zu sehen gebe, geantwortet: nichts Wunderbareres als der Mensch."[61]

Die in diesen Worten anklingende Einzigartigkeit und Erhabenheit des Menschen begründet Pico im Zusammenhang einer Schöpfungsgeschichte, in der Gott als der höchste Baumeister sein Weltenwerk vollendet und sich anschließend ein Wesen wünscht, das dieses imposante Werk lobpreise, dessen Schönheit liebe und die Größe bewundere. Diesem Wesen konnte er jedoch nichts Eigenes mehr geben, da er keine Archetypen, die jedem Geschaffenem seine einmalige Form und Bestimmung auferlegten, mehr zur Verfügung hatte. Da „(...) beschloss der höchste Künstler, dass der, dem er nichts eigenes geben konnte, Anteil habe an allem, was die einzelnen jeweils für sich gehabt hatten"[62]. Im Menschen als Geschöpf von unbestimmter Gestalt sind „(...) bei seiner Geburt von Gottvater vielerlei Samen und Keime für jede Lebensform angelegt"[63]. Damit erhält der Mensch den Auftrag zur Gestaltung und Bildung seiner Selbst.

> „Weder haben wir dich himmlisch noch irdisch, weder sterblich noch unsterblich geschaffen, damit du dein eigener, in Ehre frei entscheidender, schöpferischer Bildhauer dich selbst zu der Gestalt ausformst, die du bevorzugst. Du kannst zum Niedrigeren, zum Tierischen entarten; du kannst aber auch zum Höheren, zum Göttlichen wiedergeboren werden, wenn deine Seele es beschließt."[64]

---

60 Vgl. hierzu einführend Buck, Giovanni Pico della Mirandola und seine *Rede über die Würde des Menschen*. Dazu siehe Yates, Die okkulte Philosophie im elisabethanischen Zeitalter, 20-21.

61 Pico della Mirandola, De hominis dignitate (erstmalig in lateinischer Fassung 1495/96), 3.

62 Ebenda, 5.

63 Ebenda, 7.

64 Ebenda.

Dieses Glück des Menschen in Gestalt der Freiheit seiner Selbstgestaltung ist jedoch an den Anspruch gebunden, dies in Ehre und Würde zu tun. Damit ist der Aspekt einer bestimmten einzunehmenden Haltung angesprochen, womit sich die Dimension der Ethik eröffnet.[65] Die Ethik als Teilgebiet der praktischen Philosophie stellt unsere Haltung gegenüber der Welt, und damit auch gegenüber dem Mitmenschen und uns selbst, in Frage, wenn sie, in einem allgemeinen Verständnis, nach wohlbegründeten Werten und Normen sowie Zielen und Zwecken menschlichen Handelns sucht. Dabei sind wir gezwungen, uns in einer gewissen Art und Weise zu verhalten, was erklärt, dass wir in keinem Falle, selbst wenn wir „zum Tierischen entarten"[66], *un*ethisch handeln können. Wir sind jedoch frei in Bezug auf die Möglichkeiten der Ausgestaltung unserer Haltung.[67]

In *Über die Würde des Menschen* verbindet Pico die Lehre vom Menschen und die Ethik, indem er das Selbstverständnis vom Menschen mit einer Haltung entsprechend seiner ihm zukommenden Würde verknüpft. Damit er diese Haltung jedoch bewahren kann, bedarf die Würde des Schutzes vor dem Eingriff anderer, woraus die in der geschichtlichen Entwicklung der Neuzeit enge Verknüpfung von Menschenwürde und Forderung nach Anerkennung derselben im Gewand der Menschenrechte verständlich wird.

Doch warum stellt sich Pico überhaupt die Frage nach dem Wesen des Menschen und seiner Stellung und Haltung in der Welt? Als stürmischer wie empfindsamer junger Geist spürt er die Unruhe seiner Zeit, die die Wende vom Mittelalter zur Neuzeit markiert. Das Wesen und die Würde des Menschen wurden nun nicht mehr statisch als etwas von Gott aus Gegebenes aufgefasst, sondern „(…) als die Verwirklichung einer Potenz des Menschen durch dessen schöpferische Kräfte"[68]. Dadurch wird der Weg zu einer Selbstverwirklichung der Menschen durch Aufklärung und Emanzipation geebnet, die alle Schranken der mittelalterlichen Ordnung wie beispielsweise die durch Geburt festgelegten Standesschranken überwinden und durchbrechen wird.

Der Humanismus war und ist jedoch einer anhaltenden philosophischen Kritik ausgesetzt. Diese Kritik durchzieht beispielsweise das Denken Hegels, Nietzsches, Husserls, Heideggers, Lévinas' und Derridas. In Frage gestellt wird dabei ein Anthropozentrismus, der schon in Picos Ausführungen deutlich wird, wenn dieser den Menschen „in die Mitte der Welt gestellt"[69] sieht. Ist der Mensch jedoch tatsächlich der Mittelpunkt der Welt? Oder ist dieses Verstehen und Setzen seiner selbst als Mittel- und Ausgangspunkt nicht eine ungeheure

65 Vgl. Spaemann, Wie praktisch ist die Ethik?, 33.
66 Pico della Mirandola, De hominis dignitate, 7.
67 Siehe hierzu Fellsches, Wissen und Haltung, 44 sowie Hundeck, Welt und Zeit, 115-120.
68 Buck, Giovanni Pico della Mirandola und seine *Rede über die Würde des Menschen*, VIII.
69 Pico della Mirandola, De hominis dignitate, 7.

Anmaßung in der Relation zur Unendlichkeit von Raum und Zeit? Können wir aber überhaupt von *dem Menschen* sprechen oder nur von einzelnen Menschen? Und stellt ein Bild oder eine Lehre des Menschen nicht einen zum Scheitern verurteilten Versuch dar, die offene Mitte menschlichen Existierens in ihrer Weite und Abgründigkeit auszufüllen, ja gar maskierend zuzuschütten?[70] Diese philosophische Debatte sollten wir bei unseren Betrachtungen über eine professionelle Haltung in der Sozialen Arbeit als einen *Hintergrund* der Überlegungen mit bedenken.

Weiterhin gilt es zu bedenken, dass das humanistische Menschenbild Picos der Sozialen Arbeit zugrunde liegt. Dies betrifft unter anderem ihre Selbstverständnisse mit Bezug auf die Menschenrechte und die Lebensweltorientierung[71]. Zutreffend ist dies zudem für das Ethos ihrer geschichtlichen *Vorläufer*, beispielsweise in Form des ersten systematisierten Konzeptes der Armenpflege durch Juan Luis Vives (1492-1540). 1518 verfasste Vives nach dem Vorbild der *De dignitate hominis* seine *Fabula de homini*, eine mythologische Erzählung über den Menschen als Schauspieler in wechselnden Rollen auf der Bühne der Welt. In seiner 1526 erschienenen Denkschrift *De subventione pauperum* münden die humanistischen Ideen Vives in seinen Entwurf zur Armenpflege, womit er zum ersten Fürsorgetheoretiker und *Sozialpädagogen* der Neuzeit avanciert.[72] Der Gedanke einer der Menschenwürde und freien Persönlichkeitsentfaltung entsprechenden Gestaltung des Lebens aller Menschen bedarf einer Erweiterung durch die Forderung nach Schaffung der dafür notwendigen gesellschaftlichen Bedingungen. Ein Beispiel hierfür: Wer sich für das Ideal der Bildung der Menschen einsetzt, wird für ihre ausreichende Ernährung zu sorgen haben, da hungernde Menschen keine Muße zu ihrer Bildung aufbringen können.[73]

Heute stellen wir die Fragen nach dem Selbstverständnis des Menschen und seiner Haltung in und gegenüber der Welt neu. Warum?

Die jetzige Epoche markiert ggf. eine weitere Wende in der Menschheitsgeschichte. Wir werden mit Entwicklungen konfrontiert, die unser – auf Picos Gedankengut basierendem – Selbst- und damit auch Weltverständnis *sprengen*. Sozusagen wird uns *der Boden unter den Füßen weggerissen*. Dadurch wird auch unsere Haltung in der und zur Welt in Frage gestellt. In einer sich rasant verän-

---

70 Vgl. Capurro, Leben im Informationszeitalter, 10.

71 Siehe zum Bezug zu den Menschenrechten beispielhaft Addams, Democracy and Social Ethics; Staub-Bernasconi, Das fachliche Selbstverständnis Sozialer Arbeit – Wege aus der Bescheidenheit sowie dies., Political Democracy is necessary but not sufficient. Zur Lebensweltorientierung siehe Thiersch, Lebensweltorientierte Soziale Arbeit und ders., Verstehen – lebensweltorientiert.

72 Vgl. Zeller, Nicht Almosen, sondern Gerechtigkeit, 552-553. Weiter vertiefend siehe hierzu dies., Juan Luis Vives (1492-1540).

73 Zur Grundlegung der Sozialpädagogik als humanistischer Profession siehe auch Mührel, Was ich liebte – Epilog zur Bestimmung der Sozialpädagogik.

dernden Welt stehen wir individuell als Mensch(en) wie gemeinschaftlich als Menschheit in der Gefahr, die Orientierung zu verlieren und dabei entweder in einer starren, *dogmatistischen* Haltung, die jede In-Frage-Stellung ablehnt, zu verharren oder blindlings ohne eine Reflexion unseres Welt- und Selbstverständnisses alle Entwicklungen hinzunehmen. Beide genannten Möglichkeiten der Haltung sind unkritisch und laufen ins Leere, da sie die genannten Entwicklungen als Herausforderungen nicht ernst nehmen und keine Alternative für eine Bewältigung der Krise unseres Denkens und Handelns eröffnen. Doch welche Haltung sollen wir einnehmen? Hierbei können wir wiederum von Pico lernen. Er ging die Herausforderungen seiner Zeit mit Offenheit und Engagement an. Er kapselte sich nicht in einer starren Form von Denken und Handeln ein und legte sich nicht auf eine bestimmte Richtung fest. Er suchte den Austausch über die bedrängenden Fragen mit anderen Menschen, wovon nicht zuletzt die von ihm geplante Disputation Zeugnis ablegt. In dieser Haltung der Offenheit und des Austauschs mit anderen entstand zu Beginn der Renaissance jenes Verständnis vom Menschen, das die Entwicklung Europas bis in die heutige Zeit bestimmte; und jetzt zur Diskussion steht. In jener Haltung Picos sollten wir die Herausforderungen unserer Zeit annehmen.

Für die Grundlegung des Verständnisses einer professionellen Haltung können wir mit Bezug auf Pico festhalten, dass diese professionelle Haltung in einem engen Zusammenhang mit der Selbstbildung als Selbstformung steht. Wir sind eben allgemein und damit auch beruflich die *schöpferischen Bildhauer* unserer selbst und unseres Selbst. Dieses Glück ist zugleich eine Bürde. Jean-Paul Sartre formulierte das so: „Wir sind allein ohne Entschuldigung. (...) der Mensch ist dazu verurteilt, frei zu sein.“[74] Wir *müssen* Haltung in einem *freien* Akt einnehmen und diese selbst verantworten.

Plessner – Haltung in der exzentrischen Positionalität

In *Die Stufen des Organischen und der Mensch* erörtert Plessner das Weltverhältnis von Lebewesen. Dies tut er ausgehend von der Frage nach ihrer Positionierung bzw. ihrem Gestelltsein. Pflanzen beschreibt er als dividuell. Sie besitzen kein individuelles Zentrum, stehen in einem Stoffwechsel mit einem Milieu ohne eigenen Stand. Tieren spricht er dagegen ein individuelles Zentrum zu. Sie zeichnen sich durch Wahrnehmung und Selbstbewegung aus, ohne jedoch darüber eine reflexive Welt- und Selbsterkenntnis zu besitzen.[75] Die Positionali-

74 Sartre, Der Existenzialismus ist ein Humanismus, 155.

75 Völlig anderer Meinung diesbezüglich ist Burkhard Müller, der den Tieren *Glück* zuspricht. Siehe hierzu B. Müller, Das Glück der Tiere. Einspruch gegen die Evolutionstheorie. Das Genießen seiner Schönheit setzt ein Bewusstsein beim Tier voraus. Müller ge-

tät des Tieres ist damit zentrisch in einer geschlossenen Form. Der Mensch hingegen kann zu sich selbst, zum Zentrum der Positionalität Distanz haben, von sich selbst abheben, was ihm eine Reflexivität zu seinem Gestelltsein in der Welt ermöglicht.

> „Der Mensch als lebendiges Ding, das in die Mitte seiner Existenz gestellt ist, weiß diese Mitte, erlebt sie und ist darum über sie hinaus.“[76]

Die exzentrische Positionalität „(...) bringt eine Möglichkeit des Menschen zum Ausdruck: die Möglichkeit sich ernst zu nehmen.“[77] Diese Möglichkeit der Selbstreflexion kann anstatt im Sich-ernst-nehmen auch im Humor gefunden werden. So führt Michel de Montaigne in seinen Essays aus: „Das Besondere unseres Menschseins besteht darin, dass wir zugleich des Lachens fähige und lächerliche Wesen sind.“[78] Beiden Aussagen gemeinsam ist die sich in ihnen ausdrückende Distanz des Menschen zu sich selbst und der Welt.

Haltung in der exzentrischen Positionalität kann als leibhaftiges Welt- und Selbstverhältnis verstanden werden, das vom Inhaber der Haltung präsentiert, „(...) geleistet und verantwortet wird und von dem er als Bewußthaber weiß“[79]. Als Um-sich-selbst-wissen wird diese Haltung als Wissen in Sprache verständlich. Im Zur-Sprache-kommen kündigt sich dabei im Sinne Gadamers eine universal-ontologische Struktur an, „(...) eine Grundverfassung von allem, auf das sich Verstehen überhaupt richten kann. *Sein, das verstanden werden kann, ist Sprache.*“[80] Das Selbstverständnis des Welt- und Selbstverhältnisses gründet also in der Sprachlichkeit unseres Menschseins.

Aus dem genannten Über-die-Mitte-hinaus-Sein erwächst der Auftrag der Selbstformung in der Ausgestaltung und dem Einnehmen einer Haltung. Den Ausführungen Picos ähnlich beschreibt Plessner „dieses Glück des Menschen“ als einen Zwang.

> „Als exzentrisch organisiertes Wesen muß er sich zu dem, was er schon ist, erst machen. Nur so erfüllt er die ihm mit seiner vitalen Daseinsform aufgezwungene Weise,

---

braucht zwei wunderbare Metaphern für das Bewusstsein: „Bewußtsein ist das Zelt, das das Selbst sich aufspannt, um darunter zu herbergen“ (S. 34); „Was ist Bewußtsein? Vielleicht eine Bühne; und dann spielt ganz gewiss auf dieser Bühne auch das Glück. Wer hätte je von einem unbewußten Glück gehört! Wenn es aber dies ist, eine Bühne, dann kann es nur ein Einziges sein bei Mensch und Tier“ (S. 43).

76 Plessner, Die Stufen des Organischen und der Mensch, 291.

77 Ebenda, S. XIII.

78 Michel de Montaigne, Essais (erstmalig in französischer Fassung 1580-1588), I 50.

79 Fellsches, Wissen und Haltung, 43.

80 Gadamer, Wahrheit und Methode, 478.

im Zentrum seiner Positionalität – nicht einfach aufzugehen, wie das Tier, das aus seiner Mitte heraus lebt, auf seine Mitte alles bezieht, sondern zu stehen und von seiner Gestelltheit zugleich zu wissen."[81]

Diese Auffassung Plessners findet sich auch in den Beschreibungen anderer Autoren wieder. So führt beispielsweise Albert Camus in *Der Mensch in der Revolte* aus: „Der Mensch ist das einzige Geschöpf, das sich weigert zu sein, was es ist."[82] Diese Weigerung basiert auf der exzentrischen Positionalität, in der Möglichkeit, sich ernst zu nehmen. Auch Ortega y Gasset beschreibt diesen Zwang zum Einnehmen einer Haltung in seinen Ausführungen über *Um einen Goethe von innen bittend* von 1932, in denen er gegen Goethe den Vorwurf erhebt, in seinem Leben des Öfteren eine Haltung eingenommen zu haben, die seiner nicht würdig war. „Leben (…) besteht ohne Gnade in einem Machen, Sich-selbst-Machen (…)."[83] Das menschliche Leben besteht aus seinen eigenen Problemen, seine Substanz ist etwas, „(…) das sich selber machen muß, das daher nicht ein *Ding* ist, sondern durch und durch problematisch und *Aufgabe*."[84] Der Begriff Aufgabe weist darauf hin, dass es sich nicht um einen Befehl handelt, der lediglich ausgeführt werden muss, sondern um einen Auftrag zur Selbstgestaltung, der in eigener Verantwortung zu beantworten ist. Der Mensch ist somit auch das Lebewesen, das Anforderungen an sich stellt und in seiner Haltung auch Selbstachtung zu bewahren bestrebt ist. Plessner spricht in diesem Zusammenhang vom „Quellpunkt der Sittlichkeit", der in der exzentrischen Positionalität *angelegt* ist. Hier entspringt für ihn das Gewissen als ein Wissen um seine Positionalität als Voraussetzung dafür, was Pico als Selbstgestaltung „in Ehre" bezeichnete.[85]
Eine Haltung einzunehmen und zu bewahren ist daher stets eine Antwort auch auf die an das eigene *Selbst* gestellten Anforderungen und Ansprüche. Doch dieses *Selbst*, das wir in einem eigenen Abschnitt in Kapitel 3.2. noch thematisieren werden, gründet nicht in einer *Selbst*sicherheit, sondern in radikaler *Selbst*unsicherheit. „Das Leben ist die Antwort des Menschen auf die radikale Unsicherheit, aus welcher er seinem Wesen nach besteht."[86] So besitzt der Mensch „(…) die dynamische Seele eines Pfeils, der in der Luft sein Ziel verloren hat"[87]. Die eigene Kunst der Lebensführung im Sich-selbst-machen wird in

81 Plessner, Die Stufen des Organischen und der Mensch, 309.
82 Camus, Der Mensch in der Revolte, 18.
83 Ortega y Gasset, Um einen Goethe von innen bittend, Gesammelte Schriften Bd. III, 267-268. Zum Paradigma einer *radikalen* Philosophie siehe ders., Was ist Philosophie?, Bd. V der Gesammelten Schriften, Kapitel IX bis XI.
84 Ortega y Gasset, Um einen Goethe von innen bittend, Gesammelte Schriften Bd. III, 276.
85 Vgl. Plessner, Die Stufen des Organischen und der Mensch, 317.
86 Ortega y Gasset, Um einen Goethe von innen bittend, Gesammelte Schriften Bd. III, 288.
87 Ders., Der Mensch ist ein Fremder, 174.

einer gewissen Gebrochenheit und Kontingenz stets auf diese radikale Unsicherheit zurückgeführt. Unser Leben steht auf *tönernen Füßen.* „Jedes Leben ist mehr oder weniger eine Ruine, unter deren Trümmern wir die eigentliche Bestimmung des Menschen entdecken müssen."[88] Im letzten Kapitel von *Die Stufen des Organischen und der Mensch* führt Plessner als ein anthropologisches Grundgesetz das Gesetz des utopischen Standorts aus. Demnach ist der Standort des Menschen ein Nicht-Ort, worauf der Begriff der Utopie schon hinweist. Der Mensch steht in der Schwebe zwischen Nichtigkeit und Transzendenz.

> „Bewusstsein der Individualität des eigenen Seins und der Welt und Bewusstsein der Kontingenz dieser Gesamtrealität sind notwendig miteinander gegeben und fordern einander. An der eigenen Haltlosigkeit, die dem Menschen zugleich den Halt an der Welt verbietet und ihm als Bedingtheit der Welt aufgeht, kommt ihm die Nichtigkeit des Wirklichen und die Idee des Weltgrundes."[89]

Aus diesem der exzentrischen Positionalität entspringenden existenziellen Paradoxon wird eines deutlich: Haltung ist immer mit dem Aufbegehren gegen drohende existenzielle Haltlosigkeit verbunden.

Haltung im Wertepluralismus

Unser Verständnis von Ethik als Haltung ist unmittelbar verbunden mit dem Verständnis vom Menschen als *animal* ***rationale***, dessen eigentümliche Leistung (*ergon*) in seiner Vernunftbegabung liegt.[90] Der Mensch als ***animal*** *rationale* geht vom lateinischen Begriff *animal* genauso wie das Tier auf *anima*, den Atemhauch, zurück. Beide, Tier und Mensch, atmen die gleiche Luft. Aristoteles benennt das *ergon* des Menschen wie folgt, dass „(...) das eigentümliche Werk und die eigentümliche Verrichtung des Menschen in vernünftiger oder der Vernunft nicht entbehrender Tätigkeit der Seele besteht"[91]. Dies betont Aristoteles, wenn er bezüglich der Haltung von deren zwei Elementen, der Gewöhnung und der Klugheit als Einsicht in das sittlich Gute, ausgeht. Für diese Einsicht bedarf es eines *distanzierten* Wissens um sich selbst und das eigene Gestelltsein in der Welt, wie es Pico in den Ausführungen über den Auftrag der Selbstformung und Plessner im Rahmen der exzentrischen Positionali-

---

88 Ders., Um einen Goethe von innen bittend, Gesammelte Schriften Bd. III, 275.

89 Plessner, Die Stufen des Organischen und der Mensch, 345.

90 Zu einer erweiterten Perspektive auf den Menschen als *animal rationale* vgl. Heidegger, Der Satz vom Grund, besonders 210. Bei Heidegger basiert diese erweiterte Perspektive auf der Mehrdeutigkeit des lateinischen Begriffs *ratio*.

91 Eth. Nic. 1098a 8-10.

tät beschreiben. Die Menschen sind daher frei in der Wahl ihrer Haltung, aber wählen müssen sie. Pico bezeichnet es so: „(…) welch hohes und bewundernswertes Glück des Menschen! Dem gegeben ist zu haben, was er wünscht, zu sein, was er will.“[92] Doch dieses Glück ist zugleich Verurteilung zur Wahl und Verantwortung derselben. So verstanden, können wir zwar unmoralisch handeln, indem wir gegen bestimmte Moralvorstellungen verstoßen, aber niemals *un*ethisch. In Zeiten eines Wertepluralismus gibt es keine eindeutig bestimmbaren Moralvorstellungen oder gar Moralkodizes, die die kulturelle Mitte der Gesellschaft besetzen und bestimmen. Daher kommt der Ethik als Haltung für jeden einzelnen Menschen eine besondere Bedeutung zu zwecks der Orientierung im Wertepluralismus und der Bildung einer Haltung als Antwort auf die bedrängenden Fragen des Lebens und der Zeit. Nicht umsonst erlebt die Ethik als Lebenskunst eine Renaissance, will diese doch genau jene Kunst beschreiben und fördern, die zur Bildung und Bewahrung einer unserem jeweiligen Leben in seinen Lebensumständen entsprechenden Haltung führt.[93]

2.2 Profession

Profession und damit einhergehend auch *Professionalisierung* sind zwei Begriffe, die den Diskurs innerhalb der Sozialen Arbeit schon seit Jahrzehnten wenn nicht dominiert so doch in weiten Teilen mit geprägt und bestimmt haben. Dieser permanente Diskurs erzeugt zuweilen Verdruss und hinterlässt *Schwindel.*[94] Ist Soziale Arbeit eine Profession? Ist sie eine klassische und *moderne* Profession oder eine *postmoderne*? Von welchem Grad der Professionalisierung an darf von einer Profession die Rede sein? Woran lässt sich ein solcher Grad der Professionalisierung messen? Letztlich gibt es auch hier wieder zwei Perspektiven: eine von *innen* und eine von *außen.* Ist es generell möglich, dass Soziale Arbeit sich selbst als Profession zu begreifen und zu akzeptieren vermag? Kann das gelingen, selbst wenn die Zuschreibung als Profession in der Perspektive von außen fragil und ggf. versagt bleibt? An dieser Stelle kann nur ein kurzer Kommentar zum Stand der Dinge erfolgen, denn für unser Vorhaben der Erörterung der Professionellen Haltung rekurrieren wir auf ein gänzlich anderes Professionsverständnis. Dies wird weiter unten ausgeführt und bezieht sich nicht auf die üblichen sozialwissenschaftlich geprägten Diskurse zu Profession und Professionalisierung. Zudem sei angemerkt, dass eine systemati-

92 Pico della Mirandola, De hominis dignitate, 7.

93 Siehe hierzu mit Blick auf die Soziale Arbeit Mührel, Der Garten der Existenz und die Gesellschaft.

94 Zu einem guten Überblick über verschiedene Zugänge vgl. Dewe/Otto, Profession sowie dies., Professionalität.

sche Unterscheidung von Profession und wissenschaftlicher Disziplin Sozialer Arbeit in unserem Zusammenhang sekundär ist.[95]

Soziale Arbeit kann bis dato nicht als eine klassische, *moderne* Profession wie beispielsweise Medizin, Theologie oder Jura angesehen werden. In diesem klassischen Verständnis ist eine Profession durch die exklusiven Bestandsformeln der Zuständigkeit, der funktionalen Autorität und der Wissensbasis charakterisiert. Hinzu kommt, dass diese Professionen über eine klare Systematik ihrer jeweiligen Wissenschaft verfügen. In dieser Klarheit gibt es – selbstredend mit Abstrichen – weder in der Perspektive von *innen* noch in der von *außen* Zweifel an ihrer Position in der Gesellschaft und deren Akzeptanz. Das alles ist der Sozialen Arbeit nicht zuzusprechen. Es hätte sich – vielleicht – ein Tor in diese Richtung öffnen lassen mit der allgemein eher unbeliebten *Bolognareform* und der damit einhergehenden Umstellung von Diplomstudiengängen auf Bachelor- und Masterstudiengänge. Wolf Rainer Wendt sprach sich in diesem Zusammenhang für die Entwicklung verschiedener Gebiete einer *Fachsozialarbeit* aus.[96] Diese könnten über die Masterstudiengänge Kontur erhalten und das fachliche Profil von Sozialpädagoginnen in den Perspektiven von *innen* und *außen* stärken. Eine solche Chance ist aber verworfen und vertan worden. Das Ergebnis ist: Im Bereich der Sozialen Arbeit überwiegt eine an Beliebigkeit grenzende Heterogenität an Masterstudiengängen an Hochschulen und Universitäten, die in ihrer Gesamtschau aber auch jegliche wissenschaftliche Systematik vermissen lassen. Was die Perspektive von *außen* angeht, droht eher noch weiteres Ungemach. Auf dem Hintergrund des aktuell enormen Fachkräftemangels in den Pflege- und allgemein den Gesundheitsberufen wie auch in der Kindheitspädagogik bei Erzieherinnen könnte die Soziale Arbeit in der Relation zu diesen Berufen, die sich ja auch *professionalisieren*, weiter in Bedrängnis kommen. Und das sogar, obwohl der Fachkräftemangel in der Sozialen Arbeit weiterhin und auch perspektivisch gewaltig ist. Denn die aktuellen Tarifverhandlungen machen deutlich, dass die genannten Berufe in ihrer Entlohnung und damit in ihrem Prestige in der Außenperspektive – auch in Relation zur Sozialen Arbeit – angehoben werden sollen. So werden sie einerseits für junge Menschen attraktiver, andererseits wird eine gesellschaftlich relevante Versorgungslücke geschlossen. Erziehung und Bildung in der Frühpädagogik und Gesundheit betreffen alle Gesellschaftsschichten. Die entsprechenden Versorgungslücken werden daher als Gefährdung der sozialen Sicherheit der gesamten Gesellschaft wahrgenommen. Wen aber betreffen die Versorgungslücken im Bereich Sozialer Arbeit? Zum zweiten Mal könnte Soziale Arbeit in einem sol-

95 Zu dieser Unterscheidung in einer eher wissenschaftstheoretischen Perspektive siehe Birgmeier/Mührel, Wissenschaftliche Grundlagen der Sozialen Arbeit, Kap. 3.

96 Siehe hierzu beispielhaft Wendt, Fachsozialarbeit als notwendige professionelle Spezialisierung.

chen Entwicklungsprozess wie ehemals der Bildungsoffensive in den 1970er Jahren mit der besoldungsmäßigen Anhebung und damit Aufwertung der schulpädagogischen *Berufe* das Nachsehen haben. Es mag dann in einer Art Selbstsuggestion und Reframing der eigenen Lage stimulierend wirken, sich als *postmoderne* Profession ohne Eigenschaften[97] zu verstehen. Da gibt es sicherlich einige bedenkenswerte Aspekte, an der wirklichen Lage ändert sich aber nichts.

Auch der letztlich auf Prozesskompetenz ausgerichteten Debatte um Professionalität und Professionalisierung droht die Gefahr des Mündens in eine Sackgasse. In den Gesundheitsfachberufen und der Kindheitspädagogik/-wissenschaft wird, wie schon angemerkt, *professionalisiert.* Dies geschieht teilweise in Verbindung mit einer Akademisierung oder Teilakademisierung der Ausbildungsgänge, was an sich zunächst nicht tadelnswert ist. Es droht jedoch ein Zustand der generellen Professionalisierung, in der alle *ehemaligen* Berufe zu *Professionen* werden, was wiederum absurd ist, da dann letztlich nur die Bezeichnung des Metiers im Rahmen einer Selbstreflexion eigener Fachlichkeit geändert wurde. Es wird dann für einen Betrachter von außen oder einen Adressaten unklar, wofür Professionalität in verschiedenen zunehmend zwischenberuflichen, also inter- bzw. transprofessionellen Tätigkeiten denn stehen soll. In diesem Zusammenhang stimmen wir Axel Honneth zu, wenn dieser für den Bereich der Sozial- und Gesundheitswissenschaften eine „blinde Professionalisierung" gepaart mit „intellektueller Orientierungslosigkeit" konstatiert.[98] Auch der inflationäre Gebrauch der Begriffe Professionalität und Professionalisierung, nicht nur in verschiedenen Fachkreisen, sondern auch in den Massenmedien, wirkt auf die Zielsetzung des Ausdrucks von Prozesskompetenz zersetzend. Wenn selbst Terroristen infolge der verheerenden Anschläge vom 11. September 2001 Professionalität in Verbindung mit Beschreibungen wie *hochvernünftig* und *lernfähig* bescheinigt wird[99], gerät die Konnotation des Begriffs in Zweideutigkeiten. Zeichnen sich Professionen mit ihrer Professionalität lediglich durch instrumentelle Vernunft aus, oder verbinden wir damit einhergehend auch ein menschenfreundliches, humanes Berufsethos? Mit dieser Frage schließen wir unseren Kommentar zu dem sozialwissenschaftlich ausgerichteten Dauerdiskurs zu Profession und Professionalisierung ab. Wenden wir uns nun dem zentralen Professionsverständnis für unser Vorhaben der Beschreibung einer Professionellen Haltung zu.

---

97 Siehe hierzu Kleve, Die Sozialarbeit ohne Eigenschaften.

98 Vgl. Honneth, Befreiung aus der Mündigkeit (Einleitung), 7-8.

99 Vgl. Elwert, „Kühl, hochvernünftig und lernfähig", 16.

Die Profession *vor* der Professionalität

Profession bezieht sich auf das lateinische *professio* und bedeutet Bekenntnis, Gewerbe, Geschäft, öffentliche Erklärung. Professionalisieren beschreibt von dieser Bedeutung her den Prozess eines *zum Beruf Machens* oder *als Beruf Erklärens.* Professionell handelt jemand, der berufsmäßig an die Dinge heran geht. *Professio* wiederum stammt vom lateinischen *profiteri*, das nichts anderes bedeutet als *sich öffentlich zu einem Beruf erklären.* Eine Professorin ist jemand, die sich öffentlich zu einem Metier, einem Beruf bekennt und erklärt.[100] Profession bezieht sich also von der Begriffsgeschichte her nicht auf Fragen der Fachlichkeit und Qualität. Vielmehr geht es um eine Erklärung, ein Bekenntnis, was eine Nähe zu *confessio* vermuten lässt. Nicht umsonst legen in manchen Ordensgemeinschaften die Novizinnen nach einer bestimmten Dauer der Zugehörigkeit eine *Profess* ab. Doch es geht an dieser Stelle nicht um eine Beschreibung der expliziten Verknüpfung mit einer religiösen Konnotation des Begriffs Profession. Selbst aus einer säkularen Sichtweise heraus liegt in jedem Erklären oder Bekenntnis eine Antwort auf einen Ruf, der der Erklärung und dem Bekenntnis vorausgegangen ist. In einem Bekenntnis und einer Erklärung verantworte ich eine Berufung. In diesem den Ruf eines Anderen verantwortenden Bekenntnis nehme ich eine Haltung zu dieser Berufung ein. Die Profession drückt diese Haltung aus, sie basiert auf dieser Haltung. Profession bezieht sich auf ethische Prämissen. Zu betonen ist, dass es sich dabei nicht um autopoietische Gesichtspunkte handelt, so als ob eine Haltung aus sich selbst erwache und erwachse, sondern um dialogische, zwischenmenschliche Prämissen. Markus Hundeck beschreibt dies treffend so:

> „Dass der Mensch antwortet, ja antworten kann, impliziert, dass er zuerst ein Hörender ist, der, nachdem er gehört hat, Antwortender wird, und aus dieser Antwort heraus, *Antwort,* die Ver-*Antwortung* ist, so etwas wie Identität und ein Selbstbewusstsein entwickelt. Ver-*Antwortung* unterstellt eine Bezogenheit auf etwas Vorausgegangenes (d.i. die fundierende Relation des Selbst aus dieser Beziehung) und zugleich einen Zukunftsaspekt, der in der Prospektion wiederum die Verwiesenheit menschlichen Handelns und diesen Antwortcharakter herausstellt. Diese in der Verwiesenheit auf Vergangenheit und Zukunft sich ausspannende Ver-*Antwortung* des Menschen macht den Gedanken eines Lebens und Handelns in absoluter Autonomie undenkbar."[101]

100 Schon Otto Friedrich Bollnow weist am Ende von *Die Ehrfurcht* auf die enge Bindung von Professorin und Bekenntnis hin. Vgl. Bollnow, Die Ehrfurcht, 179.

101 Hundeck, Durchbrochene Kontingenz und verdankte Existenz als Perspektive Sozialer Arbeit, 59.

Unsere Beschreibungen von Profession basieren auf der dargestellten dialogischen Verfasstheit des Menschen, die sich dem an-rufenden anderen Menschen verdankt und diesen als Gabe und Geschenk, gerade auch in den Handlungszusammenhängen in der Sozialen Arbeit wie in allen sozialen und pädagogischen Berufen, annimmt und in diesem Annehmen des anderen Menschen als Anderen seine Begabung erschließt. Die Profession zielt daher auf Fachlichkeit als Professionalität, sie „(…) bekommt ihre Weihe gleichsam in der Haltung, die zum Gegenüber, zum Klienten, ausdrücklich und unaufgebbar wird“[102]. Hundeck ist es zu verdanken, dass diese dialogische Dimension des Menschen in ihrer Bedeutung für die Profession im Verständnis einer Antwort einnehmenden Haltung in Erinnerung bleibt. Er schließt folgerichtig:

> „Die Profession geht also der Professionalität voraus, macht sogar erst eine Einschätzung der Professionalität möglich, bestimmt darüber, in welche Richtung sich Professionalität bewegt.“[103]

Profession in dem hier dargestellten dialogischen als einem fundamentalethischen Verständnis bedeutet, dass die Sozialpädagogin sich vor aller Einzigartigkeit mit den herausgebildeten Begabungen in ihrer Einzigkeit des Bekennens als Ver-Antwortende konstituiert. Ihre fachlichen Begabungen realisieren sich am Faktum der Widerfahrnis[104] – die eine Gabe ist – des Klienten als einem anderen Menschen.

2.3 Professionelle Haltung als Grundlegung der Sozialen Arbeit

Unser Zugang zu einem Professionsverständnis zeigt auf, dass Profession immer schon eine Haltung der Person der Sozialpädagogin evoziert, die sie, die Profession, zum Ausdruck bringt, sozusagen *verkörpert.* Die Profession verwirklicht sich in dieser ethischen Dimension vor aller Fachlichkeit und Professionalität in der Haltung *zur* und auch *in* der Widerfahrnis des und der Klienten.

---

102 Ebenda, 66.

103 Ebenda, 67.

104 Bernd Birgmeier thematisiert *Widerfahrnis* in der Korrelation zum *Handeln* der Menschen und baut darauf ein Verständnis der Sozialen Arbeit als Handlungswissenschaft auf. Vgl. hierzu Birgmeier, Handlung und Widerfahrnis sowie Handlungswissenschaft Soziale Arbeit.

Die Person der Sozialpädagogin *ist* mit ihrer professionellen Haltung das zentrale Organon (Werkzeug) der Sozialen Arbeit.[105] Anders ausgedrückt ist die Soziale Arbeit grundgelegt in der *Professionellen Haltung*. Und diese Grundlegung zeitigt zugleich die Systematik der Sozialen Arbeit, die die Korrelationen von verschiedenen Wissensformen und auch von Theorie und Praxis Sozialer Arbeit verständlich und begreifbar macht. Um dies zu verdeutlichen kommen wir nochmal auf das Verständnis der Ethik als Haltung bei Aristoteles zurück. Zu betonen ist dabei die von Aristoteles ausgeführte Einsicht in das Handeln. Wir erinnern uns: Zur Haltung im Sinne eines durch Gewöhnung verfestigten, überlegten Strebens muss eine intellektuelle Haltung treten, die sich *klug* am in sich Richtigen des Handelns als eines allgemeinen Guts orientiert. Erst eine solche Haltung kann als professionell verantwortlich gelten, die sich solcher vergewissernder Einsicht bedient. Damit ist der Bezug zu Theorien und *objektivem* Wissenschaftswissen gegeben. Wir können daher auch den einzelnen Dimensionen der Professionellen Haltung einzelne Wissensformen und Wissensbestände zuordnen. [106] Die aufeinander aufbauenden Abbildungen 1-3 sollen dies veranschaulichen.

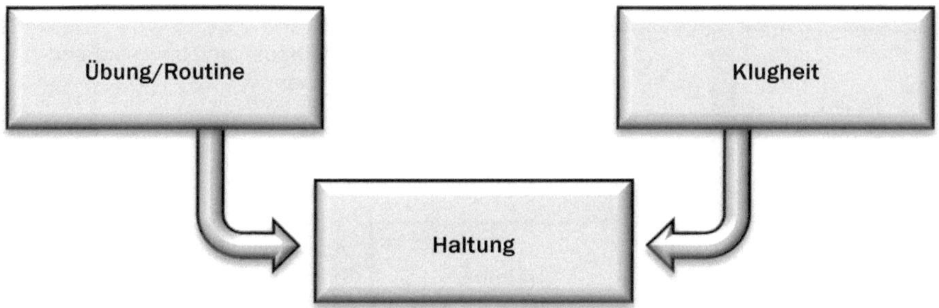

Abb. 1: Haltung

105 Zur Person als Organon in der Sozialen Arbeit siehe vertiefend die Beiträge in Blaha u.a., Die Person als Organon in der Sozialen Arbeit.

106 Siehe hierzu auch Birgmeier/Mührel, Wissenschaftliche Grundlagen Sozialer Arbeit, 24-25 und zudem die Beschreibungen zu Entscheidungswissen, Professionswissen und wissenschaftlichem Erklärungswissen in Dewe/Otto, Wissenschaftstheorie, 1833-1841.

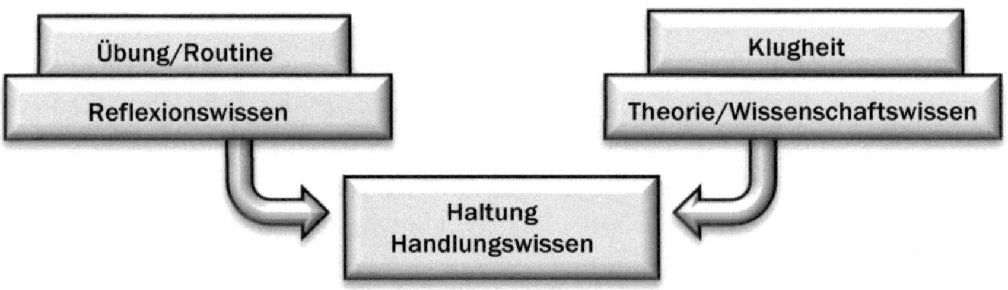

Abb. 2: Haltung und Wissensformen

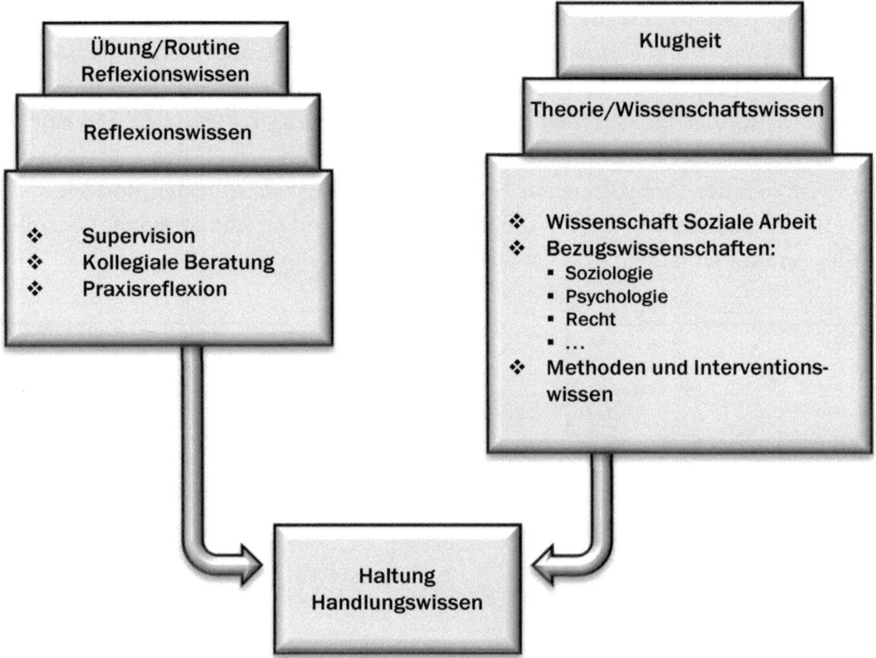

Abb. 3: Haltung, Wissensformen und Wissensbestände

Diese Systematik spiegelt zudem den Aufbau des Studiums der Sozialen Arbeit, ganz gleich wie unterschiedlich die Inhalte und auch Gewichtungen einzelner Dimensionen der Professionellen Haltung sein mögen.

Abschließend sei noch auf die Verbindung von Haltung und Handlung hingewiesen. Haltung und Handlung stehen in einer engen Korrelation. Die Handlung eines Menschen basiert auf seiner Haltung und ist der Ausdruck dieser in der Widerfahrnis von Menschen und Dingen der Welt. Handlung und Haltung sind immer schon miteinander verwoben.[107] Über das Handeln des Menschen

107 Siehe vertiefend hierzu Birgmeier/Mührel, Handlung und Haltung.

kann auf seine Haltung zurückgeschlossen werden. Das bedeutet aber in einer anderen Perspektive, dass die Entwicklung von Haltung in Menschen nicht planbar und machbar ist. Diese ist nicht von außen zu kontrollieren oder zu modellieren. Denn die Haltung ist gebunden an die intransitive Dimension der Person, dem Gewissen. Wir erinnern uns: Jeder Mensch als Person ist ein Mysterium, irreduzibel ein in seiner Einzigkeit und Einzigartigkeit bestehendes Geheimnis. „Wo immer wir noch einen Menschen irgendwie *vergegenständlichen*, da entschlüpft uns seine Person aus der Hand, und es bleibt nur ihre bloße Hülle."[108] Hier zeigt sich wieder die dialogische Verfasstheit des Menschen. Der Mensch selbst kann seine Haltung auch nicht einfach selbst machen!

Mit Bezug auf die professionelle Haltung in der Sozialen Arbeit kommt damit – vielleicht – ein Ärgernis auf. Denn weder ist die professionelle Haltung einer Sozialpädagogin objektiv bestimmbar oder empirisch messbar. Noch obliegt sie der subjektiven Autonomie im Sinne einer Autopoiesis; professionelle Haltung lässt sich nicht konstruieren! Das hat für das Verständnis des Studiums der Sozialen Arbeit weitreichende Folgen. Professionelle Haltung basiert auf einer personenbezogenen Bildung, die auf dem Dialog von Personen basiert. Studentinnen sind nicht das Produkt der Studiengänge und Sozialpädagoginnen wenden keine messbare Sozialtechnologie an. Auch sie arbeiten wieder im Dialog mit Personen. Es wird interessant zu beobachten sein, wie die Planungs-, Messbarkeits- und damit Bemächtigungsphantasien, die im Rahmen der Digitalisierung allgemein und besonders der der Bildung in Hochschulen (und Schulen) in die Gesellschaft hineinwirken, an diesem Mysterium der Haltung und dem der Person sich abarbeiten und letztlich scheitern werden.

108 Scheler, Wesen und Formen der Sympathie, 193.

3 Verstehen der Lebensweise des Klienten

> Seit ein Gespräch wir sind
> Und hören können voneinander.
> Friedrich Hölderlin, Friedensfeier (dritte Entwurfsphase)

Dass es in der Sozialen Arbeit in der überwiegenden Mehrzahl der Arbeitsfelder vornehmlich um das Verstehen des oder der Klienten geht, kann als ein Gemeinplatz bezeichnet werden. Doch so einfach wie es vielleicht klingt, gestaltet sich das Verstehen nicht. Was am Klienten soll verstanden werden und wie? Wie weit darf der Verstehensprozess *in* den Klienten hinein *vordringen*? Gibt es hierfür eine moralische Grenze, die beachtet werden sollte? Aber in welcher Dimension *muss* der Klient verstanden sein, damit eine sozialpädagogische Diagnose erstellt werden kann, auf deren Basis die fachlichen Interventionen durchgeführt und gerechtfertigt werden können? Inwiefern ist Verstehen ein dialogischer Prozess? Diesen Fragen wird im Folgenden nachgegangen. Vor der Erörterung dessen, was wir unter Verstehen *verstehen* können, betrachten wir das, worauf sich Verstehen im sozialpädagogischen Kontext bezieht, die *Lebensweise* des Klienten.

3.1 Lebensweise

Mit dem Begriff Lebensweise lassen sich vielerlei Assoziationen verbinden. So bezieht sich Lebensweise in einem *Vor*verständnis auf die Art und Weise, wie ein bestimmter Mensch oder eine Gruppe von Menschen ihr individuelles oder gemeinschaftliches Leben führt bzw. führen. Unsere Überlegungen fokussieren die Lebensweise des einzelnen Menschen, wobei aber unmittelbar die Verortung des individuellen Lebens im gemeinschaftlichen offensichtlich werden wird. Wenn von der *Führung des Lebens* die Rede ist, so sind damit zugleich auch andere Begriffe angesprochen, die in einer bestimmten Nähe zu *Führung* stehen, beispielsweise *Gestaltung* des oder die *Kunst* des Lebens. Dabei wird eine schöpferisch-kreative Dimension bei der Art und Weise der Lebensführung und -gestaltung angedeutet. Diese Gestaltung des Lebens *soll* in Selbstbestimmung und nicht in Fremdbestimmung geschehen, das Leben *soll* in *die eigene Hand genommen* und eigenverantwortlich geführt werden. Abgesehen von der interessanten Frage, wer solche Imperative normiert und wer sich ihnen zu fügen hat, was hier nicht verhandelt wird, taucht ein Problem auf: *Was* wird denn von *wem* in dieser Lebensweise schöpferisch-kreativ geführt und gestaltet? In der Herangehensweise an dieses Problem beziehen wir uns auf José Ortega y Gasset. Der Kerngedanke seiner Philosophie, erstmals 1914 in einem seiner ersten Werke, den *Meditaciones del Quijote* ausgeführt, lautet: *Yo soy yo y mi circumstancia*; „*Ich bin ich und mein Umstand*[109]". Ortega sieht den Menschen als *Kampf* einer inneren Kraft, dem Ich, mit dem Lebensumstand, der sich aus vielgestaltigen Lebensumständen zusammensetzt, die das Ich umgeben. Mit Ortega wird zu beschreiben sein, dass die Lebensweise als der *Ausdruck* der Selbstgestaltung eines Menschen in seinen Lebensumständen begriffen werden kann. Dies ermöglicht die Erörterung einer Grundlage für eine *ganzheitliche* Betrachtung des Menschen, welche einen Baustein der professionellen Haltung im Verstehen des Klienten darstellt.

Bemerkenswert an Ortega und seinen Gedankengängen ist das Faktum, dass er nach seiner Promotion 1904 einen vierjährigen Studienaufenthalt in Deutschland hatte. Unter anderem studierte er bei Paul Natorp in Marburg, den er als *seinen Lehrer* bezeichnet und von dessen Sozialpädagogik er tief beeindruckt und beeinflusst war. Natorps monistische Sicht des ineinander Verwobenseins von Individualität und Sozialität als herausragendes Merkmal und zugleich Grundvoraussetzung der Humanität[110] nimmt Ortega auf und entwickelt hieraus das Prinzip, dass sich das Leben immer auf dem Hintergrund der Wechselbeziehungen zwischen dem *Ich* und seinen Lebensumständen vollzieht![111]

Die Lebensweise als Ausdruck der Selbstgestaltung in den Lebensumständen

„Verstehen ist Verstehen von Ausdruck."[112] Doch was lässt sich unter Ausdruck *verstehen*? Ausdruck kann zunächst in einem engeren Sinne als ein rhetorischer Terminus aufgefasst werden, der das Verhältnis der Sprache zum Gedanken bestimmt. Verstehen würde sich dann vornehmlich auf das zum-Ausdruck-Kommen in der Sprache beziehen. Ganz in diesem Sinne beschreibt auch Karl

109 Ortega y Gasset, Meditationen über Don Quijote, 53.

110 Vgl. Natorp, Sozialpädagogik, § 10 und ders., Religion innerhalb der Grenzen der Humanität, 1 u. 62-64. Siehe zudem Jegelka, Paul Natorp, 73-91, besonders 78-80 und Mührel, Menschenrechte und Demokratie als *soziale Ideale*.

111 Vgl. Rusker, Grundzüge von Ortegas Philosophie, 671-672. Inspiriert von Natorp führte Ortega y Gasset mit einem Vortrag von 1910 in Bilbao dessen *Sozialpädagogik* in Spanien und den spanisch sprachigen Raum ein; siehe hierzu Hundeck/Mührel, José Ortega y Gasset: Sozialpädagogik als politisches Programm. An dieser Stelle sei der Hinweis erlaubt, dass auch Gadamer bei Natorp studierte und 1922 promovierte. Vgl. zur philosophischen Begegnung Gadamers mit Natorp Gadamer, Paul Natorp, GW Bd. 10, 375-380.

112 Gadamer, Wahrheit und Methode, 228.

Löwith das Miteinander-Sprechen als den Modus der Ausdrücklichkeit des Miteinanderseins. In seinen Beschreibungen klingen jedoch auch Zweifel über diese Engführung des Begriffs an, beispielsweise wenn er die *verräterische Stimme* oder den Ausdruck des Unbewussten, der der Fruchtbarkeit der psychoanalytischen Interpretation bedarf, erörtert.[113] Auch Gadamer stellt fest, dass in einem weiteren Sinne Ausdruck sich auf viel mehr bezieht als den sprachlichen Ausdruck.

> „Was der Ausdruck ausdrückt, ist eben nicht nur das, was in ihm zum Ausdruck gebracht werden soll, das mit ihm Gemeinte, sondern vorzüglich das, was in solchem Meinen und Sagen mit zum Ausdruck kommt, ohne daß es zum Ausdruck gebracht werden soll, also das, was der Ausdruck sozusagen *verrät*. (…) Er umfasst vielmehr alles, hinter das zurückgegangen werden muß, wenn man dahinter kommen will, und was zugleich so ist, daß es ermöglicht, hinter es zurückzugehen."[114]

Wenn wir in der Sozialen Arbeit die Lebensweise als Ausdruck der Selbstgestaltung des Klienten in seinen Lebensumständen verstehen wollen, dann bedeutet dies also eine gewisse Achtsamkeit dem gegenüber, was der Ausdruck im engeren Sinne *verrät*, beispielsweise das, was nonverbal im Gegensatz zum Gesprochenen *ausgedrückt* wird. Es gilt, im Verstehen des Klienten *hinter* den Ausdruck der Lebensweise *zu kommen*. Dies mit dem Ziel, letztlich die Dynamik der Entwicklungen, Antagonismen, Paradoxien des individuellen *Ich bin ich und meine Lebensumstände* des Klienten zur Sprache zu bringen. Wie aber kann dieses *Ich bin ich und meine Lebensumstände* beschrieben werden? Wenden wir uns hierfür Ortega zu.

In seinem Essay *Um einen Goethe von Innen bittend* (1932) beleuchtet Ortega das Leben Goethes nicht als einen objektiven Gegenstand, der *von außen* erkannt und beurteilt wird, sondern aus einer verstehenden Perspektive, indem er den Kampf Goethes mit seiner *inneren* Berufung beschreibt. Er versucht also ganz im Sinne Gadamers Beschreibungen über den Ausdruck, *hinter* den Ausdruck der Lebensweise Goethes *zurückzugehen*, um die Kräfte und Gegebenheiten zu verstehen, die die Dynamik des Lebens Goethes kennzeichnen. Ortega schreibt diese Biographie im Stil eines Antwortbriefs an den Auftraggeber, der ihn anlässlich zur hundertsten Wiederkehr des Todestages Goethes zu einer Erstellung einer Biographie aufforderte. Für das Verständnis der folgenden Passagen aus Ortegas Beschreibungen ist dieser Umstand von Bedeutung. Die Passagen werden in einem Ausschnitt nun näher besprochen, da sie das für unsere Fragestellung

113 Vgl. Löwith, Das Individuum in der Rolle des Mitmenschen, 102-103.
114 Gadamer, Wahrheit und Methode, 341.

Wesentliche zum Ausdruck bringen, was unter *Ich bin ich und mein Umstand bzw. meine Umstände* verstanden werden kann. So interessant es auch sein mag, an dieser Stelle können wir nicht auf die spezifische Dynamik des Lebens Goethes eingehen, was die Hauptintention der Ausführungen Ortegas ist.

In *Ich bin ich und meine Lebensumstände* taucht *Ich* zweimal auf. Einmal am Anfang als eine Art *Klammer* für zwei Antagonismen, die *äußeren* Lebensumstände und das *innere* Ich. Einmal als eben dieses zweite *innere* Ich. Wie beschreibt Ortega letzteres und was versteht er unter Lebensumständen?

> „Wenn Sie sich selbst ernst und eindringlich fragen: wer bin ich? – nicht: was bin ich?, sondern: wer ist dieser Ich, von dem ich in jedem Augenblick meines täglichen Lebens spreche? –, werden Sie sich des Irrwegs bewußt werden, auf dem die Philosophie sich immer befunden hat, wenn sie unter „ich" die abgelegensten Dinge, aber niemals eben das verstand, was Sie in Ihrem täglichen Leben „ich" nennen. Dieses Ich, das Sie sind, mein Freund, ist nicht Ihr Körper, aber auch nicht Ihre Seele, Ihr Bewußtsein oder Ihr Charakter. Sie finden sich selbst im Besitz eines bestimmten Körpers, einer bestimmten Seele, eines bestimmten Charakters vor, nicht anders als Sie sich im Besitz eines von Ihren Eltern ererbten Vermögens vorfinden, in einem Land, in dem Sie geboren sind, und in der menschlichen Gesellschaft, in der Sie sich bewegen. Ebenso wie Sie nicht identisch sind mit Ihrer gesunden oder kranken Leber, sind Sie es auch nicht mit Ihrem guten oder schlechten Gedächtnis, Ihrem festen oder schwachen Willen, Ihrem scharfen oder stumpfen Verstand. Das Ich, das Sie sind, fand an sich diese körperlichen und psychischen Dinge vor, als es sich lebend vorfand. Sie sind es, der mit diesen Dingen, *vermittels* ihrer leben soll; und vielleicht hadern Sie Ihr Leben lang mit der Seele, die Ihnen zugeteilt ist – mit Ihrer Willensschwäche etwa –, ganz ähnlich wie Sie mit Ihrem schlechten Magen oder dem rauhen Klima Ihres Landes hadern mögen. Die Seele bleibt also genau so außerhalb des Ich, das Sie sind, wie die Welt um Ihren Körper her. Wenn Sie darauf bestehen, will ich zugeben, daß die Seele zu den Dingen gehört, die Ihrem Ich am nächsten sind; aber sie ist nicht Sie selbst. Wir müssen uns von der Suggestion der Überlieferung frei zu machen suchen, nach welcher das Wirkliche immer aus irgendeinem *Ding*, sei es nun körperlich oder geistig, bestehen soll. Sie sind kein *Ding* – Sie sind ganz einfach derjenige, der mit den Dingen, *unter* den Dingen zu leben hat, und nicht irgendein beliebiges, sondern ein ganz bestimmtes Leben. Es gibt kein abstraktes Leben. Leben bedeutet die unerbittliche Notwendigkeit, den Daseinsentwurf, den ein jedes Individuum darstellt, zu verwirklichen. Dieser Entwurf, aus dem das Ich besteht, ist keine Idee und kein von dem betreffenden Menschen erdachter und frei gewählter Plan. Er geht allen Ideen, welche die Vernunft sich bilden mag, und allen Willensentscheidungen voraus."[115]

115 Ortega y Gasset, Um einen Goethe von Innen bittend, GW III, 272-273.

Fassen wir die wesentlichen Punkte dieser Argumentation Ortegas zusammen:

1. Zu den Lebensumständen gehört alles, was der einzelne vorfindet, in das er hineingeboren wird, ohne vorher eine Auswahl getroffen zu haben. Hierzu zählen die gesellschaftlichen und gemeinschaftlichen Gegebenheiten, wie die Familie oder die gesellschaftliche Schicht, aber auch die geographischen wie beispielsweise das Klima des Landes, in dem ich geboren wurde. Dazu gehören ebenso der Körper und die Seele, die dem zweiten, *inneren Ich* am nächsten stehen. Anders ausgedrückt wäre damit ein genetischer Rahmen der körperlichen Entwicklung und somit auch psychischen Vor-Bedingungen als Dispositionen angesprochen. So wie wir mit diesen jeweiligen Rahmen und Bedingungen umgehen, können wir auch auf sie einwirken. Die Lebensumstände sind also das *Bad* der Dinge, in denen das zweite, *innere Ich schwimmt* und stets zu *versinken* droht.[116]
2. Das zweite, *innere Ich* des *Ich bin ich und meine Lebensumstände* ist kein körperliches oder geistiges *Ding*, sondern ein Daseinsentwurf als eine Berufung und Bestimmung, sich in seinen gegebenen Lebensumständen mittels derer auf unverwechselbare Art und Weise zu verwirklichen, d. h. sein Leben zu führen als *geworfenen Entwurf*, der sich seine Lebensumstände nicht ausgesucht hat. Dieses Ich ist ein äußerst individueller Druck auf die Lebensumstände, die aber wiederum nicht weniger bestimmte Widerstände gegen diesen Druck sind. An anderer Stelle beschreibt Ortega diese ineinandergreifende Verschränkung von Ich und Lebensumständen so: „Die Umständlichkeit (der Lebensumstände, Anm. E.M.) ist eine Rinne, die sich das Leben in einer unerbittlichen Mulde gräbt."[117] Die Nähe zu Natorp ist hier evident, wenn dieser mit Bezug auf Pestalozzi die Wechselseitigkeit von Mensch und Umständen beschreibt. Dies in dem Sinne, dass die Umstände den Menschen *machen* und zugleich der Mensch die Umstände *macht*.[118]

Das *erste* Ich des *Ich bin ich und meine Lebensumstände* bezieht sich auf das je individuelle Leben, die Realisierung der Auseinandersetzung des *zweiten inne-*

116 Mit Schmidt lassen sich die von Ortega genannten Lebensumstände auch als Situationskokarde begreifen. In Anlehnung an Heinrich Rombachs strukturanthropologische Ausführungen (1987) beschreibt Schmidt die Vorfindlichkeit der Person in vier miteinander verwobenen Bereichen der Situationskokarde: dem Leib, der personalen Mitwelt, der Gesellschaft und der Welt. Siehe hierzu Schmidt, Menschen in krisenhaften Lebenssituationen, 187-188 u. 191.

117 Ortega y Gasset, Was ist Philosophie? GW V, 505. Vgl. bzgl. des überindividuellen Lebenszusammenhangs auch Galen, Die Kultur und Gesellschaftsethik José Ortega y Gassets, 30-31.

118 Vgl. Natorp, Pädagogik und Philosophie, 86 u. 139-142.

ren Ich mit den vorgefundenen Lebensumständen. Diese Auseinandersetzung *drückt sich aus* in der Lebensweise des einzelnen Menschen.

> „Das Leben ist seiner (...) Beschaffenheit nach ein Drama, denn es besteht aus dem leidenschaftlichen Kampf mit den Dingen und überdies mit unserer Anlage, dem Kampf, durch den wir in Wirklichkeit zu werden suchen, was wir im Entwurf sind."[119]

Das Leben dieses *Ich bin ich und meine Umstände* ist also die Einheit der dramatischen Dynamik zwischen den beiden Elementen, des *zweiten inneren* Ich und der Lebensumstände. Es spielt sich eben nicht *nur* in der Innerlichkeit der Person ab. Die Auseinandersetzung mit den Lebensumständen erfordert eine ständige Entscheidung darüber, was *wir* sein werden. Dieses *Sich-entscheiden-müssen* beschreibt Ortega auch als „Sichbekümmern", als ein „Sich-im-voraus-Kümmern", was im je eigenen Leben einen Platz einnehmen soll, und wie es der Einzelne in seinen Umständen zu gestalten und zu führen beabsichtigt.[120]

Die Lebensweise bezeichnet den Ausdruck der Selbstgestaltung in den Lebensumständen, den Ausdruck eines *Ich bin ich und meine Lebensumstände*. Doch wie kann im Sinne Gadamers hinter diesen Ausdruck *gekommen* werden? Ganz in der Art einer sozialpädagogischen Diagnose im Sinne einer *biographischen Durchleuchtung* der Lebensweise des Klienten beschreibt Ortega eine wesentliche Aufgabe. Diese

> „(...) sucht die vitale Berufung des dargestellten Menschen zu bestimmen, um die er vielleicht selbst niemals wusste. Jedes Leben ist mehr oder weniger eine Ruine, unter deren Trümmern wir die eigentliche Bestimmung des Menschen entdecken müssen. Wie der Physiker seine *Modelle*, müssen wir uns zu diesem Zweck ein imaginäres Leben des Individuums konstruieren, den Umriß seines vollkommenen Daseins, auf welchem wir dann die manchmal beträchtlichen Verbiegungen einzeichnen können, die durch das äußere Schicksal entstanden sind. Wir alle wissen, daß unser wirkliches Leben seinem Wesen nach eine bald größere, bald geringere Deformation unseres möglichen Lebens ist."[121]

Hans Robert Jauß bezeichnet diese von Ortega umrissene Hinwendung zur Differenz von möglichem und wirklichem Leben des anderen Menschen als die zur „Einzigartigkeit erhobene Kontingenz von Charakteren"[122]. Diesem huma-

---

119 Ortega y Gasset, Um einen Goethe von Innen bittend, GW III, 273.
120 Vgl. ders., Was ist Philosophie?, GW V, 491 und 512.
121 Ders., Um einen Goethe von Innen bittend, GW III, 275.
122 Jauß, Probleme des Verstehens, 154.

nistischen Impetus der Betonung der Einzigartigkeit der Person ist die Soziale Arbeit verpflichtet.

Was bedeutet dieses Verständnis der Lebensweise als Ausdruck des *Ich bin ich und meine Lebensumstände* für die Soziale Arbeit? Die Sozialpädagogin verfügt im Rahmen der *biographischen Durchleuchtung* über ein Verständnis des Klienten *von innen*, aus der Perspektive des Klienten, heraus, so wie es der Titel der oben zitierten Abhandlung Ortegas, *Um einen Goethe von Innen bittend*, schon ausdrückt. Dieses Verstehen *von innen* aus der Perspektive des Klienten heraus beschreibt Fritz-Rüdiger Volz als einen Aspekt des *Lebensführungswissens*, über das Sozialpädagoginnen verfügen sollen. Dieser Aspekt bedarf jedoch zur Vervollständigung des *Lebensführungswissens* einer Ergänzung. Nach Volz soll die Sozialpädagogin auch über ein Wissen verfügen, wie sie den Klienten bei den Fragen nach und über seine Lebensweise sowie bei gewünschten Veränderungen derselben beratend unterstützen kann. Zu diesem Aspekt des *Lebensführungswissens* gehören für Volz die sich an Normativitätsmodellen reflexiv orientierenden Kenntnisse über den Verlauf von *Normalbiographien* und *Abweichendem Verhalten*.[123] Im sich gegenseitigen Durchdringen der beiden genannten Aspekte des *Lebensführungswissens* gelangt die Sozialpädagogin zu einer *dichten Beschreibung*[124] der Lebensweise und Lebensführung des Klienten. Auf dieser dichten Beschreibung basiert nach Volz die Aufgabe der Sozialpädagogin der *stellvertretenden Problemdeutung* bezüglich der Lebensweise des Klienten. Die Sozialpädagogin soll eben nicht stellvertretend für den Klienten *Probleme lösen*, wodurch dieser in seinem Personsein nicht geachtet und die Aufgabe der Sozialpädagogin auf eine Sozialtechnik reduziert würde. Um überhaupt zu einer *dichten Beschreibung* der Lebensweise des Klienten zu gelangen, bedarf es nach Volz intensiver Gespräche von Sozialpädagogin und Klient. In diesen sozialpädagogischen Gesprächen gewinnt zum einen die Sozialpädagogin Informationen über die Lebensweise des Klienten. Zum anderen ermöglicht das Gespräch dem Klienten eine *rekonstruierende Aneignung* seiner Lebensweise, indem er in die Lage versetzt wird, existentielle Fragen bezüglich seiner Lebensweise explizit zu stellen und zu überdenken, was der Beginn einer Veränderung sein *kann*.[125] In einem sich so vollziehenden Beratungsprozess bleibt der Klient die handelnde Person in der Verantwortung für seine Lebensweise. Der Sozialpädagogin ist im Rahmen der Hilfe zur Selbsthilfe die Aufgabe der

123 Vgl. Volz, Lebensführungshermeneutik, 27-28 und weiterführend ders., „In aller Freundschaft" – Thesen zu Personwerdung und Vermögensbildung.

124 Volz bezieht sich bezüglich des Terminus *dichte Beschreibung* auf die Ausführungen von Geertz über die *thick description*. Vgl. hierzu Volz, Lebensführungshermeneutik, 27 u. 29 sowie zu einem umfassenderen Verständnis von *thick description* Geertz, Dichte Beschreibung.

125 Vgl. Volz, Lebensführungshermeneutik, 29.

stellvertretenden Problemdeutung überantwortet, die auf dem *Lebensführungswissen* basiert. Das Verstehen der Lebensweise als Ausdruck des *Ich bin ich und meine Lebensumstände* des Klienten ist von diesem Lebensführungswissen ein wesentlicher Aspekt.

Den Grundtenor der Beschreibungen des *Ich bin ich und meine Umstände* fasst Ortega in einem Imperativ zusammen: „Du sollst dich machen, dein allerpersönlichstes Schicksal."[126] Dieser Imperativ findet seinen Widerhall in der Diskussion über die Eigenverantwortung im Rahmen der Debatte um die Zivil- und Bürgergesellschaft. Der einzelne Mensch trägt in diesem Sich-selbst-Gestalten keine Verantwortung für die Lebensumstände, die er sich nicht ausgewählt hat, aber für die Art und Weise der Auseinandersetzung mit ihnen ist er mitverantwortlich. Damit ist auch ein Maß für die Debatten um die Eigenverantwortung vorgegeben. Menschen dürfen z. B. nicht für die Lebensumstände der gesellschaftlichen Ausgrenzung *zur Rechenschaft* gezogen werden, für die sie nichts *können.*

Zum Ausklang der Beschreibungen Ortegas sei ein Hinweis gegeben, wie er sich diese Dynamik der Gestaltung des *Ich bin ich und meine Lebensumstände* vorgestellt hat. Sozusagen in einer wiederkehrenden Abfolge von verschiedenen Schritten.

> „1. Der Mensch fühlt sich verloren und schiffbrüchig zwischen den Dingen; das ist das Außer-sich-Sein, die *Selbstentfremdung.* 2. Der Mensch zieht sich mit einer energischen Anstrengung in seine Innerlichkeit zurück, um sich Ideen über die Dinge und ihre mögliche Beherrschung zu bilden; das ist die *Insichselbstversenkung*, die *Vita contemplativa*, (...) die *Theorie.* 3. Der Mensch wendet sich wieder der Welt zu, um in ihr nach dem vorbedachten Plan zu handeln; das ist die Aktion, die *Vita activa*, die Praxis."[127]

Diese Dynamik beschreibt in Kurzform eine Handlungstheorie, welche als Grundlage für den Prozess des Verstehens der Lebensweise des Klienten dienen kann. Diesem Prozess des Verstehens selbst wollen wir uns nun zuwenden.

---

126 Ortega y Gasset, Um einen Goethe von Innen bittend, GW III, 292.
127 Ders., Der Mensch und die Leute, GW VI, 25.

3.2 Verstehen im Gespräch

Dem *Verstehen* kommt in der Sozialen Arbeit eine wesentliche und grundlegende Bedeutung zu. In neuerer Zeit hat beispielhaft Christian Niemeyer[128] hierzu eine eingehende Erörterung verfasst. Burkhard Müllers Analysen zum sozialpädagogischen Fallverstehen[129] sind weiterhin im Diskurs präsent ebenso wie die Beschreibungen von Karl-Peter Hubbertz[130]. Es kann allerdings mit einer gewissen Demut immer auch eine Melancholie des nicht vermittelbaren Lebens und damit eine Unmöglichkeit des Verstehens mit bedacht sein.[131]

Im Folgenden wird es nicht darum gehen, ein Verfahren, eine Methode oder gar eine Lehre des Verstehens für die Sozialpädagogik zu entwickeln, sondern in Anlehnung an das Verständnis von Hermeneutik bei Gadamer um die Aufklärung der Bedingungen, unter denen Verstehen geschieht.[132] Wir beziehen uns dabei aufgrund der Zielsetzung dieser Arbeit, der Beschreibung der professionellen Haltung gegenüber dem Klienten, ausdrücklich auf das Gespräch im Allgemeinen und in einem weiteren Schritt auf das sozialpädagogische Gespräch im Besonderen. Gadamer selbst hat darauf hingewiesen, dass die Bedingungen des Verstehens im Gespräch auch für das Verstehen von Texten charakteristisch sind. Der Unterschied der hermeneutischen Situation liegt im Falle des Verstehens von Texten im *Ersatz* des Gesprächspartners durch eine *dauernd fixierte Lebensäußerung*. Das Verstehen von Texten gleicht jedoch der Vollzugsform des Gesprächs, auf welche wir intensiver zu sprechen kommen werden.[133]

Auch wenn der Fokus der Beobachtung auf dem *sozialpädagogischen Gespräch* basiert, sei auf die Bedeutung des Verstehens von *Texten* in der Sozialpädagogik hingewiesen. Hierzu zählen unter anderem Diagnosen, Aktenvermerke, Gesprächsnotizen, Gutachten und Berichte über Klienten sowie die Fachliteratur. Für diesen Bereich liegen eingehende Erörterungen für Studium und Praxis der Sozialen Arbeit vor.[134] Fachlichkeit und professionelle Haltung lassen sich auch am Umgang mit *Texten* erkennen.

Dem Gespräch mit dem Klienten kommt in allen Konzeptionen sozialpädagogischen Handelns wesentliche Bedeutung zu, auch wenn in einigen, beispiel-

---

128 Siehe dazu Niemeyer, Sozialpädagogisches Verstehen verstehen. Als *Antwortschreiben* hierauf siehe die Beiträge im Sammelband von Wesenberg/Bock/Schröer, Verstehen: eine sozialpädagogische Herausforderung.

129 Siehe hierzu B. Müller, Sozialpädagogisches Können sowie ders., Das Allgemeine und das Besondere beim sozialpädagogischen und psychoanalytischen Fallverstehen.

130 Vgl. Hubbertz, Problemlösen und Verstehen.

131 Siehe hierzu Mührel, Melancholie des nicht vermittelbaren Lebens.

132 Vgl. Gadamer, Wahrheit und Methode, 299-301.

133 Vgl. ebenda, 387-393.

134 Siehe beispielhaft Rittelmeyer/Parmentier, Einführung in die pädagogische Hermeneutik.

haft bei solchen in Anlehnung an die pädagogische Kunsttherapie, zunächst der kreativ-schöpferische Akt selber im Mittelpunkt steht. Der sinnstiftende Akt ist erst im Gespräch in seiner Vorbereitung und Reflexion vollendet.[135] Umso erstaunlicher ist es, dass die Bedingungen und der Prozess des Verstehens im Gespräch in der Regel nicht hinreichend reflektiert werden.

Fragen wir nun einführend danach, was ein Gespräch ausmacht. Es liegt auf der Hand, dass dabei etwas zur Sprache kommt. Gadamer sieht in der Sprache nicht nur ein Faktum, das empirisch zu erforschen ist, sondern Sprache umgreift alles, was eben überhaupt jemals *Gegenstand* von Verstehen werden kann. Im Zur-Sprache-kommen kündigt sich dabei eine universal-ontologische Struktur an, „(...) eine Grundverfassung von allem, auf das sich Verstehen überhaupt richten kann. *Sein, das verstanden werden kann, ist Sprache.*"[136] Verstehen ist daher immer eine Verständigung in Sprache. Von der *Mitte der Sprache* her entfaltet sich in dieser Verständigung unsere Welterfahrung und in ihr die Endlichkeit und Kontingenz dieses Erfahrens. Dies soll als *ontologische* Hintergrundfolie für unsere folgenden Betrachtungen genügen, in denen das Verstehen, das Gespräch und die Frage nach dem Anderen wie dem Ich-Selbst im Gespräch erörtert werden. Wir wechseln dabei lediglich die Perspektiven auf ein Ganzes des Verstehens im Gespräch, dass sich eben nicht in Einzelteile zergliedern lässt, sondern über den fundamentalen Zusammenhang der Sprachlichkeit immer ein Ganzes bleibt.

Was heißt Verstehen?

Nehmen wir als Ausgangspunkt, dass Verstehen immer eine Verständigung in Sprache ist, dann ist Verstehen eine Verständigung über etwas, das zur Sprache kommt, besprochen wird. Die Gesprächspartner erstreben oder haben ein Einverständnis über ein Drittes. Diese Verständigung in Sprache zielt nicht auf eine Teilhabe am Anderen, indem ich mich in ihn hineinversetze und sein Erleben nachvollziehe. Selbst dann, wenn wir im alltäglichen Sprachgebrauch davon ausgehen, dass zwei sich gut verstehen, meint dies zunächst, dass sie sich in allen wesentlichen Dingen verstehen, also eine verständigende Übereinkunft erzielt haben. Spannend wird es dann, wenn eben ein Missverstehen vorliegt, ein fehlendes Einverständnis über eine Sache. Gadamer weist darauf hin, dass dann zunächst die ganze *Kunst des Gesprächs*, der Argumentation, des Einwen-

135 Vgl. Richter, Pädagogische Kunsttherapie, besonders Kapitel III u. IV.
136 Gadamer, Wahrheit und Methode, 478.

dens, Hinterfragens und Widerlegens angewandt wird, um das Missverstehen zu beheben und eine Verständigung zu erzielen.[137]

Dieses hier angesprochene *Ringen* um Verständigung in der Kunst des Gesprächs steht für Gadamer in einer Nähe zur Bedeutungsgeschichte des Begriffs *Verstehen*. Dieser erwachse aus dem juristischen Kontext, eine Sache verstehend vor Gericht zu vertreten und dabei die Einwendungen und Argumentationen der Gegenpartei verstehend in der Darlegung des eigenen Standpunktes mit einzubeziehen.[138] Verstehen beinhaltet dann auch, einer Sache vorzustehen, ihr gewachsen zu sein, um sie vertreten zu können. Damit ist dann Verstehen grundsätzlich immer auch ein Sich-Verstehen als Selbstvergewisserung des eigenen Könnens und Vermögens.[139]

Alles Verstehen beginnt damit, dass uns etwas anspricht. Verstehen ist mit einem Anspruch verbunden, der als erstes ein Erleiden und eine Widerfahrnis ist.[140] Mit diesem Anspruch wird grundsätzlich etwas in Frage gestellt, d. h. ins Offene. Der Anspruch nötigt uns, in diese Offenheit einzutreten, womit eine Suspension der Vorurteile genötigt ist, soll diesem Anspruch genügt werden. In der Erörterung des Gesprächs im folgenden Kapitel werden wir intensiv auf die Logik der Frage, die das Verstehen im Gespräch trägt, eingehen. An dieser Stelle soll zunächst der Hinweis genügen, dass durch den Anspruch und mit ihm durch das Ins-Offene-Stellen der Prozess des Verstehens in Gang gesetzt wird. Das in die Offenheit hinein Fragen und sich dabei in die Lage des Gesprächspartners oder im Falle eines Textes in den Autor mit seiner Intention *Stellen* bzw. *Versetzen* bedeutet dabei nicht weniger als ein Von-sich-absehen. Gadamer stellt dies als eine Erhebung zu einer höheren Allgemeinheit dar, in der wir einen Horizont für das gewinnen, was es zu verstehen gilt.

> „Horizont gewinnen meint immer, daß man über das Nahe und Allzunahe hinaussehen lernt, nicht um von ihm wegzusehen, sondern um es in einem größeren Ganzen und in richtigen Maßen besser zu sehen."[141]

In dieser Horizontgewinnung stellen wir die eigene Perspektive zu dem uns in die Frage Stellenden selbst in Frage, indem wir unsere Perspektive erweitern.

---

137 Vgl. ebenda, 183-184. Gadamer beschreibt in einem Rekurs auf Schleiermacher dessen Auffassung, dass Missverstehen sich von selbst ergibt, und Verstehen für jede einzelne Sache der Verständigung gesucht und gewollt werden muss. Im Verstehen ginge es dann letztlich nur darum, Missverständnisse zu vermeiden oder zu beheben. Vgl. ebenda, 188-192.

138 Vgl. ebenda, 265.

139 Siehe hierzu die Ausführungen Martin Heideggers über das Verstehen in Heidegger, Sein und Zeit, 142-144. Dazu auch Grondin, Von Heidegger zu Gadamer, 74-75.

140 Vgl. Gadamer, Wahrheit und Methode, 304.

141 Ebenda, 310.

Hinzu tritt eine Perspektive aus einem mit unserem Gesprächspartner geteiltem Ganzen. Damit begründet sich das Verstehen in der Teilhabe an einem gemeinsamen Sinn.[142] Verstehen ist dann ein gelingendes, wenn zwischen den Gesprächsteilnehmern eine Horizontverschmelzung der vermeintlich für sich seienden Horizonte der Gesprächspartner auf der Basis des gemeinsamen Sinns und der so geteilten Fragerichtung stattfindet. In diesem Horizont wird eben nicht eine absolute Antwort gegeben, die zur Frage gebrachte Sache wird nie abschließend verstanden, sondern es sind die *Frage*horizonte, die miteinander verschmelzen, um in einer gemeinsamen Fragerichtung den einen *Sinn von dem Sein der Sache* zur Sprache kommen zu lassen. In diesem auf der Logik der Frage aufbauendem Zirkel des Verstehens kommt es nicht zu einer Kommunion der Seelen, sondern wird das Gefragte *ins Licht des Verstehens* gestellt.

Verstehen ist auf Grund des Ausgeführten im Sinne Gadamers keine Methode oder Technik, die erlernt werden kann, sondern ein Können, das „(...) besondere Feinheit des Geistes verlangt“[143]. Bezeichnend hierfür ist der Begriff für Verstehen in der älteren Tradition der Hermeneutik, der der *subtilitas intelligendi*, wobei *subtilitas* auf genau diese Feinheit des Geistes verweist. Das *intelligere* als wahrnehmendes Verstehen steht jedoch wesenhaft in einer Einheit mit der *subtilitas explicandi*, dem Auslegen. Das Auslegen kommt dem Verstehen als neuer Akt nicht hinzu, sondern Verstehen ist schon immer auch Auslegen. Verstehen in dieser Einheit bezieht sich auf die Feinheit des Geistes.

Schon Pascal hatte sich in seinen Pensées mit der Feinheit des Geistes im Rahmen der Unterscheidung des Geistes des Feinsinns von dem der Geometrie beschäftigt.[144] Während die Stärken des Geistes der Geometrie die Genauigkeit und die Ausdauer sind, um geduldig zu den ersten Prinzipien der Abstraktion vorzudringen, liegen die Stärken des Geistes des Feinsinns in der Weite des Geistes und einem äußerst empfindlichen Empfindungsvermögen, also einem *guten Auge*, einem *guten Ohr*, einer *guten Nase* und einem *guten Geschmack*. Gelangt der eine gradlinig zu seinem Ziel, so der andere eher in konzentrischen

---

142 Vgl. ebenda, 297.

143 Ebenda, 312.

144 Vgl. Pascal, Pensées, Frgt. 693-695. Diese Unterscheidung kann als Grundlegung zweier Wissenschaftsmethodiken und damit als *Trennung* von Geistes- und Naturwissenschaften gelesen werden. Gadamer baut auf dieser Unterscheidung implizit sein Vorhaben in *Wahrheit und Methode* auf, beabsichtigt er doch eine *Selbstvergewisserung* der Geisteswissenschaften zu entwickeln. Dass dies in Absetzung zum Selbstverständnis der Naturwissenschaften geschieht, wird schon in der Einleitung und in der Beschreibung des Methodenproblems offensichtlich. Vgl. hierzu Gadamer, Wahrheit und Methode, 1-5 u. 9-15. Max Bense weist darauf hin, dass der von Pascal verwendete französische Begriff *finesse* nicht adäquat ins Deutsche zu übersetzen ist. Dieser kann mit Feinsinn, aber auch mit Intuition übersetzt werden. *Finesse* bezieht sich auf das intuitive, gefühlsmäßige Urteil. Vgl. zu diesem Themenbereich daher auch Bense, Die Wissenschaftstheorie Blaise Pascals, 42-43. Wir halten im Folgenden an dem Begriff Feinsinn fest.

Kreisen, die sich allmählich dem angestrebten Punkte nähern. Pascal wertet nicht zwischen beiden, der *honnête homme* als umfassend gebildeter Mensch verfügt über beide in ausgeprägter Art und Weise, sondern betont ihre jeweiligen Stärken und Schwächen, weshalb jeder seinem speziellen Gegenstand zugeordnet sein soll.[145] Wesentlich für den Geist des Feinsinns ist dabei das Gespräch, da er durch dieses gebildet, aber auch verdorben werden kann. Die oben genannte *Kunst des Gesprächs* steht also in einem unmittelbaren Bezug zur Feinheit des Geistes, die auch das einschließt, was für Johann Friedrich Herbart den *pädagogischen Takt*[146], und in dieser Tradition weitergeführt den *sozialpädagogischen Takt* auszeichnet.

Doch was geschieht, wenn die *Kunst des Gesprächs* nicht gelingt und das zu verstehende Dritte nicht in der Weite des Geistes in der Schwebe gehalten werden kann? Wendet sich das Verstehen dann auf die Individualität des Gesprächspartners? Können wir uns in seine Situation hineinversetzen, damit wir uns zu erklären vermögen, warum er, d. h. aus welchen Gründen seiner Lebensweise heraus, diese oder jene Meinung vertritt?[147] Diese Frage ist für die spätere Erörterung des sozialpädagogischen Gesprächs von unmittelbarer Bedeutung, da dieses in der Regel dann einsetzt, wenn, hier ganz allgemein ausgedrückt, offensichtlich erhebliche Missverständnisse vorliegen.

Im Verstehen hin auf die Individualität des Anderen als Gesprächspartner stellt sich die Frage nach dem *dunklen* Du, der bleibenden Rätselhaftigkeit des Anderen, die das vernünftige Verstehen in seine Schranken verweist. Ob diese Schranke beispielsweise durch einfühlendes Verstehen im Sinne der *klientenzentrierten Gesprächsführung*, das ganz in der Tradition Schleiermachers Beschreibungen eines *sympathetischen* und *kongenialen* Verstehens steht, überwunden werden kann, scheint fragwürdig.[148] Zielen beide nicht über das Hineinfühlen in den Gesprächspartner darauf, diesen *besser zu verstehen, als er sich selbst versteht?* Dies kann nur über eine *Operation des Gleichseins* als Grundlage der Sympathie als *emotionale Zusammenstimmung* und der Kongenialität als *zusammengeführte Geistesstimmigkeit* gelingen. Denn wie könnte ich mich sonst in das Erleben des Anderen bzw. des Klienten einfühlen und seine

---

145 Im Epilog werden wir ausführlicher auf das Gebilde des *honnête homme* zu sprechen kommen.

146 Vgl. Herbart, Vielseitigkeit des Interesses – Charakterstärke der Sittlichkeit, 259-261.

147 Gadamer spricht diese grundsätzlichen Fragen in seiner Kritik der romantischen Hermeneutik an. Vgl. Gadamer, Wahrheit und Methode, Kapitel II.I.1., bzgl. der hier angeführten Fragestellung besonders 184.

148 Im folgenden Abschnitt beziehe ich mich bezüglich des einfühlenden Verstehens im Rahmen der klientenzentrierten Gesprächsführung auf die Ausführungen Sabine Weinbergers. Siehe hierzu Weinberger, Klientenzentrierte Gesprächsführung, Kap. 1.2. Zum *sympathetischen* und *kongenialen* Verstehen bei Schleiermacher vgl. Gadamer, Wahrheit und Methode, 194-195.

Empfindungen aus dessen Bezugsrahmen wahrnehmen und dann, doch wieder, vernünftig verstehend im *Verbalisieren der emotionalen Erlebnisinhalte* des Gegenüber zur Sprache bringen? Dass es dann auch zusätzlich noch um das Wahrnehmen und Verstehen von auftauchenden Sinngehalten im Erleben des Gegenüber geht, die der Gesprächspartner selber noch nicht verstehend zur Sprache bringen kann, bestätigt das *besser* des Verstehens. Die Sozialpädagogin wäre dann die Interpretin der Individualität des Klienten, die diesen in ihrer Interpretation *besser* versteht als dieser sich selbst. Ohne der noch zu führenden Diskussion über einen eventuellen Antagonismus zwischen Verstehen und Achten vorzugreifen, stellt sich hier die Frage, ob dies nicht ein anmaßender, bemächtigender und gewaltsamer Zugriff auf die Individualität des *dunklen Du* im Gegenüber ist, der zumindest eines anderen institutionellen Rahmens bedarf, wie ihn eventuell die Psychotherapie bereithält. Diese Penetranz im Hinein- und Durchdringen des Gegenübers bis in sein Innerstes könnte zudem generell ins Leere laufen und die Andersheit des Anderen nie einholen.

Doch muss es sich tatsächlich um ein kongeniales und sympathetisches Verstehen, eine Kommunion der Seelen handeln, wenn aus einem nicht ausräumbaren Missverstehen über ein Drittes der Fokus auf die Individualität des Gesprächspartners gerichtet wird? Ist ein solches einfühlendes Verstehen überhaupt möglich? Gadamer hält dies nicht für möglich: „Wir erinnern daran, daß Verstehen (...) keine Einfühlungsleistung ist, die das Seelenleben des Redenden errät."[149] Auch Jauß verneint dies, wenn er ausführt:

> „Das Verstehen des Anderen in seinem kontingenten Selbst (und damit seines *dunklen Du* – Anm. E.M.) entspringt nur scheinbar unmittelbarer Einfühlung. Es erfordert das Erkennen der Differenz des Anderen zu mir selbst, die Erprobung eines normativen Vorverständnisses, seine Preisgabe, wenn es sich als unangemessen erweist, und schließlich die Anerkennung des Singularen, das dabei zutage tritt. Wie das ominöse Andere der Vernunft bedarf auch der Andere im Verhältnis zum eigenen Selbst des Rekurses auf ein noch Gemeinsames, um in der Differenz seines Andersseins erkannt zu werden."[150]

Aber was kann dieses von Jauß genannte Gemeinsame als Drittes sein, an dem sich das Besondere seines Andersseins in der Einmaligkeit und Einzigartigkeit seiner Lebensweise im Unterschied zum eigenen Selbst ermessen lässt? Zur Beantwortung dieser Frage erhalten wir am Ende von *Wahrheit und Methode*[151] einen Hinweis, den es für die Frage des Verstehens der Lebensweise des Klien-

149 Gadamer, Wahrheit und Methode, 493.
150 Jauß, Probleme des Verstehens, 128-129.
151 Vgl. Gadamer, Wahrheit und Methode, 481-494.

ten im sozialpädagogischen Gespräch fruchtbar zu machen gilt: das schöne und gute Leben. Auch Ortega wies bezüglich des Verstehens der Lebensweise des Anderen auf das Maß des *vollkommenen Lebensentwurfes* hin, an dem das wirkliche Leben in seiner Kontingenz zu *er*messen ist. So *ver*messen dies gerade in Bezug auf Menschen in besonders schwierigen Lebenslagen klingen mag, kann doch über dieses Maß des Guten und Schönen die Lebensweise des Klienten im Verstehen in aller Offenheit in der Schwebe gehalten werden, ohne mit Penetranz ein vermeintlich *dunkles Du* aufzuspüren. Dieser Frage nach dem Maß des guten und schönen Lebens werden wir weiter unten gesondert nachgehen.

Das Gespräch

Menschen sind darauf angewiesen, miteinander zu sprechen. Sie führen Gespräche in vielfältigen Lebenszusammenhängen, so dass wir von verschiedenen Gesprächs*typen* sprechen. So unterscheiden wir beispielhaft ein seelsorgerisches Gespräch von einem Verhör, ein Gespräch unter Freunden von einem Vorstellungsgespräch oder das Prüfungsgespräch von einem Beratungsgespräch. Gadamer weist auf eine Unterscheidung zwischen dem *bedeutenden*, *eigentlichen* und dem *freien* Gespräch bei Schleiermacher hin.[152] Zielt das eine auf das gemeinsame Wissenwollen des Sinns der *auseinanderzulegenden* dritten Sache, so besteht das andere, vornehmlich im Rahmen eines kreativ-schöpferischen Denkens, gerade im Absehen von einem *Inhalt* im freien Assoziieren und gegenseitigem Anregen der Kreativität. Gadamer selbst versucht in der Beschreibung von verschiedenen Gesprächstypen zu verdeutlichen, was er unter dem *wahren* Gespräch versteht. So beschreibt er das Verhör bei der Polizei als das gewollte Absehen von Sinnverstehen. Im Verhör ist das Ziel die Fixierung von Aussagen, die protokolliert werden und so für andere Zwecke wie der Beweisaufnahme vor Gericht dienen. Dem so Ausgesagten haftet immer schon eine Reduzierung von Sinn an, da die Unendlichkeit des Unausgesagten, was die Offenheit des *wahren* Gesprächs charakterisiert, ohne Bedeutung bleibt.[153] Auch das Prüfungsgespräch weist eine gravierende Unterscheidung zum *wahren* Gespräch auf. Im Prüfungsgespräch ist das Gespräch nur Mittel zum Zweck, um den Horizont des Prüflings in Bezug auf das Abzuprüfende zu ermessen. Um die Sache selber und eine Verschmelzung der Horizonte der Gesprächspartner, wie im wahren Gespräch, geht es ausdrücklich nicht.[154] Auch Martin Buber unterscheidet in anderen Begriffen als Gadamer und Schleierma-

152 Vgl. ebenda, 183 u. 192.
153 Vgl. ebenda, 473.
154 Vgl. ebenda, 308.

cher das *echte* Gespräch von anderen. Er betont jedoch nicht so sehr wie Gadamer bezüglich des *wahren* Gesprächs das Zur-Sprache-bringen des Sinns der inhaltlichen Sache, sondern die unmittelbare Zuwendung aufeinander in der Direktheit in Anrede und Antwort. Der *Schlüssel* für die Möglichkeit dieser Zuwendung ist das gegenseitige Vertrauen. Buber vermisst diese Direktheit in von ihm so genannten Debatten von Politikern und Wissenschaftlern, die mittels der Medien wie Radio, Fernsehen und heute auch dem Internet und sozialen Netzwerken in die Öffentlichkeit getragen werden.[155] Die hier angedeutete Nähe von Gadamer und Buber bezüglich des *wahren* beziehungsweise *echten* Gesprächs wird uns im anschließenden Kapitel im Rahmen der Beschreibung des Anderen im Gespräch wieder begegnen. Die hier einführend dargestellten verschiedenen Unterscheidungen von Gesprächs*typen* dienen als Hinweis darauf, dass das, was unter einem Gespräch verstanden werden kann, sehr vielfältig ist. Im Folgenden konzentrieren sich unsere Betrachtungen auf das *wahre* Gespräch im Verständnis Gadamers, wobei dieses fortan gemeint ist, wenn von *dem Gespräch* die Rede sein wird. Dies dient als Grundlage für die spätere Beschreibung des sozialpädagogischen Gesprächs in seiner Absetzung vom *wahren* Gespräch.

Das Gespräch ist dadurch charakterisiert, dass es in diesem um das sich In-der-Sprache-Verständigen über ein Drittes geht. Die Sprache dieser Verständigung entbirgt etwas, lässt eine eigene *Wahrheit* heraustreten. In diesem Sinne des Verständnisses von Wahrheit als *aletheia*, dem Sich-Entbergendem, wird deutlich, warum Gadamer von dem *wahren Gespräch* ausgeht, weil eben dieses ein Drittes ins Licht des Verstehens bringt. Daher geht es in dem Gespräch vornehmlich nicht um ein Sich-Versetzen in die Lage des Gesprächspartners, um dessen Erlebnisse und Erfahrungen nachvollziehen zu können.[156]

Doch wie wird die Sache im Gespräch in das Licht des Verstehens gebracht? Das Ins-Offene-Stellen als ein In-die-Schwebe-Bringen gelingt durch die *Kunst* des Fragens, die als solche gerade kein lehr- und lernbares Können in der Art und Weise eines Verfahrens oder einer Methode ist, sondern ganz dem *gebildeten* Geist des Feinsinns im Sinne Pascals entspringt. Der Sinn der Frage ist die Richtung, an dem sich die zu erwartende Antwort als eben sinnvoll oder sinnlos erweisen muss, je nachdem, ob sie sich in der von der Frage gestellten Richtung bewegt. Mittels der Frage wird etwas infrage gestellt, was in seinem Sein erkannt und verstanden werden kann. Wer zu erkennen beabsichtigt, wird es nicht bei einer Meinung bewenden lassen, sondern sich von dieser, sie hinter-

155 Ich verweise hier auf die Ausführungen Bubers im Kapitel *Das echte Gespräch* in *Elemente des Zwischenmenschlichen* und auf seine Rede anlässlich der Verleihung des Friedenspreises des deutschen Buchhandels 1953. Siehe hierzu Buber, Das dialogische Prinzip, 293-297 sowie ders., Das echte Gespräch und die Möglichkeit des Weltfriedens.

156 Vgl. Gadamer, Wahrheit und Methode, 387.

fragend, distanzieren. Der Unterschied zwischen dem Verstehen einer Meinung oder einer Frage ist hierbei gravierend. „Eine Frage verstehen heißt, sie fragen. Eine Meinung verstehen heißt, sie als Antwort auf eine Frage verstehen.“[157] Sich fragend von einer Meinung zu distanzieren, bedeutet, gegen die Festigkeit der Meinung danach zu suchen, was für und was gegen sie spricht. Somit wird die gemeinte und nun be- und hinterfragte Sache gerade gestärkt und nicht geschwächt. Durch die Kunst des Fragens und Weiterfragens im Gespräch wird die zu verstehende Sache somit auseinandergelegt und in dieser Dialektik ins Offene gebracht, dessen Offenheit eben unabschließbar ist. Mittels dieser Kunst kommt es zu dem, was wir im vorherigen Kapitel unter der Horizontverschmelzung beschrieben haben, indem beide Gesprächspartner in einen gemeinsamen Fragehorizont das ins Offene zu Bringende befragen. Diese Kunst des Fragens beinhaltet eine Logik von Frage, Antwort und der darin schon zumindest inhärenten *weiteren* Frage. Diese Logik ist eine spekulative als eine des Spiegelns. Dies soll nun eingehender erläutert werden.

In Anlehnung an die Herleitung des Begriffs von s*peculum* durch Thomas von Aquin versteht Gadamer das Spekulative als ein Verhältnis des Spiegelns.[158] Etwas spiegelt sich in einer ständigen Vertauschung. Die Spiegelbilder sind als Erscheinung ohne eigenes Sein eine Verdopplung dessen, was die Existenz von *Einem* ist. Ute Guzzoni weist darauf hin, dass in dieser Verdopplung als Vertauschung eine *Verfremdung* besteht, die eine Fremdheit und Andersheit des Gespiegelten erlaubt.[159] Ähnlich formuliert Gadamer selbst:

> „Und ein Gedanke ist spekulativ, wenn sich das in ihm ausgesagte Verhältnis nicht als die eindeutige Zusprechung einer Bestimmung zu einem Subjekt, einer Eigenschaft zu seinem gegebenen Ding denken lässt, sondern als ein Spiegelverhältnis gedacht werden muß, in dem das Spiegeln selber nichts als die Erscheinung des Gespiegelten ist, wie das Eine das Eine des Anderen und das Andere das Andere des Einen ist.“[160]

Die Erscheinung des Gespiegelten ist eben nicht das Gespiegelte selbst, sondern als das Andere des Einen *verfremdet*. Das, was die Spiegelung auszeichnet, ist, dass das Gespiegelte selbst unbegreifbar in der Schwebe bleibt. Dabei bilden die

157 Ebenda, 381.

158 Vgl. ebenda, 469.

159 Vgl. Guzzoni, Das Lachen der thrakischen Magd, 85-86.

160 Gadamer, Wahrheit und Methode, 470. Gewendet in eine Ethik als Haltung ist ein *spekulativer Kopf* jener, der im Gegensatz zu einem Dogmatismus der alltäglichen Erfahrung seine Empfindungen, Eindrücke und Ideen zu reflektieren und damit in eine spekulative Schwebe zu bringen versteht. Dieses spiegelnde Reflektieren ist dann eine Art *inneres* Gespräch zwischen fiktiven Gesprächspartnern, die die verschiedenen Erscheinungen des Einen zum Ausdruck bringen.

Gesprächspartner im Gespräch die geeigneten *Flächen*, in der sich das befragte Dritte spiegeln kann. Das Gespräch zeichnet sich also durch den Charakter des Spekulativen aus, der das Gespiegelte stets verfremdet und unabgeschlossen ins Licht des Verstehens bringt. Im Mittelpunkt des Gesprächs steht somit das zu verstehende Dritte und nicht die persönlichen Eigenschaften der Gesprächspartner.

Kommen wir zum Abschluss dieser Betrachtung des Gesprächs auf zwei Fragestellungen zu sprechen, die im Hinblick auf die Erörterung des sozialpädagogischen Gesprächs von großer Bedeutung sind.

Zum einen handelt es sich um die Frage, ob ein *wahres* Gespräch im Sinne der Gesprächsführung, beispielsweise der schon erwähnten klientenzentrierten Gesprächsführung, *geführt* werden kann. Gadamer führt dazu aus:

> „Wir sagen zwar, daß wir ein Gespräch führen, aber je eigentlicher ein Gespräch ist, desto weniger liegt die Führung desselben in dem Willen des einen oder anderen Gesprächspartners. So ist das eigentliche (also wahre – Anm. F.M.) Gespräch niemals das, was wir führen wollten. Vielmehr ist es im Allgemeinen richtiger zu sagen, daß wir in ein Gespräch geraten, wenn nicht gar, daß wir uns in ein Gespräch verwickeln. Wie da ein Wort das andere gibt, wie das Gespräch seine Wendungen nimmt, seinen Fortgang und seinen Ausgang findet, das mag sehr wohl eine Art Führung haben, aber in dieser Führung sind die Partner des Gesprächs weit weniger die Führenden als die Geführten.“[161]

Und er fügt diesen Gedankengängen hinzu: „Ein Gespräch führen heißt, sich unter die Führung der Sache stellen, auf die die Gesprächspartner gerichtet sind.“[162] Auch an dieser Stelle erscheint wieder die Betonung der befragten und zu verstehenden *Sache* als Inhalt des Gesprächs.

Des Weiteren sei das gegenseitige Vertrauen genannt, das Buber für das *echte* Gespräch als unabdingbar erachtet. Doch was heißt das genau, zu vertrauen? Und basiert dies auf Sympathie oder Kongenialität? Gadamer verbindet es mit dem gegenseitigen Anspruch und dem Einlassen der Gesprächspartner, sich unter die Führung der Sache zu stellen. Es geht im Gespräch also nicht darum, den anderen niederzuargumentieren oder rhetorisch niederzuschmettern, sondern das sachliche Gewicht seiner Meinungen anzuerkennen und zu erwägen. Nur dadurch erhält das Gespräch seinen offenen Charakter, indem die Sache mit ihren Möglichkeiten in der Schwebe gehalten wird.[163] Das Vertrauen der Gesprächspartner richtet sich auf dieses Offenhalten hin und nicht auf die per-

161 Ebenda, 387.
162 Ebenda, 373.
163 Vgl. ebenda.

sönlichen Charakteristika des Gesprächspartners. Diesen Umstand gilt es für das sozialpädagogische Gespräch auf seinen Gehalt hin zu hinterfragen.

Der Andere im Gespräch

Wie wir gerade ausgeführt haben bilden beide Gesprächspartner, und somit auch der Andere im Gespräch, *Flächen*, in denen sich das befragte und zu verstehende Dritte spiegelt. Nun darf dies jedoch nicht funktionalistisch verstanden werden. Das Besondere der jeweiligen Art und Weise, wie sich auf diesen Flächen das Befragte spiegelt, beruht auf der unverwechselbaren Persönlichkeit der Gesprächspartner. Ansonsten wäre es ja auch völlig *gleich* und damit unwesentlich, mit wem ich ein Gespräch über eine Sache führe. Auch ein Computer könnte dann als Gesprächspartner fungieren, an dem sich die Sache *verstehend* abarbeiten ließe. Der Andere in seiner Kontingenz trägt gerade durch seine Einzigartigkeit zur Unverwechselbarkeit und Einzigartigkeit des Gesprächs bei. Kontingenz bezieht sich dabei nach Jauß gerade auch auf die Unvollkommenheit des Anderen.[164] Was aber ist damit gemeint? Unvollkommenheit steht in einer Relation zur Vollkommenheit und bezieht sich auf das Verstehen von dem im Gespräch zur Frage gestellten zu Verstehendem. Das Befragte wird zwischen den Gesprächspartnern in deren Kontingenz im gegenseitigen Spiegeln nie vollkommen erkannt und verstanden. Unvollkommenheit sollte in diesem Zusammenhang nicht mit einer eventuellen Charakterschwäche des Anderen, die zu verstehen und zu beheben wäre, in Verbindung gebracht werden. Nicht der Andere in seinem Sosein steht im Mittelpunkt des Gesprächs, sondern das Befragte selbst.

So unter die Führung der Sache gestellt, geht es im Gespräch nicht um das Verstehen des Anderen als *Dunkles Du*, sondern um die Anerkennung seiner als ein *alter ego*, ein anderes Ich, mit dem ich mich in einer wechselseitigen Beziehung von Gleichen unter Gleichen befinde.[165] Dies bildet ja gerade die Voraussetzung dafür, dass ich *mich selbst* in die Lage – als die einzunehmende Perspektive der Betrachtung der zu verstehenden Sache – des Anderen hineinversetzen kann. Die Fremdheit und Andersheit des Anderen ermisst sich dann an dem Abgleichen der Differenz zwischen seiner und meiner Perspektive auf das zu verstehende Dritte. „(...) das Fremde, Unvertraute kann erst im Ver-

---

164 Vgl. Jauß, Probleme des Verstehens, 132.

165 Vgl. Gadamer, Wahrheit und Methode, 366-367. Zur Beschreibung der symmetrischen Beziehung der Wechselseitigkeit und der verschiedenen Stufen der Anerkennung bei Hegel und Honneth siehe Mührel, Zum Problem der Anerkennung und Verantwortung bei Emmanuel Lévinas, 15-29.

hältnis zum Vertrauten in seiner Andersheit erkannt werden."[166] So wird verständlich, was wir schon einmal angesprochen haben, dass das Verstehen des Anderen nicht auf Einfühlung beruht, sondern auf der Erkenntnis der Differenz des Anderen zu mir selbst, die sich an der Perspektive und dem Zugang zu der verstehenden, gemeinsamen Sache offenbart. In diesem Zugang des Anderen, in seiner Perspektive ist er in seiner persönlichen Einmaligkeit vernehmbar. Für Gadamer und Jauß basiert die Wechselseitigkeit der Beziehung im Gespräch darauf, dass *ich* diese Einmaligkeit wertschätzend anerkenne.[167] Diese wertschätzende Anerkennung macht ja das Gespräch in seiner Offenheit erst möglich und bedeutet im Sinne Bubers die Hinwendung zum Gesprächspartner als eine personenhafte Existenz, zu der ich *Ja* sage. Diese bejahende Hinwendung der Gesprächspartner zueinander ermöglicht das Vertrauen, sich selbst in das Gespräch mit seiner personenhaften Existenz einzubringen.[168] Damit einher geht das Vertrautwerden mit dem Anderen in der Distanz, die den Anderen in seinem Anderssein erscheinen lässt. Der Andere im Gespräch ist als Partner ein unverwechselbares, von mir angenommenes Du.

Die Frage nach dem Ich-Selbst im Gespräch

Warum und auf welchem Wege kamen die Menschen im Verlaufe der Menschheitsgeschichte zur Entdeckung ihres Ich-Selbst? Charles Taylor hat hierüber eine ausführliche Erörterung erarbeitet. Aber auch Jauß hat sich mit dieser Frage auseinandergesetzt.[169] Angemerkt sei an dieser Stelle, dass die *Rede* Picos einen entscheidenden Punkt in dem Prozess dieser *Selbst*findung des Menschen darstellt, ruft Pico doch gerade die Menschen zur Entdeckung und zugleich zu einer Formung ihres individuellen Selbst auf. Doch was ist gemeint, wenn wir von Person im Zusammenhang mit dem Ich-Selbst sprechen?[170] Friedrich Schil-

166 Jauß, Probleme des Verstehens, 151.

167 Vgl. Gadamer, Wahrheit und Methode, 366-367 u. Jauß, Probleme des Verstehens, 151.

168 Vgl. Buber, Das dialogische Prinzip, 293-294. An dieser Stelle wird die Nähe des dialogischen Prinzips Bubers zur humanistischen Psychologie, beispielsweise in ihrer Entfaltung bei Carl Rogers deutlich spürbar. Was Buber hier bejahende Hinwendung zum Gesprächspartner nennt, beschreibt Rogers als positive Wertschätzung als einer der Aspekte der *Grundhaltung* klientenzentrierter Gesprächsführung. Siehe hierzu beispielhaft Rogers, Die nicht-direktive Beratung, 46. Zu einer Beschreibung der Übereinstimmungen und Unterschiede der Ansätze Bubers und Rogers' vgl. Suter, Menschenbild und Erziehung bei Martin Buber und Carl Rogers, besonders 295-309.

169 Bezüglich einer intensiven Erörterung dieser Frage sei an dieser Stelle verwiesen auf Taylor, Quellen des Selbst sowie Jauß, Probleme des Verstehens, 122-135.

170 Schillers Beschreibungen sehen wir auf einer Ebene mit denen Weltes über die Person als einen sich selbst gehörenden Anfang. Wir erinnern uns: Jeder Mensch ist deswegen Person, weil er ein sich selbst entwerfender Jemand ist und in diesem Entwerfen einzigartig.

ler gibt hierauf eine Antwort in seinen *Briefen über ästhetische Erziehung*. Im elften Brief unterscheidet er zwischen *Person* und *Zustand*, wobei er die Person als das Ich-Selbst beschreibt. Sind die Zustände dem Wechsel und damit der Endlichkeit der Zeit unterworfen, so bildet die Person als das Ich-Selbst das Beharren des Selben in den Zuständen.[171] Deutlich wird dies, wenn wir an das Bleibende der Person in dem Wechsel ihrer Lebensalter denken, so wie es Guardini in den Briefen über Selbstbildung tut. Verstehen wir die Lebensalter als Zustände, in denen wir uns selbst gestalten, so entsteht eine Spannung zwischen dem bleibenden Ich-Selbst der Person und dem Wandel ihrer näheren Bestimmung in den Zuständen der Lebensalter. In den Lebensaltern ist der Mensch jedes Mal ein Anderer, der Einzigartigkeit dieser Lebensphase und ihrer moralischen Anforderungen verpflichtet. Und doch ist es immer ein und derselbe Mensch, der da lebt, als Person, die um sich weiß und ihre Gestaltung in den Lebensaltern verantwortet.[172] Die Person handelt als *Ich* in den Zuständen und wird sich ihrer *selbst* in ihrem Handeln bewusst. Unser Personsein basiert auf der reflexiven Identität des Ich-Selbst. In der Spannung von Handeln und Reflexion findet das statt, was wir die *Bildung des Selbst* nennen können. Damit ist auch das angesprochen, was wir unter Persönlichkeit verstehen. Die Persönlichkeit umfasst genau jenes Erscheinungsbild der Person in ihrem Gewordensein und Werden in den jeweiligen Zuständen, beispielsweise in den jeweiligen Lebensaltern. Die Person konkretisiert sich in den Zuständen als Persönlichkeit. Das heißt eben auch, an der Persönlichkeit wird offenbar, wie sich eine Person in und zu ihren jeweiligen Zuständen verhalten hat, welche grundsätzlichen aber auch alltäglichen Lebensentscheidungen sie hinsichtlich der Beeinflussung dieser getroffen hat.[173] Genau hierin wird die *Bildung des Selbst* in ihrer Kontingenz deutlich.

Unser Fokus richtet sich an dieser Stelle auf die Frage nach dem Ich-Selbst im Gespräch. So wie auch der Andere im Gespräch nicht einfach nur eine Fläche der Spiegelung des im Gespräch Gespiegelten ist, sondern durch die Einzigartigkeit seiner Person, seines Selbst, das Gespräch in seiner Offenheit mitbestimmt, kommt auch dem Ich-Selbst diese Bedeutung zu. Schon Pascal hatte ja auf den bildenden Charakter des Gesprächs für das Ich-Selbst hingewiesen. Gadamer beschreibt ganz in diesem Sinne, dass im Gespräch der Fragende

171 Vgl. Schiller, Briefe über ästhetische Erziehung, 55-58. *Person* kann dabei als das individuelle Dasein einer vernünftigen Natur beschrieben werden. Sie ist nicht *etwas*, sondern *jemand*. Vgl. hierzu nochmals Spaemann, Sind alle Menschen Personen?, 417-420. Die Unterscheidung bei Schiller zwischen Person und Zustand erinnert an die Unterscheidung Ortegas zwischen dem *zweiten* Ich und den Umständen.

172 Vgl. Guardini, Briefe über Selbstbildung, 7-10.

173 Bezüglich der Relation von Person und Persönlichkeit siehe Schmidt, Menschen in krisenhaften Lebenssituationen, 186-188.

selbst zum Gefragten wird und somit auch seine *Haltung* zum befragten Gegenstand zur Frage steht. Das Verstehen im Gespräch ist somit auch immer auf das Verstehen des Ich-Selbst bezogen. Dabei kommt auch dieses Wissen seiner Selbst im Gespräch nie an ein Ende und geht nicht in einer vollendeten Selbstvergewisserung auf. Diese Offenheit gegenüber dem befragten Dritten und dem Verstehen des Ich-Selbst verhindert eine dogmatistische Verblendung, die der Offenheit des Gesprächs ein jähes Ende setzen würde. Im Abgleichen der eigenen Perspektiven mit denen des Gesprächspartners auf die Sache, unter deren Führung das Gespräch steht, erfahre und verstehe ich mich *neu*. „Daher ist eben derjenige, den man erfahren nennt, nicht nur *durch* Erfahrungen zu einem solchen geworden, sondern auch *für* Erfahrungen offen."[174] Erfahrung in diesem Sinne meint dann immer schon mehr als die Einsicht und Erkenntnis in eine Sachlage, sondern ist Erfahrung der eigenen Kontingenz.[175] Dieses sich in seiner eigenen Geschichtlichkeit Erfahren und Verstehen ist wiederum eine Grundvoraussetzung für die *bleibende* Offenheit des Gesprächs. Ich selbst bin im Gespräch mittels der Besinnung meiner Haltung zum befragten Dritten in der Differenz zur Haltung des Anderen als Gesprächspartner *ein* entscheidender, aber keinesfalls *der* einzig entscheidende Faktor für den Verlauf des Gesprächs.

3.3 Die sozialpädagogische Relevanz des Verstehens der Lebensweise des Klienten

Wenn wir im Weiteren die sozialpädagogische Relevanz des Verstehens der Lebensweise des Klienten erörtern und diskutieren, so drängen sich unmittelbar Fragen auf, die es zu beantworten gilt. Worin liegt der Unterschied zwischen dem *echten* beziehungsweise *wahren* Gespräch und dem sozialpädagogischen? Gibt es überhaupt ein gemeinsames Drittes im sozialpädagogischen Gespräch, unter dessen Führung sich das Gespräch entwickelt? Oder ist es nicht gerade für das sozialpädagogische Gespräch charakteristisch, dass es das *dunkle Du* der Person des Klienten zu durchleuchten und zu thematisieren beabsichtigt? Dies sind wichtige Fragen, an denen sich die angesprochene und behauptete Relevanz messen lassen muss. Zunächst werden wir daher die Facetten und das Wesen des sozialpädagogischen Gesprächs betrachten, worauf das Verstehen der Lebensweise des Klienten erörtert wird. Abschließend wird ein Weg aufgezeigt, ein befragtes und zu verstehendes Drittes im sozialpädagogischen Gespräch ausfindig zu machen und zu beschreiben. Hierfür gilt es den Hori-

174 Gadamer, Wahrheit und Methode, 361.
175 Vgl. ebenda, 362-363.

zont auszumessen, in dem sich das Gespräch zwischen Klient und Sozialpädagogin bewegt. Nun kann an dieser Stelle der Einwand erhoben werden, dass in der Sozialen Arbeit mit ihren vielfältigen Arbeitsfeldern doch nicht immer, zumindest nicht zwingend, Gespräche mit Klienten im Mittelpunkt stehen. Es wäre sicherlich vermessen, die Gesamtheit aller sozialpädagogischer Arbeitsfelder und Arbeitsweisen in diesem Sinne theoretisch umfassen und bestimmen zu wollen. Dennoch ist es evident, dass zum Beispiel selbst sozialplanerische und sozialadministrative Tätigkeiten, Tätigkeiten, die *weit* vom Klienten bzw. Adressaten *weg* zu sein scheinen, immer auch auf einer Rückbindung zu den Menschen der Zielgruppe in Form von Gesprächen basieren. Dies erst garantiert ja die Partizipation der Adressaten an den Prozessen der Planung und Administration.

Das sozialpädagogische Gespräch

Das sozialpädagogische Gespräch ist weder ein *freies* im Sinne Schleiermachers noch ein *echtes* beziehungsweise *wahres* im Sinne Bubers und Gadamers. Ein freies Gespräch ist es deswegen nicht, da es zwischen Sozialpädagogin und Klient vorwiegend nicht um ein freies Assoziieren von Gedanken über *künstlerische* Vorhaben geht. Es gibt jedoch Anteile eines solch *freien* Gesprächs im sozialpädagogischen, wenn es zum Beispiel um Fragen der Lebens*kunst* und Formen eines zukünftigen *gelingenderen* Lebens geht. Zudem ist das sozialpädagogische Gespräch kein *echtes* beziehungsweise *wahres*, da die Voraussetzungen und Rahmenbedingungen sehr verschieden sind. Das *wahre* Gespräch erscheint uns als ein Gespräch unter Freunden oder doch zumindest an einer gemeinsamen Sache aus freiem Entschluss heraus Interessierten. Ein Beispiel für letzteres sind die Philosophinnen und Philosophen, die sich in ihrem Gespräch, ganz im Sinne der *Gespräche* des Sokrates, doch eben als *Freunde einer gemeinsamen Sache* erweisen, nämlich der Weisheit. Sozialpädagoginnen und Klienten kommen dagegen weder aus einer so frei gewählten gemeinsamen Sache zusammen noch aus persönlicher Sympathie und Freundschaft. Was sie zusammenbringt ist ein konkretes Anliegen seitens eines Klienten oder eines diesem nahestehenden Menschen, beispielsweise eines Elternteils, der Lebensgefährtin oder einer Lehrerin. Aus diesem Anliegen entwickelt sich das Gespräch mit einem bestimmten Auftrag an die Gesprächsteilnehmer, die verschiedene Beiträge für die Erfüllung dieses Auftrags zu verantworten und zu leisten haben. Zudem hat auch Buber selbst, wie Hubbertz nachweist, darauf hingewiesen, dass es das *echte* Gespräch mit seiner wesentlichen und existenziellen gegenseitigen Hinwendung seitens der Gesprächspartner in der Sozialen Arbeit nicht gibt. Es fehle dafür die egalitäre Voraussetzung der Freiheit von sozialer Not und institutioneller Aufträge sowie der Ausgeglichenheit von Geben und Nehmen zwischen Sozialpädagogin und Klient.[176] Nehmen wir noch weitere Abgrenzungen vor. Das sozialpädagogische Gespräch lässt sich auch nicht als Verhör oder therapeutisches Gespräch einordnen. Es geht in ihm ja gerade nicht um ein Aushorchen des Klienten, damit Aussagen von ihm zu Protokoll gebracht werden, die dann andere, wie beispielsweise eine Staatsanwältin, für Zwecke anderer Institutionen interpretieren. Zudem erörtert das sozialpädagogische Gespräch nicht vornehmlich das *dunkle Du* des Klienten. Was aber charakterisiert dann das sozialpädagogische Gespräch in seinen vielen durch unterschiedliche institutionelle Rahmenbedingungen konstituierten Facetten? Und gibt es nicht doch auch wesentliche Momente des wahren und echten Gesprächs im sozialpädagogischen?

Die entscheidende Frage ist dabei die, worauf sich das Verstehen im sozialpädagogischen Gespräch bezieht. Dieses Verstehen bezieht sich eben auf die individuelle und damit einzigartige Lebensweise des Klienten als Ausdruck seiner Selbstgestaltung in seinen Lebensumständen, oder mit den Worten Schillers ausgedrückt, als Ausdruck der Verwirklichung der Person in ihren Zuständen. Damit bezieht sich das Verstehen im sozialpädagogischen Gespräch weder *nur* auf das *dunkle Du* der Person noch *nur* auf die Lebensumstände. Beschreiben wir im Folgenden nun einige charakteristische Eigenarten des sozialpädagogischen Gesprächs im Vergleich zum *wahren* und *echten* Gespräch.

1. Dem sozialpädagogischen Gespräch liegt ein anderweitiges *Missverstehen* zugrunde. Genau deswegen findet es nicht aus freiem Interesse der Gesprächsteilnehmer statt. Die Lebensweise des Klienten führte und führt eventuell noch immer zu Konflikten mit anderen Menschen und Institutionen. Nehmen wir als Beispiel hierfür die Bewährungshilfe, die einsetzt aufgrund eines Konflikts des Klienten mit Polizei und Justiz. Dieser Konflikt basiert unweigerlich auf einem Missverstehen zwischen dem sich zu bewährenden Klienten, der daher Proband genannt wird, und einem oder mehreren anderen. Als Beispiel sei hier nur ein Raub genannt. Räuber und Beraubter haben sich über das zu verhandelnde und verstehende Dritte, wem eine Sache gehört und wie sie zwischen Menschen auf faire Art und Weise ihren Besitzer und Eigentümer wechseln kann, nicht verständigen können. Dieser Konflikt wurde zum einen mit rechtlichen Mitteln gelöst, da es für einen solchen Tausch gesetzliche Regelungen gibt, bei deren Verstoß privat- und strafrechtliche Sanktionen angedroht sind. Mittels der strafrechtlichen Sanktion soll der Räuber auf seinen wesentlichen Beitrag zum Missverständnis hingewiesen werden. Und um dieses Missverstehen seinerseits zu thematisieren, die Gründe hierfür in seiner Lebensweise ausfindig zu ma-

176 Siehe hierzu Hubbertz, Problemlösen und Verstehen, 110.

chen, wird dem Probanden eine Bewährungshelferin zu Seite gestellt. Der Auftrag für die Zusammenarbeit von Bewährungshelferin und Klient ist eindeutig: weitere Straftaten des Probanden sollen vermieden werden. Hier ist ein gewisser Zwang seitens des Probanden zum Gespräch mit der Bewährungshelferin offensichtlich, gehört doch der regelmäßige Kontakt zu den Bewährungsauflagen. Doch auch andere Beratungsgespräche sowie Betreuungssituationen in der Sozialen Arbeit basieren nur oberflächlich gesehen auf der oft *angepriesenen* Freiwilligkeit. Die Sozialpädagogin verdient sich, wenn sie hauptberuflich bzw. hauptamtlich tätig ist, immer ihren Lebensunterhalt mit ihrem Beruf und auch ein Klient, der vermeintlich freiwillig in einer Lebensberatungsstelle um Hilfe und Rat sucht, kommt aus einer gewissen Not heraus, die sich aus einem Missverstehen und einem sich daraus entwickelndem Konflikt mit anderen ergibt. Ihn wird nicht, überspitzt ausgedrückt, der Drang zu einem *lockeren* philosophischen Gespräch mit einer ihm unbekannten Beraterin in die Beratungsstelle führen. Dies werden eher zum Beispiel ernsthafte Missverständnisse mit seiner Lebensgefährtin oder seinen Kindern sein, die ihm keinen anderen sinnvollen Ausweg als den Gang zu einer Beratungsstelle lassen, um dort einen Anfang hinsichtlich einer Reflexion und Veränderung seiner Lebensweise als Partner oder Vater zu machen.

2. Die Lebensweise des Klienten ist im sozialpädagogischen Gespräch das Spekulative im vollziehenden Verstehen zwischen Klient und Sozialpädagoge. Das Eine der Lebensweise wird im Spiegeln zwischen den Gesprächspartnern verstehend aufgefaltet in seine Möglichkeiten der unterschiedlichen Dimensionen und Facetten. Die Lebensweise des Klienten als Ausdruck der Individualität wird somit in einer Offenheit in der Schwebe zwischen dem Klienten und der Sozialpädagogin gehalten. Mittels der Spiegelung zwischen diesen beiden Gesprächspartnern werden diese selber, und damit auch die Sozialpädagogin, zu den Gefragten in ihrer jeweiligen Lebensweise. Sie erfahren somit sich selbst in ihrer Kontingenz, was die Voraussetzung dafür ist, dass sie offen bleiben für neue Erfahrungen und die Erfahrungen des Gesprächsteilnehmers. In dieser Offenheit wird die Lebensweise des Klienten nicht abschließend *zensiert* und bewertet, sondern es bildet sich der Raum für das Gedankenspiel bezüglich neuer Lebensperspektiven.
3. Dadurch ist aber eben in Teilen auch das gegeben, was das echte Gespräch im Sinne Bubers auszeichnet: existenzielle Hinwendung in der dialogischen Begegnung und damit gegenseitiges Vertrauen.[177]

177 Nicht umsonst widmet sich eine Ausgabe der Fachzeitschrift Bewährungshilfe (4/2000) schwerpunktmäßig dem Thema Vertrauen. Zum Vertrauen in pädagogischen Kontexten siehe auch Bartmann u.a., Vertrauen in der erziehungswissenschaftlichen Forschung.

4. Es sei auch an dieser Stelle noch einmal darauf hingewiesen, dass es im sozialpädagogischen Gespräch nicht um sympathetisches und kongeniales Verstehen, soweit dies überhaupt als Verstehen verstanden werden kann, geht und daher auch nicht um einfühlendes oder nachfühlendes Verstehen im Sinne der psychologischen bzw. mimetischen Interpretation[178], so wie es der klientenzentrierten Gesprächsführung zugrunde liegt. Techniken der Gesprächsführung sind daher kritisch zu betrachten, sobald sie die Führung des sozialpädagogischen Gesprächs auf die Sozialpädagogin oder gar den Klienten delegieren.
5. Das Verstehen der Lebensweise bedeutet sicherlich eine gewisse Penetranz seitens der Sozialpädagogin, ein gewisses Eindringen in die Person des Klienten, mit den Worten Ortegas in den Bereich des zweiten Ich des *Ich bin ich und meine Lebensumstände.* Dennoch findet hier keinesfalls ein so tiefes Eindringen wie im psychotherapeutischen Gespräch statt. Durch das Halten der Lebensweise des Klienten im Offenen und in der Schwebe als Drittes, unter dessen Führung das Gespräch den institutionellen Aufträgen noch übergeordnet stattfindet, wird das Gespräch eben doch in einer gewissen, nennen wir es durch die institutionellen Rahmenbedingungen bestimmten und relativierten Wechselseitigkeit *geführt.* Dieser stellt sich die Sozialpädagogin, indem sie sich selbst in ihrer Lebensweise mit in Frage stellt. Daher hat das sozialpädagogische Gespräch, wie schon ausgeführt, doch unverkennbar Anteile des echten Gesprächs, da es immer auch auf einer „dialogischen Berührung“[179] aufbaut, und des wahren Gesprächs, da es sich unter die Führung eines zu befragenden Dritten stellt, an dem das Verstehen der Lebensweise des Klienten ihr Maß findet. Dieses Maß ist das gute und schöne Leben, das wir nun eingehend erörtern werden.

Das sozialpädagogische Gespräch im Horizont des guten und schönen Lebens

Gibt es eine inhaltliche Bestimmung des guten und schönen Lebens? Jemanden, der beabsichtigen würde, darauf eine abschließende Antwort zu geben, hielten wir für vermessen und arrogant. In einer Zeit der vielfältigen Lebensstile erscheint schon nur der Versuch einer inhaltlichen Bestimmung dessen, was als gutes und schönes Leben gelten kann, absurd. Vielleicht könnten wir uns auf gewisse Bausteine eines solchen verständigen, wie die schon von Aristoteles in

178 Zur psychologischen und mimetischen Interpretation vgl. Rittelmeyer/Parmentier, Einführung in die pädagogische Hermeneutik, 57-59.
179 Hubbertz, Problemlösen und Verstehen, 110.

der Nikomachischen Ethik erwähnten ausreichenden *äußeren* Güter, worunter er die leibliche Gesundheit, ausreichende Mittel für die Ernährung und andere Güter, die zur Grundlage des Lebens gehören, subsumierte.[180] Über solche Bausteine eines guten und schönen Lebens kann nach einer Diskussion eventuell Übereinstimmung erzielt werden.[181]

Doch wie können wir uns dann dem schönen und guten Leben als Horizont des sozialpädagogischen Gesprächs nähern? Kommen wir dafür noch einmal auf Schillers Ausführungen in seinen *Briefen über ästhetische Erziehung* zurück. Schiller unterscheidet in der Lebensweise des Menschen, wie schon an anderer Stelle ausgeführt wurde, zwischen Person und Zustand, dem Ich-Selbst und seinen Bestimmungen. Diese Ausführungen Schillers sahen wir in einer unverkennbaren Nähe zu Ortegas Auffassungen des *Ich bin Ich in meinen Lebensumständen.* Im Weiteren werden wir uns nun zunächst an den Begrifflichkeiten Schillers orientieren.

Die Person beinhaltet das Bleibende des Menschen in all den Änderungen seiner Zustände. Der Person kommt somit die Freiheit der Selbstgestaltung zu, die sich nach Schiller im *Formtrieb* äußert. Die Zustände unterliegen der *Zeit*, worunter Schiller die Bedingung allen Werdens versteht. Das Bleibende und Beharrende der Person ist darauf angewiesen, sich in den stets verändernden Zuständen veräußernd zu gestalten. Hierfür bedarf er der Sinnlichkeit. Allein mittels ihrer gewinnt der Mensch das Vermögen zur wirkenden Kraft in seinen Zuständen, die die Persönlichkeit zu der seinigen macht. Daher kommt dem Menschen neben dem Formtrieb der *sinnliche Trieb* zu.[182] Als den Gegenstand des sinnlichen Triebs benennt Schiller das *Leben* und als den Gegenstand des Formtriebs die *Gestalt*. Das gelingende Wechsel*spiel* dieser beiden *Triebe*, Schiller beschreibt den *Spieltrieb* als den die Antagonismen von Formtrieb und sinnlichen Trieb aufhebenden Grundtrieb des Menschen, äußert sich in der *lebenden Gestalt.* Und genau dies bezeichnet nach Schiller das, was wir im weitesten Sinne als *Schönheit* benennen. Schiller erörtert den Zusammenhang von Schönheit und lebender Gestalt wie folgt:

> Die Schönheit wird „(...) weder auf das ganze Gebiet des Lebendigen ausgedehnt, noch bloß in dieses Gebiet eingeschlossen. Ein Marmorblock, obgleich er leblos ist und bleibt, kann darum nichtsdestoweniger lebende Gestalt durch den Architekt

---

180 Vgl. Eth. Nic. 1178b 32-36.

181 Verwiesen sei auf den neoaristotelischen Ansatz eines guten Lebens bei Martha Nussbaum und die entsprechende Rezeption des Capability-Approachs in der Sozialen Arbeit. Siehe hierzu Nussbaum, Fähigkeiten schaffen. Zur Rezeption in der Sozialen Arbeit sei beispielhaft verwiesen auf Röh, Soziale Arbeit, Gerechtigkeit und das gute Leben sowie auf Mührel/Niemeyer/Werner, Capability Approach und Sozialpädagogik.

182 Vgl. Schiller, Briefe über ästhetische Erziehung, 1946, 55-58.

> und Bildhauer werden; ein Mensch, wiewohl er lebt und Gestalt hat, ist darum noch lange keine lebende Gestalt. Dazu gehört, daß seine Gestalt Leben und sein Leben Gestalt sei. Solange wir über seine Gestalt bloß denken, ist sie leblos, bloße Abstraktion; solange wir sein Leben bloß fühlen, ist es gestaltlos, bloße Impression. Nur indem seine Form in unserer Empfindung lebt und sein Leben sich in unserem Verstande formt, ist er lebende Gestalt, und dies wird überall der Fall sein, wo wir ihn als schön beurteilen."[183]

Bezogen auf ein menschliches Leben, das wir als schön bezeichnen, lässt sich festhalten, dass dieses in der „Lebenskunst"[184] besteht, ein harmonisches Gleichgewicht zwischen Realität und Form, Leben und Gestalt, zu finden und zu bewahren. Schön ist die Lebensweise, in der sich die gelingende Gestaltung der Person in den Zuständen äußert. Nun ist Schiller bewusst, dass ein solch schönes Leben ein Ideal ist, von dem das wirkliche Leben immer abweicht. Doch dieses Ideal ist eben keine inhaltliche Bestimmung, die für jedermann gilt, sondern es bezieht sich allgemein auf das Formale von stimmigem Wechselspiel von *Gestalt* und *Leben*, konkret aber immer auf die Lebensweise eines Menschen.

Von diesem Standpunkt aus betrachten wir noch einmal die Lebensweise des Klienten als das zu Verstehende im sozialpädagogischen Gespräch, unter dessen Führung das Gespräch steht. Es wird nun ersichtlich, warum Jauß bezüglich des Verstehens der Lebensweise des anderen einen „Vorgriff auf die Vollkommenheit"[185] erörtert und Ortega von der *Deformation* des wirklichen Lebens des anderen bezogen auf das mögliche sprach. Im Verstehen der Lebensweise des anderen im sozialpädagogischen Gespräch entfalten die Gesprächsteilnehmer ein imaginäres, schönes Leben des Klienten, an dem die Kontingenz des wirklichen, momentanen erkennbar wird. Dies ist nicht eine Defizitorientierung an einem allgemeinen Ideal, bezogen auf normative Vorstellungen *wie man zu leben hat*, in der Arbeit mit dem Klienten, sondern erst die Bedingung der Möglichkeit für einen Bildungsprozess durch Beziehung, der offen ist für die Individualität und Einmaligkeit der Lebensweise des Klienten!

Halten wir an dieser Stelle zwei Punkte fest, die uns nach der Erörterung der Ausführungen Schillers über das schöne Leben wichtig erscheinen. Ein schönes Leben bedarf erstens der Möglichkeit der Selbstgestaltung der Person in den Zuständen. Hierzu bedarf es der Freiheitsrechte, dies auch in einer Gesellschaft tun zu dürfen. Zweitens bedarf es den schon bei Aristoteles angesprochenen ausreichenden *äußeren* Gütern, also Zuständen und Lebensumständen, die eine

183 Ebenda, 73-74.
184 Ebenda, 77.
185 Jauß, Probleme des Verstehens, 132.

solche Selbstgestaltung der Person in den Zuständen ermöglichen. Denn was nützt die Freiheit, wenn der Mensch in den *Ketten* der Armut und Not *gefesselt* ist. Der sozialpädagogische Blick ist also auch immer auf die Lebensumstände des Klienten gerichtet, damit diese überhaupt eine Selbstgestaltung erlauben. Damit einher geht eine innovative Kritik an Staat und Gesellschaft, für solche genügenden Lebensumstände für alle Menschen zu sorgen.

Nun haben wir bisher das schöne Leben erörtert und das Attribut des *guten* ausgeblendet. Doch wie verhält es sich mit der Relation von Gutem und Schönem? An dieser Stelle soll ein Hinweis genügen. Gadamer führt in einem Rekurs auf Platon aus, dass das Schöne die Weise ist, in der das Gute erscheint. Demzufolge zeigt sich in der Suche nach dem Guten das Schöne.[186] Wenn also das Gute an sich ein Ideal ist, das letztlich nicht greifbar ist, so vermittelt es sich doch mittels des Schönen über den Weg des sinnlich Wahrnehmbaren. Das Schöne und das Gute sind also miteinander verknüpft, beide sind beispielsweise Zwecke an sich und nie Mittel zum Zweck, aber doch unterschiedlich. Bleibt das eine ein Ideal, so zeichnet es gerade das andere aus, dass es sich von sich her offenbart. Das Schöne ist somit ein Hiat zwischen Sinnlichem und Ideellem. Gadamer betont dabei, dass der *Vorschein* des Schönen der menschlich-endlichen Erfahrung vorbehalten zu sein scheint.[187]

Beziehen wir diese Verknüpfung von Schönem und Guten auf die *lebende Gestalt*, so offenbart sich in deren Schönheit auch das Gute des harmonischen Gleichgewichts von Formtrieb und sinnlichem Trieb. Ein *schönes* Leben werden wir daher auch ein *gutes* nennen dürfen. Betonen wir in diesem Zusammenhang, dass auch das gute und schöne Leben ein Zweck an sich ist und niemals Mittel zum Zweck.

Abschließend sei der Hinweis erlaubt, dass die Frage nach dem guten und schönen Leben durchaus aktuell ist. So beschreibt beispielsweise Martin Seel eine *formale Theorie* des guten Lebens. Er führt aus:

> „Eine formale Theorie des guten Lebens sagt nicht, in welchen äußeren oder inneren Umständen und Zuständen das menschliche Wohlergehen bestehe. Sie zeichnet vielmehr eine Form des Umgangs mit den Gegebenheiten individueller Existenz als die für das menschliche Wohlergehen günstigste *Lebensweise* (Hervorhebung E.M.)

---

186 Vgl. Gadamer, Wahrheit und Methode, 484 u. 491. Gadamer bezieht sich dabei auf Platon in Phileb. 64e 5-6. Dort heißt es: „Jetzt also entflieht uns wieder das Wesen des Guten in die Natur des Schönen."

187 Siehe Gadamer, Wahrheit und Methode, 485 u. 489. Dabei bezieht sich das sich über das Schöne zeigende Gute eben auf das menschlich erreichbare Gute. Das vollkommene Gute können wir zwar erstreben, aber nicht konkret denken oder wissen, da es die Bedingungen unseres Lebens, Abhängigkeit und Bedürftigkeit, aufheben würde. Vgl. hierzu Wolf, Worin sich die Platonische und die Aristotelische Ethik unterscheiden, 273-274.

aus. In diesem Wie des Verhaltens zu sich und der Welt freilich, das ist die Pointe einer solchen Bestimmung, liegt bereits ein wesentlicher Teil eines guten Lebens selbst."[188]

Hier finden wir pointiert einige Punkte wieder, die wir grundlegend bei Schiller betrachtet haben. Zu hinterfragen ist an dieser Stelle, woran sich die *günstigste* Lebensweise ermessen lassen soll, wenn eben nicht doch an der ideellen, vollkommenen schönen, in der sich auch das gute Leben offenbart. Nur diese kann der Horizont sein, in welchem im Rahmen des sozialpädagogischen Gesprächs die Lebensweise des Klienten ins Verstehen gebracht wird.[189]

Die angesprochene Aktualität bezieht sich auch auf den Bereich der Sozialen Arbeit. Begriffe wie *gelingendes Leben*, *Lebensbewältigung* oder *Lebenskunst*, die in unterschiedlichen Theoriesträngen verwendet werden, stehen in einem gewissen Kontext zu dem Verständnis eines schönen und guten Lebens, ohne dass jedoch dieser Kontext hinreichend entfaltet wird. Unsere Darstellungen stellen unter anderem den Versuch dar, diese *Lücke zu füllen*.[190]

---

188 Seel, Versuch über die Form des Glücks, 75. *Negativ* ausgedrückt könnte es eben auch darum gehen, nicht der Hässlichkeit und Schlechtigkeit in seiner Lebensweise zu erliegen. Dann ginge es um maximale Schadensbegrenzung durch die eigene Lebensweise für uns selbst, Welt und Mitmensch. Hierzu führt Camus aus: „Wir tragen alle unsere Kerker, unsere Verbrechen und Verheerungen in uns. Doch unsere Aufgabe ist nicht, sie in der Welt zu entfesseln, sondern sie in uns (...) zu bekämpfen." Camus, Der Mensch in der Revolte, 325.

189 Die Verknüpfung des guten und schönen Lebens mit dem Begriff des Glücks und Glücksempfindens, die sich schon im Titel der Arbeit Seels, *Versuch über die Form des Glücks*, kundtut, mag zunächst irritierend wirken. Doch schon Aristoteles verknüpft in der Nikomachischen Ethik ein gutes Leben mit der Frage der Glückseligkeit. Ggf. wirkt diese Verknüpfung aufgrund der Überstrapazierung des Begriffs Glück in der heutigen Zeit eher verdunkelnd auf die Erörterung eines guten und schönen Lebens. Daher wird an dieser Stelle darauf ausdrücklich verzichtet. Zur Beschreibung der Überstrapazierung des Begriffs des Glücks und dem Trend einer allgemeinen und fast hysterischen Glückssuche in den westlichen Gesellschaften siehe Bruckner, Verdammt zum Glück.

190 Siehe hierzu beispielhaft Mührel, Der Garten der Existenz und die Gesellschaft. Dazu ders., Soziale Arbeit als Widerfahrnis von Personen sowie ders., Individuum – Person – Mensch: Die zweite Schöpfung des Menschen in Schillers Briefen über die ästhetische Erziehung des Menschen.

4 Achtung der Andersheit des Klienten

Jede Philosophie ist Selbstrechtfertigung. Einzig originell wäre diejenige Philosophie, die jemand anderen rechtfertigt.
Albert Camus[191]

Wahr spricht, wer Schatten spricht.
Paul Celan, Sprich auch Du

4.1 Achtung welcher Andersheit?

Für Gadamer geschieht das Verstehen in der Differenz von *Ich/Selbem* und *Anderem.* Der *Eine* Sinn entfaltet sich in der Offenheit der Logik des Fragens und Antwortens, indem er auseinandergelegt (*dialegein*) und somit *in die Schwebe* gebracht wird. Die Differenz, die sich im Gespräch offenbart, als Differenz von Selbem und Anderem, die auch in dem beschriebenen Bezug zur Kontingenz des Menschseins und seines Verstehens steht, ist eine *umklammerte* Differenz, die auf dem Boden der ursprünglichen und an sich andauernden/ewigen wie prinzipiellen *Ein*heit des Sinns gründet. Nehmen wir als Beispiel den Beginn des Johannes-Evangeliums, welcher selber nur im Horizont von Gen 1,1 zu verstehen ist. Am Anfang steht das *Eine* Wort, das ewig *Eines* ist, „(…) und ohne es entstand auch nicht eines, was entstanden ist" (Joh 1,3). Wir kennen die Schwierigkeiten der Auslegungsgeschichte dieser Passagen, beginnend bei den Kirchenvätern und beispielhaft bezogen auf die Frage der Trinität oder der Inkarnation. Doch es ist dieses *Eine* Wort, das bis in die einzelnen Predigten des heutigen Tages hinein sich auslegt, durch die Differenz der verschiedenen Sprachen, Religionen, Konfessionen und Lebensweisen der Menschen in ihrer Endlichkeit hindurch.

Kann es aber ein radikal Anderes als absolut Anderes geben, dass dialektisch nicht mehr auf das grundlegende Eine zurückzuführen ist? Anders gefragt: Zielt das Verstehen des Anderen nicht gerade auf die Abschaffung des Anderen als solches und solchen? Bedarf es nicht eines Anderen des anderen Menschen, was nicht mehr als ein Anderssein in der Differenz zum Ich/Selben verstanden werden kann? Dieses absolut Andere werden wir im Folgenden als Andersheit beschreiben.

Das Verstehen des Anderen, genauer ausgedrückt dieser Andersheit des an-

191 Camus, Tagebücher, 324.

deren Menschen, und damit auch des Klienten innerhalb der sozialpädagogischen Praxis, wäre die Auflösung dieser Andersheit durch das Erfassen, Erkennen im Thematisieren und Diagnostizieren des Anderen in seinen Lebensumständen. Wenn wir in diesem Kapitel von einer Haltung der Achtung der Andersheit sprechen, stellen wir die im vorherigen Kapitel beschriebene verstehende Haltung radikal in Frage. Es bleibt dabei zunächst ungeklärt, ob diese beiden Haltungen überhaupt zusammen (professionell) gedacht und gelebt werden können, ob sie sich nicht gegenseitig ausschließen und widersprechen; oder ob sie nicht eine produktive Spannung erzeugen, in welcher sich die sozialpädagogische Tätigkeit erst in einer dialogischen Offenheit vollziehen kann. Wir beziehen uns daher nun ausdrücklich nicht auf ein Verständnis von gegenseitiger symmetrischer Achtung, wie es Axel Honneths Beschreibungen der Struktur sozialer Anerkennungsverhältnisse zugrunde liegt.[192] Achtung verstehen wir vielmehr als eine Bewegung zur absoluten, transzendenten Andersheit des Anderen, die eben nicht anerkennende und verstehende Aneignung der Einzigartigkeit des Anderen ist, sondern Gastfreundschaft, Empfang des Anderen ohne Bedingung, in einer Asymmetrie des Interpersonalen.[193] Achtung so verstanden *überschreitet* auch all jene Wertschätzungen, die Bollnow der *Achtung* im Zusammenhang mit ihr verwandten Gefühlen wie beispielsweise Liebe, Verehrung oder Respekt zuweist. Diese beziehen sich auf eine symmetrische Ebene des Interpersonalen, auf welcher der andere Mensch als ein alter ego geachtet wird.[194]

Für Derrida bedeutet die sich hiervon abhebende Achtung der Andersheit die „(...) Eliminierung des hermeneutischen Prinzips“[195], was die Radikalität der Infragestellung, ob eine solche Haltung der Achtung mit einer des Verstehens überhaupt miteinander in ein Verhältnis gebracht werden kann, andeutet.

Stellen wir, bevor wir zur Erörterung der Ansätze bei Lévinas und Derrida kommen, die Frage nach der Andersheit, der es in einer Haltung eines unbedingten Achtens zu begegnen gilt.

Auf welche Art und Weise gelangen wir zu einem Verständnis der oben genannten Achtung einer absoluten Andersheit? Zunächst zeichnen sich in einem Anderen die Konturen des Fremden ab. Diese Konturen des Fremden stehen in einer Relation zum Eigenen, wodurch das Fremde immer zuerst ein relativ

---

192 Vgl. dazu Honneth, Kampf um Anerkennung, Kap. II. Da schon an anderer Stelle der Ansatz Honneths mit dem von Lévinas ausführlich von mir diskutiert wurde, verzichte ich hier auf eine Wiederholung und verweise auf Mührel, Zum Problem der Anerkennung und Verantwortung bei Emmanuel Lévinas.

193 Diese Grundlegung des Verständnisses von Achtung basiert auf den Beschreibungen Lévinas' über Antlitz und Exteriorität. Siehe hierzu besonders mit Bezug auf den Begriff Achtung Lévinas, Totalität und Unendlichkeit, 439. Zur geschichtlichen Entwicklung des Begriffs der Achtung vgl. Speck, Erziehung und Achtung vor dem Anderen, 79-89.

194 Vgl. Bollnow, Die Ehrfurcht, Kap. II, besonders prägnant 35.

195 Derrida, Schibboleth, 58.

Fremdes ist. Diese Relativität des Fremden bezeichnet Bernhard Waldenfels als *Unzugänglichkeit* und *Nichtzugehörigkeit.*[196] Unzugänglichkeit umfasst dabei eine kulturelle Fremdheit. Institutionen, Gesten, Reden, Werke und Handlungen und der ihnen innewohnende oder durch sie symbolisierte Sinn bleiben verschlossen, eben unzugänglich. Nichtzugehörigkeit bezieht sich auf ein soziales Fremdsein, eine Gruppe mit Lebenszielen, Interessen, Rechten und Bräuchen, zu denen keine Nähe besteht und von denen wir ausgeschlossen sind. Diese Distanz kann im Milieu der Schicht oder Klasse, des Nationalen oder auch anderer Formen des Sozialen liegen. Doch diese Formen des Fremden, in denen der oder das Fremde lokalisiert, territorialisiert oder verkörpert ist, können aufgelöst werden durch eine individuelle oder kollektive Leistung der Einbeziehung oder Umdeutung in das Eigene. Als Beispiel hierfür kann eine Fremd-Sprache genannt werden, die angeeignet werden kann. Das ursprünglich Fremde wird gebändigt in einer Angleichung oder Aneignung, wobei die relative Differenz zwischen Eigenem und Fremdem aufgehoben wird.[197] Alain Finkielkraut weist auf diese Angleichung des Fremden hin, wenn er den Tourismus als eine „weltumspannende Ausdehnung des Ichs"[198] beschreibt. Was auf dieser Welt bleibt, auch mittels der Digitalisierung und Medialisierung, noch unzugänglich und *wo* fühlen wir uns nicht, wenn auch zuweilen eingeschränkt, zugehörig?

Das radikal Fremde, d. h. von der Wurzel (*radix*) her Fremde, benennt Waldenfels als das, was nicht mehr auf einen gemeinsamen Ursprung mit dem Eigenen zurückgeführt werden kann.

> „Das radikal Fremde wäre dann weder eine Modifikation, ein Analogon oder eine Spiegelung des *Eigenen*, noch wäre es ein Teil, der sich mitsamt dem Eigenen einem *Ganzen* einordnen ließe, noch wäre es ein Fall, der sich gleich dem Eigenen einem *universalen Gesetz* unterordnen ließe."[199]

Das so radikal Fremde ist in seiner Fremdheit eben nicht nur ein zu behebender Mangel an Bekanntem oder Verständlichem, sondern ein Überschuss an dem, was niemals angeeignet werden kann. An den weiteren Ausführungen soll deutlich werden, dass ein solch radikales Fremde ein absolut Anderes ist. Den Begriffen *Fremde, Fremder* haftet stets noch eine Pervertierung als Hineinwendung ins bekannte, verstandene Eigene an. Das absolut Andere benennt jedoch jene Andersheit, die das radikal Fremde auszeichnet.

---

196 Vgl. Waldenfels, Verfremdung der Moderne, 41.
197 Vgl. ebenda, 43.
198 Finkielkraut, Verlust der Menschlichkeit, 173.
199 Waldenfels, Verfremdung der Moderne, 50-51.

Doch wo und wie begegnen wir diesem absolut Anderen? Waldenfels benennt zwei für unsere Intentionen wesentliche Aspekte. Er geht dabei von dem Begriff der Fremdheit aus, in welcher sich das radikal, absolut Andere ankündigt. Zum einen beschreibt er die *Ekstatische Fremdheit*, als eine Fremdheit in uns selbst. Diese Rätselhaftigkeit der Subjektivität in ihrem *Außersichgeraten* spiegelt sich im Rätsel der Intersubjektivität. Die Fremdheit des anderen Menschen als ein unüberbrückbarer *Zwischenraum* bezeichnet er als *Diastatische Fremdheit.*[200] Im Folgenden werden in den Zugängen über Emmanuel Lévinas und Jacques Derrida die Verschränkungen beider Fremdheiten in ihren Bezügen zur absoluten Andersheit offenkundig.

4.2 Erster Zugang: Emmanuel Lévinas' Fundamentalethik der Verantwortung

Beginnen wir diese Erörterung mit einer Frage: Warum gibt es überhaupt Soziale Arbeit? Wie lässt sich diese Institution, in der Engagement und Botschaft der Menschlichkeit und damit Solidarität eine professionelle Form finden, im Gesamten des gesellschaftlichen Zusammenseins begründen? Diese Frage nach dem Grund, dem Fundament Sozialer Arbeit, welches sich im Begriff „Sozial" spiegelt, erscheint in den professionellen Diskursen in der Regel nur im Hinter*grund.* Im Folgenden wollen wir diese Frage *offen* stellen und in einer Besinnung auf die Haltung der Achtung in der Sozialen Arbeit versuchen zu beantworten.[201]

Humanismus des anderen Menschen

Soziale Arbeit hat sich – mehr oder weniger – als wissenschaftliche Disziplin in den Sozialwissenschaften etabliert. Als Profession ist sie auf diese sozialwissenschaftlichen, aber auch weitere humanwissenschaftliche Bezüge angewiesen.[202] Diese Wissenschaften wiederum lassen sich in ihrer Entwicklung geistesgeschichtlich einordnen und begründen durch den Humanismus. Dieser beinhaltet „(...) das Bemühen um eine der Menschenwürde und freien Persönlich-

200 Vgl. ebenda, 55-62.

201 Siehe zu diesem Kapitel auch Mührel, Zur Ethik der Gastfreundschaft als Fundament Sozialer Arbeit.

202 Zum Verständnis der Sozialen Arbeit als einer Sozialwissenschaft siehe Mührel, Die Begründung der Sozialarbeitswissenschaft in den Sozialwissenschaften.

keitsentfaltung entsprechende Gestaltung des Lebens und der Gesellschaft."[203] Dieses Bemühen umfasst Bildung und Erziehung sowie die Entwicklung der für ein menschenwürdiges Leben entsprechenden Lebens- und Umweltbedingungen. Eine solche Beschreibung des Humanismus findet sich im Kern auch in der internationalen Definition der Sozialen Arbeit wieder. Autonomie und Emanzipation waren und sind die Paradigmen humanistischen Denkens, welches im Zeitalter der Aufklärung zur Entfaltung gelangte, nachdem es in der Renaissance als eine Wiederbelebung des antiken Vorbildes einer vollentfalteten, schönen Menschlichkeit erwachte. In Anlehnung an die obigen Ausführungen über Pico della Mirandola lautet die grundlegende Botschaft des Humanismus: Alles ist möglich. Jedes Wesen ist durch seine Natur das, was es ist, nur der Mensch nicht. Ihm steht es nach Pico frei, seinem Dasein eine Form zu geben. Gerade dies macht seine Würde und Größe aus. Der Begriff des Menschen wird nicht *enthüllt*, sondern *der Mensch* wird der begrifflichen Fixierung, was genau unter Menschsein verstanden werden kann und soll, entzogen.[204] Der Humanismus der frühen Renaissance kann daher auch als eine *offene* Anthropologie verstanden werden, die sich grundlegend einer abschließenden Beschreibung des und der Menschen verweigert.

Ist jedoch nicht die Idee der Humanität, die Idee eines um Selbstverwirklichung und Solidarität bemühten Menschen im Sinne der genannten *Definition* des Humanismus gescheitert? Das Gelingen dieser Ideen stellt Lévinas wie folgt in Frage:

> „Die allzu feierliche Rede von der Erhabenheit des Menschen weckt Aversionen. Der Wissensstolz und die Verwegenheit, die das menschliche Denken zu Beginn der Neuzeit auszeichneten, sind inzwischen bloßgestellt. Denn es hat sich gezeigt, daß der Mensch nicht imstande ist, die geschichtlichen Verhältnisse so in die Hand zu bekommen, daß er seine Geschichte selbst bestimmt. Ein Humanismus, der auf die reale Welt keinen Einfluß hat, ist bloße Schöngeisterei. Man empfindet ihn als widerlich."[205]

---

203 Brockhaus Philosophie, Humanismus, 173. Die Vernetzung zwischen Human- und Sozialwissenschaften und dem humanistisch-aufklärerischem Denken beschreibt eingehend Martin Hollis. Siehe hierzu Hollis, Soziales Handeln.

204 Vgl. zur Darstellung des Grundgedankens des Humanismus die Beschreibungen Alain Finkielkrauts über Pico della Mirandola in Finkielkraut, Verlust der Menschlichkeit, 49-51. Finkielkraut knüpft ein Band von Pico bis Jean Paul Sartre, indem er den ursprünglichen Humanismus als einen Existentialismus im Sinne Sartres beschreibt. Der Mensch ist zur Freiheit verurteilt. Die Gabe, sein Leben selbstbestimmt zu führen, ist zugleich seine nicht abzulegende Last und Bürde. Siehe hierzu auch Sartre, Der Existentialismus ist ein Humanismus, 149-156.

205 Lévinas, Humanismus des anderen Menschen, 86, Anm. Zeile 9.

Im Sinne der beschriebenen Auffassung von Lévinas wäre zu konstatieren, dass im Zeitalter der *anwachsenden Humanität* die Barbarei, das *Abschlachten* und Unterdrücken nicht verhindert und eingedämmt werden konnte. Die aktuellen Verbrechen gegen die Menschlichkeit weltweit bezeugen dies.

Es lassen sich zwei Formen einer Umkehrung des angestrebten Zieles des Humanismus beschreiben. Zum einen der Terror des politischen Totalitarismus, der sich im Besitz der Wahrheit über das Wesen des Menschen und der Gesellschaft wähnend berufen sieht, alle anderen, auch mit Gewalt, zu *beglücken*. Der Fortschritt der Menschheit schreit bei dieser Perversion des Humanismus geradezu nach blutigen Opfern, die im Dienst der *Sache* zu erbringen sind. Jedes einzelne Opfer des Nationalsozialismus legt hierfür Zeugnis ab. Eine andere Umkehrung zeigt eine Kultur, in der die Gleichgültigkeit gegenüber dem Schicksal des Anderen anwächst, in der die Menschenwürde und freie Persönlichkeitsentfaltung, Autonomie und Emanzipation vermehrt nur auf das je eigene Ich bezogen werden. Der *Kampf um Anerkennung*[206] teilt die Menschen in Sieger und Verlierer ein. Es geht um die Vermehrung des je eigenen Kapitals an Haben und gesellschaftlichem Status auf Kosten des Anderen. Das Gewicht der eigenen Mächtigkeit droht den anderen Menschen bis hin zur Bedeutungslosigkeit zu erdrücken. Umso paradoxer erscheint der von Pascal Bruckner beschriebene Massenkult, in welchem jeder sich als Opfer seiner Lebensumstände betrachtet. *Ich leide, also bin ich*, diese Art der Identität ist eine Verhöhnung der tatsächlichen Opfer.[207]

Terror und Gleichgültigkeit als Umkehrung des Humanismus führen zum Untergang des Anderen, wobei darauf hinzuweisen ist, dass eine zur Selbstherrlichkeit und Selbstbesessenheit überbordende Selbstverwirklichung zwangsweise in Selbstzerstörung münden muss.[208] Die von Bruckner konstatierte *Identität*

---

206 In diesem Zusammenhang folgert Honneth aus seinen Analysen, dass der Fortgang der gesellschaftlichen Entwicklung von dem Ausgang zukünftiger, sozialer Kämpfe abhängen wird, wobei er von einem Verschwinden universaler Werte ausgeht. Siehe hierzu Honneth, Kampf um Anerkennung, 286-287. Wo es jedoch nur noch um die Selbstbehauptung und das Durchsetzen eigener Interessen geht, zentriert sich das Zwischenmenschliche und Gesellschaftliche auf die Frage der Herrschaft über den Anderen, was letztlich zur Gleichgültigkeit gegenüber dem mich in der Entfaltung meiner Interessen und Begabungen störenden Anderen führt. Bezüglich eines *dekonstruktiven* Verständnisses von Anerkennung vgl. Dungs, Anerkennungsmodelle des Anderen. Dungs erörtert dabei im Rahmen einer dekonstruktiven Lesart der Jenaer Schriften Hegels eine *negative* Anerkennung, die sie als ein wechselseitiges Freilassen im *Scheitern* beschreibt und welche sich von der *positiven* Anerkennung im Sinne Honneths und seiner Lesart der Jenaer Frühschriften abhebt.

207 Vgl. hierzu Bruckner, Ich leide, also bin ich; ders., Zum Glück verdammt.

208 Terror und Gleichgültigkeit sind jedoch auch Gefahren, die sich aus der Vorgehensweise der und dem Umgang mit den Humanwissenschaften ergeben. Im Falle des Terrors wird der Mensch als Objekt wissenschaftlicher Erkenntnis in anonymen Systemen aufgelöst,

des *Ich leide, also bin ich* ist vielleicht gerade auch der Niederschlag dieser Selbstzerstörung.

Lévinas beabsichtigt, dem Humanismus ein stabiles Fundament zu bereiten, auf welchem er sich voll entfalten kann. Ohne in eine Art zynischen Antihumanismus zu verfallen, stellt Lévinas fest, dass der Humanismus nur dann zu einer gesteigerten Humanität führen kann, wenn er als ein Humanismus des anderen Menschen verstanden wird. Emanzipation und Autonomie sieht er wie auch die Menschenrechte im Dienste für den Anderen. Die Aufgabe des Einzelnen ist in diesem Sinne, Menschenwürde und eine freie Persönlichkeitsentfaltung erstrangig für den anderen Menschen einzufordern, und nicht für sich selbst. Dem Ich kommt in der Fundamentalethik Lévinas' die Rolle des Gastgebers, des Stellvertreters und des Bürgen für den Anderen zu. Verantwortung für den Anderen, unwählbar auferlegt, als wäre die erste Frage, die an den einzelnen Menschen ergeht: „Kain, wo ist dein Bruder Abel?“ (Gen 4,9) Es gilt, das eigene *Kapital an Haben und Sein* für den Anderen in Dienst zu stellen. Dieser *radikale Humanismus* vollzieht eine Wendung der Perspektive des *Für wen?* der eingeforderten Humanität. Er verabschiedet sich von dem Solipsismus eines nur auf sich selbst zentrierten Denkens. An erster Stelle steht die Diakonie, die Verantwortung als Antwort auf das Mich-Angehen, Auf-Nötigen des Anderen, dem ich nicht gleichgültig gegenüber sein *kann.*

Wie lässt sich aufgrund eines so gedeuteten Humanismus die Rolle und Aufgabe Sozialer Arbeit in einer grundlegenden Haltung ausgedrückt beschreiben?

Verantwortung für den Anderen

Freiheit, Gleichheit und Brüderlichkeit stand auf den Fahnen der französischen Revolution, in der die (humanistischen) Gedanken der Aufklärung an die politische Macht drängten, um endlich gesellschaftlich durchgesetzt zu werden. Im Laufe der folgenden Revolutionen kam der Ruf nach sozialer Gerechtigkeit

beispielsweise als Produkt seiner Umwelt und Sozialisation, wobei er seiner Rätselhaftigkeit und Einzigartigkeit beraubt wird und sich der *Normalität* (wobei das, was unter Normalität zu verstehen ist, von den Herrschenden *normiert* wird) beugen muss. Mit dieser Problematik hat sich u.a. Michel Foucault auseinandergesetzt. Siehe hierzu Foucault, Wahnsinn und Gesellschaft; dazu ders., Sexualität und Wahrheit sowie ders., Überwachen und Strafen. Gleichgültigkeit kann sich aus dem Erkennen und Verstehen des Anderen ergeben. „Wenn ich einem anderen gegenüber feststelle: *ich verstehe dich* oder *ich habe dich verstanden*, dann teile ich ihm mit: Ich bin mit dir fertig. Du beunruhigst mich nicht mehr. (...) Du bist ein Exemplar einer mir bekannten Kategorie von Wesen.” Gronemeyer, Das Leben als letzte Gelegenheit, 153-154.

hinzu. Stehen die Gedanken der Brüderlichkeit und Gerechtigkeit momentan wieder in der Mitte der gesellschaftlichen Diskussion, da ihre Wertigkeit heftig umstritten ist, so sind Freiheit und Gleichheit tief im Selbstverständnis der westlichen Demokratien verwurzelt, obwohl es fortwährend zweifelhafter erscheint, ob sich Freiheit und Gleichheit ohne Brüderlichkeit und Gerechtigkeit verwirklichen lassen. Die Beziehung zwischen Mensch und Mensch wird im Allgemeinen als eine auf symmetrischer Gleichheit beruhende verstanden. Rechte und Pflichten sind wechselseitige, keiner steht *über* dem Anderen. Es wirkt irritierend, wenn Lévinas diese anscheinende Selbstverständlichkeit als entscheidende Grundlage des Zwischenmenschlichen in Frage stellt. Er erkennt die symmetrische Gleichheit zwar für die Ebene des gegenseitigen Dialogs an, verweist jedoch auf eine grundlegendere Ebene des Sozialen, die ethische Beziehung der einseitigen Verantwortung des Der-Eine-für-den-Anderen.[209] Diese *(Nicht-)Beziehung* ist asymmetrisch und nicht durch Gegenseitigkeit ausgezeichnet. Der Andere gebietet als *Meister* aus einem Raum der Höhe, der Erhabenheit und erwählt das Ich in seine Einzigkeit, Leib und Leben für ihn, den Anderen einzusetzen. Das Ich als Subjekt ist – im Doppelsinne des französischen *sujet* – passiver Untertan, Empfänger des Appells des Anderen, der ein Befehl ist. Das Subjekt ist Gastgeber und im radikaleren Sinne Geisel des Anderen, indem es noch die Verantwortung für die Verantwortung des Anderen übernimmt.

Doch wofür diese anscheinende Glorifizierung des Anderen und die Heroisierung der *Hingabe* für den nächsten Menschen?

Gerade unter Berücksichtigung der Shoah und anderer Ausbrüche des Hasses auf den anderen Menschen weist Lévinas auf das an sich unverletzbare Antlitz des Anderen hin, die Unmöglichkeit, den anderen Menschen völlig zu erklären, zu thematisieren und somit in das eigene Denken zu vereinnahmen. „Einem Menschen begegnen heißt, von einem Rätsel wachgehalten werden."[210] Der Andere ist immer mehr als nur das Objekt meiner Erkenntnis. Der Versuch, ihn zu reduzieren auf (m)ein bestimmtes Wissen einer Wesenheit, schlägt fehl und ist ein Verbrechen an ihm. Jeder Mensch wird von seiner ihm zugeschriebenen Funktion aufgesogen und in eine bestimmte gesellschaftliche Kategorie gezwängt; alle Gesichter und Namen verschwinden hinter den Prinzipien, die diese Kategorien und damit die Menschen angeblich abschließend und umfassend bestimmen. Gegen diesen Totalitarismus wendet sich das Anliegen Lévinas' der Beschreibung der Heiligkeit des Anderen. Und hieraus wird verständlich, wenn er folgert:

---

209 Vgl. beispielhaft Lévinas, Ethik und Unendliches, 74. Lévinas nennt die Beziehung der einseitigen Verantwortung auch Diakonie, unerotische Liebe, Intrige oder Von-Angesicht-zu-Angesicht.

210 Ders., Die Spur des Anderen, 120.

„Man wird benebelt, ausgeräuchert, in jener infernalistischen Seinsweise, zu der uns der pure Humanismus (...) gebracht hat. Die Hölle auf Erden: Die Städte sind verräuchert, die verbreitete Kultur erstickend."[211]

Der *pure Humanismus*: Das ist für den Lévinas ein Humanismus ohne Thora, ohne Begegnung mit dem, der jeden als Person, bei seinem Namen anredet. Das Antlitz des Anderen gebietet, geht mich an, bevor ich ihn, den Anderen, vernommen habe. Ohne diese Heiligkeit des Anderen ist jede (humanistische) Kultur sprichwörtlich erstickend, da sie anonym und neutral bleibt und die latente Gefahr des Terrors oder der Gleichgültigkeit nicht zu hemmen vermag.

Es ergibt sich noch ein anderer Aspekt aus den Beschreibungen Lévinas' über die ethische Beziehung der einseitigen Verantwortung für den anderen Menschen. Die unwählbare Verantwortung, die somit nicht meiner Willensfreiheit unterliegt, stiftet den Sinn im menschlichen Dasein. Dieser liegt eben nicht in der Selbstbehauptung und -verwirklichung, sondern im Dasein für den Anderen. Gerade jetzt, in Zeiten angeblicher Orientierungslosigkeit, entzieht sich diese Beschreibung Lévinas' jeglichem *Gerede* der vermeintlichen Sinnsuche. Der Sinn muss nicht erst gesucht werden, wir befinden uns schon immer in seiner Spur, in der Spur des Anderen, in welcher sich seine Not und Verletzbarkeit aufdrängt und *uns* in Unruhe versetzt.

Doch ist das Subjekt, selbst wenn es grundlegend dem Anderen verantwortlich ist, nicht auch immer Richter des Anderen, in dem es in der Begegnung diesen einschätzt, thematisiert und beurteilt?

Von der Verantwortung zum Problem

Die asymmetrische, einseitige Beziehung zum Anderen ist in ihrer Unmittelbarkeit unproblematisch. Doch sie ist immer schon gestört durch den Eintritt des dritten Menschen. Der Dritte ist auch mein nächster Anderer. Er steht zudem in Beziehung zum Anderen, eine Beziehung, die mich nicht unberührt lassen kann. Beiden, dem Anderen und dem Dritten ist das Subjekt unendlich verantwortlich. Durch die Ausweitung vom Duo zum Trio erfährt die Verantwortung beiden gegenüber keine Relativierung oder Abschwächung. Dennoch eröffnet das Auftauchen des Dritten das Reich der Gerechtigkeit, denn es zwingt das Subjekt zum Urteilen, Bemessen und Abwägen. *Was habe ich gerechterweise für den Einen und was für den Anderen zu tun? Wer bedarf meines Beistandes mehr?* Mit dieser Fragestellung wird der Andere als Meister in der ethischen Beziehung des Der-Eine-für-den-Anderen auch zum Gleichen unter

211 Ders., Jenseits des Buchstabens, 46-47.

Gleichen, zum beurteilbaren, in seinem Lebenskontext erfassbaren Anderen. Der Andere wird Mitglied der Gesellschaft und das Ich sieht sich gezwungen, ihn – den eigentlich unvergleichlichen Einzigen – mittels seines Vermögens und Wissens im Vergleich zu den Anderen zu beurteilen. So wird das Subjekt zugleich Angeklagter und Richter des Anderen. „Dieser Rekurs auf die universalen Prinzipien ist der Ort der Gerechtigkeit und Justiz und der Objektivität."[212] An dieser Stelle erhalten die Human- und Sozialwissenschaften ihre volle Bedeutung und ihren Sinn. Sie dienen als Beschreibung des Anderen in seinem Lebenskontext der Gerechtigkeit, welche sich selber an der Verantwortung des Der-Eine-für-den-Anderen messen lassen muss. Denn die Priorität des Ethischen vor dem rationalen Diskurs bleibt bestehen. „Von der Verantwortung zum Problem – so ist die Reihenfolge."[213]

Das Problem der Gerechtigkeit stellt sich vor allem in der Organisation der Gesellschaft. Der Aufbau der staatlichen und nichtstaatlichen Institutionen, die Praxis der Verwaltung und die Verteilung der gesellschaftlichen Güter müssen sich nach Lévinas somit letztlich an der Verantwortung jedem einzelnen gegenüber messen lassen. Keinem Schicksal eines einzigen Anderen gegenüber darf mit Gleichgültigkeit geantwortet werden.

Die Aufgabe der Gesellschaft

Wie sollte die gesellschaftliche und staatliche Ordnung aufgebaut sein, in der der Primat des Ethischen, die Anfrage des anderen Menschen wach und offen gehalten wird? Bezüglich dieser Fragestellung ist es

> „(…) nicht ganz unwichtig zu wissen, ob der egalitäre und gerechte Staat, in dem der Mensch zur Erfüllung findet (und den es einzurichten und vor allem durchzuhalten gilt) aus einem Krieg aller gegen alle hervorgeht oder aus der irreduziblen Verantwortung des Einen für alle und ob er auf Freundschaften und Gesichter verzichten kann."[214]

Der Staat als wesentliche Organisationsform der Gesellschaft findet seine Begründung und Rechtfertigung nicht in sich selbst. Der Staat muss sich zu jeder Zeit an der ethischen Verpflichtung messen lassen, für das Wohl aller Men-

212 Ders., Außer sich, 44. In dem Vergleich des Anderen mit dem Dritten gewinnt auch das Subjekt als *Ich* seinen Platz in der Gesellschaft, im Sich-Vergleichen mit dem Anderen und dem Dritten.

213 Ders., Jenseits des Seins oder anders als Sein geschieht, 351.

214 Ebenda, 347-348. Siehe hierzu auch die Beschreibungen zu Frieden und Nähe in ders., Verletzlichkeit und Frieden, 137-149.

schen in seinem Hoheitsgebiet Sorge zu tragen. Diese Forderung erscheint unmöglich realisierbar. Doch in dieser Bestimmung des Unmöglichen als Kritik an den herrschenden Institutionen der Gesellschaft – und diese werden zunehmend europäisch oder weltweit sein – bezeugt sich die Forderung nach mehr Gerechtigkeit für den Anderen, zu der die grundlegende, ethische Verantwortung das Subjekt beruft. Will der Einzelne seiner Aufgabe, Gastgeber für den Anderen zu sein, nachkommen, muss er sich auch der sozialethischen Dimension des Aufbaus von Institutionen bewusst werden, die dem Anderen das Recht auf Gastfreundschaft, Annahme und Unterstützung zu einem emanzipierten Leben sichern und gewähren.[215]

Die pluralistische Demokratie ist die Form, die einer solchen Aufgabe am ehesten gewachsen ist, da sie tendenziell offen ist für ihre Verbesserung und Erneuerung. Das Gemeinwohl ist keine fixe Idee, sondern wird immer wieder neu diskutiert und artikuliert. Daher ist die Demokratie stets eine der Zukunft zugewandte, nicht in sich abgeschlossene Form der gesellschaftlichen Organisation, die für die Not des einzelnen Anderen offen bleiben kann. Da, wo sie es nicht tut, kann und muss ein Nachdenken über eine andere Gesetzgebung oder gar ein ziviler Ungehorsam eingeklagt werden, gerade im Namen des Anderen.

Abschließend sei hier darauf hingewiesen, dass es uns nicht um eine revolutionäre Infragestellung der Aufgabe und Struktur Sozialer Arbeit geht. Die Begründung und Rechtfertigung ihres Daseins, basierend auf der professionellen Haltung der Verantwortung des Der-Eine-für-den-Anderen, führt zu einer reflektierenden Besinnung ihrer Bedeutung. Soziale Arbeit dient dem Humanismus des anderen Menschen. Ein Humanismus, der begreift, dass die Aufgabe und der Sinn der je eigenen Existenz nicht in der Selbstverwirklichung und -behauptung zu finden sind, sondern in dem Einsatz der eigenen Freiheit und ihres Vermögens für die Autonomie und Emanzipation des Anderen. Die Grundlage des menschlichen Zusammenlebens besteht demnach nach Lévinas nicht in der Gleichheit, wie dies von den Anerkennungsphilosophien eines Jürgen Habermas oder Axel Honneths und dem politisch-ökonomischen Diskurs als soziales Prinzip postuliert wird, sondern in der Ungleichheit, die sich offenbart in der *Heiligkeit* des anderen Menschen.[216] Der andere Mensch im

215 Das hier angesprochene, komplexe Themengebiet der Gastfreundschaft, welche unmittelbar mit der Frage nach Gerechtigkeit verbunden ist, wird weiter unten ausführlich erörtert.

216 Diese Auffassung Lévinas' ist diskussionswürdig. Zu einer vehementen Kritik an dieser vgl. Honneth, Das Andere der Gerechtigkeit. Honneth verteidigt darin mit Bezug auf Habermas' Argumentation in *Erläuterungen zur Diskursethik* den „universalistischen Grundsatz der Gleichbehandlung" als den entscheidenden „*moral point of view*" (240). Den Anspruch der asymmetrischen Hinwendung zum Anderen in der Intention Lévinas' reduziert er auf einen Empfängerkreis von Menschen, die „zur Teilnahme an praktischen

Allgemeinen und somit auch der in Not geratene im Besonderen ist Gast. Soziale Arbeit ist in diesem Sinne eine Möglichkeit der Gewährung von Gastfreundschaft.

4.3 Zweiter Zugang: Jacques Derridas spekulative Gastfreundschaft

Wenn wir uns nun den Gedankengängen Derridas' über die Gastfreundschaft widmen, geschieht das in einer nicht zu leugnenden Nähe zu Lévinas. Diese Nähe wird offenkundig in der Totenrede *Adieu* auf Emmanuel Lévinas, die Derrida im Dezember 1995 hielt.[217] *Fast* wären wir geneigt von einer *Freundschaft* dieser beiden Denker der Differenz zu sprechen, was den so oft benannten *Chiasmus*[218] als Wegkreuzung der *philosophischen Begegnung* beider nochmals in ein anderes Licht rückt. Als sei da tatsächlich eine Seele in zwei Körpern, wie Derrida unter Berufung auf Aristoteles es bei Freunden unterstellt.[219] Überhaupt stehen die Erörterungen Derridas zur Gastfreundschaft in einem gewissen Kontext zu seinen Ausführungen über die Freundschaft und die Politik der Freundschaft. Letztere wartet noch darauf, als eine für die Soziale Arbeit grundlegende Politik im Sinne einer künftigen, kommenden Theorie der Demokratie erarbeitet zu werden, die sich hartnäckig einer Einteilung in Freunde und Feinde entziehen würde.[220] Doch eine solche Politik der Freundschaft gründet auf einer Haltung der Gastfreundschaft, der wir uns beschreibend anzunähern versuchen. Dieser zweite Zugang zur Achtung der Andersheit des Klienten über Derridas' Betrachtungen der Gastfreundschaft führt zunächst zu dessen Unterscheidung zwischen einer unbedingten und bedingten Gastfreundschaft. Es bleibt dabei vorerst ungeklärt, ob, und wenn in welchem Verhältnis, diese beiden Arten oder Modi der Gastfreundschaft miteinander in Beziehung stehen. Wir versuchen daher zuerst, beide als Getrennte in ihrer jeweiligen Eigenart zu erfassen.

Diskursen physisch oder psychisch nicht in der Lage sind" (239). Zu dieser Diskussion vgl. meine Argumentationen in Mührel, Zum Problem der Anerkennung und Verantwortung bei Emmanuel Lévinas, 139-149.

217 Diese Totenrede wurde veröffentlicht in einem Nachruf Derridas auf Emmanuel Lévinas. Siehe Derrida, Adieu, 7-30. Besiegelte diese Totenrede nicht endgültig eine Annäherung nach der anfänglichen Distanzierung Derridas von Lévinas in *Gewalt und Metaphysik*? Vgl. hierzu das gleichnamige Essay in Derrida, Die Schrift und die Differenz. Zum Verhältnis zwischen Derrida und Lévinas siehe auch Stegmaier, Die Zeit und die Schrift.

218 Diesen Chiasmus beschreibt Lévinas selbst. Vgl. Lévinas, Ganz Anders – Jacques Derrida, 67-76.

219 Vgl. Derrida, Der mich begleitet, in: ders.: Über die Freundschaft, 5-60, hier 20-21.

220 Derrida hat dieser *Politik der Freundschaft* ein gleichnamiges eigenes Werk gewidmet.

Die unbedingte Gastfreundschaft

Warum stellen wir überhaupt die Frage nach der Gastfreundschaft? Gleich, wie wir sie zu beantworten versuchen, z. B. über evolutionstheoretische, psychologische oder theologische Wege, sie setzt eine Frage voraus: die Frage des Fremden und was denn an ihm anders, fremdartig ist.

> „Ist die Frage nach dem Fremden nicht eine Frage des Fremden? Eine vom Fremden kommende Frage? Sollte man, bevor man sagt: *die* Frage des Fremden, vielleicht präzisieren: die Frage *des* Fremden? Wie soll man diesen Unterschied des Akzents vernehmen?“[221]

Mit Derrida ist die Frage zu stellen, ob nicht vor der Erörterung der Frage nach dem Modi des Fremdseins oder Andersseins, was eine Frage an den Fremden voraussetzt, die Frage des Fremden zuallererst eine Frage des anderen Menschen ist, die an mich ergeht und mich in Frage stellt. Hier zeigt sich unweigerlich die Nähe zu den Ausführungen von Lévinas über das Antlitz des Anderen, das mich in eine Verantwortung beruft, bevor ich den anderen im Befragen seines Andersseins verstehe. Es überrascht daher nicht, dass Derrida mit einem Bezug auf Lévinas' Ausführungen über das Paradoxon der Intrige von Verantwortung für den Anderen und der Thematisierung als In-Frage-stellen seiner Einzigartigkeit seine Erörterung der Gastfreundschaft beginnt.[222] Geht es also um die Anfrage an den Fremden nach Herkunft, Alter, Geschlecht, Ausbildung, Sprache, Religion usw.? Oder stehen die Fragen des Fremden als Anfragen und Bitten im Vordergrund, für die der *Gastgeber* in Verantwortung steht?

Nun stellt sich die Frage nach dem Fremden in Bezug zum Anderen. Hier unterscheidet Derrida zwischen dem Fremden als Anderssein und dem absolut Anderen, der Andersheit.[223] Das Fremde des Fremden lässt sich in verschiedene Grade des Fremdseins unterscheiden. Damit lässt es sich thematisieren und in Kategorien einteilen. Das Fremde wird sozusagen im Verstehen ins Selbe absorbiert oder integriert. Nehmen wir hierfür ein Beispiel. Es ist sicherlich ein Unterschied, ob sich jemand aus einem Land der Europäischen Union oder aus einem anderen Erdteil an uns richtet. Die eine Person tut es in einer uns verständlichen Sprache. Herkunft und Sprache vermitteln ein gewisses Fremdsein, z. B. andere Speisen und Speisezeiten, aber eben auch eine gewisse Nähe und Übereinkunft. Wendet sich allerdings eine andere Person aus einem zentralafrikanischen oder asiatischen Land an uns, ohne unsere Sprache oder eine Welt-

221 Derrida, Von der Gastfreundschaft, 13.
222 Vgl. ebenda, 13-14.
223 Siehe ebenda, 26.

sprache wie Englisch zu sprechen, *schrumpft* die Dimension der Nähe und die des Fremdseins wird nahezu absolut, was durchaus einen exotischen Charme für uns besitzen kann, solange wir diese Fremdheit verstehen und einordnen, also beherrschen können. So könnte eine Skala entstehen mit den Polen *gesitteter Fremder* und *Barbar*, zwischen denen die Fremden in ihrem Fremdsein *kategorisiert* werden könnten. Aber all diese Einteilungen und Kategorisierungen basieren auf der Anfrage an den Fremden. Sie sind entscheidend für die bedingte Gastfreundschaft als Grundlage eines Vertrags über Gastrechte und Gastpflichten mit dem Fremden. Dem gegenüber offenbart sich die absolute Andersheit jedes Fremden in der Anfrage *des* Fremden, noch *vor* der Anfrage an den Fremden, vor der Kategorisierung nach Herkunft, Sprache, Religion usw. Genau genommen ist damit jeder Mensch dem anderen ein Fremder und Anderer, was die Kategorisierung in *Familienangehörige, Einheimische, gesittete Fremde* und *Barbaren* radikal in Frage stellt. Derrida dekonstruiert die Begriffe des Gastes, des Fremden sowie des Gastgebers derart, dass die Dimension der Gastfreundschaft des Einen für den Anderen, gleich in welcher Fremde oder Nähe sie sich begegnen, ins Licht kommt. Menschsein erscheint als Gastlichkeit gegenüber jedem Anderen, fremden Anderen.[224]

Die unbedingte und damit absolute Gastfreundschaft wird gewährt vor der Anfrage an den Fremden, ohne ihn im Grade seines Fremdseins zu verstehen.

> „Die absolute Gastfreundschaft erfordert, dass ich mein Zuhause öffne und nicht nur dem Fremden (der über einen Familiennamen, den sozialen Status eines Fremden usw. verfügt), sondern auch dem unbekannten, anonymen absolut Anderen (eine) Statt gebe, dass ich ihn kommen lasse, ihn ankommen und an dem Ort, den ich ihm anbiete, Statt haben lasse, ohne von ihm eine Gegenseitigkeit zu verlangen (den Eintritt in einen Pakt) oder ihn nach seinem Namen zu fragen."[225]

In diesem Sinne wäre es eine Gewalttat, den Anderen aufzufordern, in *meiner* Sprache zu sprechen. Dies bezieht sich eben nicht nur auf eine Sprache unter anderen Sprachen, sondern auch auf alle Aspekte einer Sprachlosigkeit. Bezogen auf die Soziale Arbeit kommen damit viele der von ihr betreuten Menschen ins Licht. Beispielweise seien hier die Kinder und Jugendlichen, die Beeinträchtigten und gebrechlichen Alten genannt für alle, die zumindest immer relativ *sprachlos* denen gegenüber stehen, die über sie urteilen und richten.

---

224 Anders als Lévinas bezieht Derrida diese Gastfreundschaft des Menschen nicht nur auf den Menschen, sondern auch auf Tier, Pflanzen, Götter und sogar den Tod. Es zeichnet den Menschen geradezu aus, nicht nur Individuen seiner Gattung gegenüber nach festen Regeln Gastfreundschaft zu gewähren. Vgl. ebenda. 98.

225 Ebenda, 27.

Die Frage des stets fremden Anderen ist, wiederum in der Nähe zu Lévinas' Ausführungen über das Geiselsein, somit ein Appell, ihm Eintritt in das eigene Zuhause zu gewähren. Dies wird nicht ohne die Auferlegung von Rechten und Pflichten im Sinne der bedingten Gastfreundschaft geschehen können, doch dieses Öffnen des Zuhauses, ohne die Frage an den Anderen über sein Fremdsein zu stellen, als absolute, unbedingte Gastfreundschaft, geschieht nach Derrida nicht aus einer Pflicht oder einer Schuld heraus. Sie ist eben freundlich, freiwillig und unentgeltlich, ohne einen Vertrag oder ein Gesetz über Geben und Nehmen, Rechte und Pflichten. Sozusagen ist dieses Gesetz der unbedingten Gastfreundschaft ein Gesetz *ohne* Gesetz, ein Gesetztsein ohne Gesetzestext.

> „Denn wenn ich Gastfreundschaft aus Pflicht übe (und nicht nur der Pflicht *gemäß*), ist diese Gastfreundschaft-aus-Pflichterfüllung keine absolute Gastfreundschaft mehr, wird sie nicht mehr jenseits von Pflicht und Ökonomie freundlich, freiwillig und unentgeltlich gewährt, wird sie nicht mehr dem Anderen geschenkt, ist sie keine Gastfreundschaft mehr, die für die Singularität des Ankömmlings, des unerwarteten Besuchers erfunden würde."[226]

Doch welches Zuhause gilt es, dem anderen zu öffnen? Wie kann dies beschrieben werden? Es handelt sich nicht *nur* um ein geographisches Zuhause, z. B. eine Wohnung, ein Haus oder ein Zelt. Derrida dreht und wendet Begriffe, bringt sie miteinander in eine zweideutige Beziehung und verwickelt sie derart, dass sie *verwüstet* sind. Das Bei-sich-Zuhause, eine Heimat des Selbst, eine Heimat in der Selbstheit des Selbst, ist ein Phantasma eines Eigentums, eines *Eigenen*, über das das Ich vermeintlich eine Herrschaft als *Hausherr* ausübt. Auch wenn es als solcher Souverän einer *Macht*, der die Regeln der bedingten Gastfreundschaft mitbestimmen wird, auftritt, ist diese eben ein Trugbild, das nicht zu verorten wäre. Denn für Derrida ist eine Identität des Ich-Selbst nicht zu verorten, eher sei *der Mensch* in der Pluralität der Selbsheit*en* ansichtig und wird sich selbst zur Angst.[227] Der *Hausherr* wird selbst der Gefangene seines Ortes, seiner Subjektivität und Selbstheit*en*. Und hierin gefangen wird er, und wir erkennen wieder die Nähe zu Lévinas, zur Geisel des Gastes, des Anderen. Der *Hausherr* begehrt den Anderen und das Andere, er sehnt ihn und es herbei, als ob der Andere als Träger des Anderen die Schlüssel in Händen hielte, die den Gastgeber von seinen Selbstheit*en* und von dem Phantasma einer Identität des Selbst, diesem Sich-selbst-zur-Angst-werden, befreit. Begehren und Feiern

---

226 Ebenda, 64. Derrida setzt sich im Umfeld dieser zitierten Passage ausdrücklich von Kants *kategorischem Imperativ* ab. Diesem Absetzen mangelt es jedoch an einer ausführlichen Erörterung, wie denn *Pflicht* bei Kant gefasst wird und in ein Verhältnis zur *Verantwortung* zu bringen ist.

227 Vgl. Derrida, Marx' Gespenster, 228-229.

des Anderen, wenn dieser an die Pforte des Zuhauses klopft. „Tritt rasch ein, denn ich fürchte mich vor meinem Glück."[228] Der Andere ist ein Glück für den Gastgeber und Hausherrn, auch wenn er sich vor diesem Glück fürchtet, dass die Befreiung von sich Selbst ist. Wird diese Intimität der Nähe zum anderen zerstört, der Andere vor der Haustüre abgelehnt, droht ohne die Befreiung durch den Anderen eine *Verwüstung von Innen her.* Sicherlich steht die Frage im Raum, woher der Hass auf den Anderen und somit auf alle Fremden, Barbaren und Nachbarn, auf jedermann kommt, von der in der Widmung von *Jenseits des Seins oder anders als Sein geschieht* die Rede ist.[229] Wenn wir auch diese Frage an dieser Stelle nicht zu beantworten vermögen, so ist doch eines offensichtlich: Ohne diese *Verwüstung von Innen*, die *Hölle* der Gefangenschaft in sich selbst, wäre dieser Hass nicht denkbar. Das Gesetz *ohne* Gesetz der unbedingten Gastfreundschaft ist ein Begehren des Anderen und in diesem Begehren eine unbedingte Achtung seiner Andersheit!

Die bedingte Gastfreundschaft

Die Frage nach dem fremden Anderen kann noch eine andere Bedeutung haben als die der Anfrage des Anderen. Es ergeht *auch* die Frage an den Anderen, anders ausgedrückt: es ergehen Fragen, die seine Fremdheit erkennen lassen sollen, um ihn für uns einschätzbar zu machen. Dies sind die Fragen nach Name, Herkunft, Familie, Nationalität; Angaben, die den Anderen zugleich zu einem Rechtssubjekt werden lassen, einem Träger von Rechten und Pflichten der Gesetze der bedingten Gastfreundschaft. Die gastfreundliche Beziehung zu dem *thematisierten* und *kategorisierten* fremden Anderen basiert auf einem Vertrag, der Gast und Gastgeber bindet, der eben Rechte und Pflichten verleiht. Gastgeber und Gast treten ein in eine reziproke, symmetrische Beziehung. Diese Gesetze der bedingten Gastfreundschaft sollen einen Schutz des Zuhauses, der Statt, die dem Anderen gewährt wird, geben. Schutz vor einem parasitären Anderen, vor dem illegitimen, heimlichen Gast.[230] Dieser soll keinen Eingang finden oder, in dem Falle, dass er widerrechtlichen Eingang gefunden hat, ausgewiesen werden. Diese Gesetze der bedingten Gastfreundschaft erscheinen uns selbstverständlich. Von ihnen künden die *Hausordnungen*, die der Gast einzuhalten hat, gleich ob es sich um einen Privathaushalt oder ein öffentliches Gebäude handelt, oder eben auch um ein Unter-dem-Dach-Sein einer Nation, eines Volkes, eines Stammes oder einer Familie. Es sind diese Hausordnungen,

228 Klossowski, Die Gesetze der Gastfreundschaft, 126, zitiert nach Derrida, Von der Gastfreundschaft, 88.

229 Vgl. die Widmung in Lévinas, Jenseits des Seins oder anders als Sein geschieht, 7.

230 Vgl. Derrida, Von der Gastfreundschaft, 49.

die die *Spiel*regeln des menschlichen Zusammenlebens regeln, und eben auch die des Zusammenlebens von Gastgebern und Gästen. Verstöße gegen diese Spielregeln der Rechte und Pflichten werden mit Sanktionen bedroht. Dies setzt jedoch voraus, dass es eine Souveränität gibt; Souveränität eines *Hausherren*, der über ein gewisses *Zuhause*, ein abgestecktes Terrain Befugnisse hat, indem er diese Gesetze der bedingten Gastfreundschaft für dieses Terrain beschließt. Auf dieser Logik basieren die Aufenthaltsbestimmungsrechte, Asylrechte, Zuwanderungsbestimmungen der *modernen* Staaten und Staatenbünde, die sich auch aus bilateralen, internationalen Verträgen ergeben.

Doch bricht nicht das Fragen nach dem Namen und der Herkunft des fremden Anderen mit dem Gesetz der unbedingten Gastfreundschaft? Ist dieses Befragen, dass in der Regel in der Sprache des Hausherren geschieht, nicht schon eine erste Gewalttat? Und gebietet die unbedingte Gastfreundschaft nicht den Bruch mit den Gesetzen der geregelten, bedingten Gastfreundschaft? Damit stellt sich die unabweisliche Frage, in welchem Verhältnis die unbedingte und die bedingte Gastfreundschaft zueinander stehen.

Die spekulative Gastfreundschaft zwischen Gastgeber und Gast

Das Spekulative der Gastfreundschaft erschließt sich in zwei Dimensionen. Zum einen offenbart sich *die* Gastfreundschaft in der spekulativen Beziehung von bedingter und unbedingter Gastfreundschaft. Zum anderen werden die Positionen und Rollen von Gastgeber und Gast selber spekulativ. Wir schließen hier an die obigen Ausführungen über das Spekulative in der Hermeneutik Gadamers an. In Anlehnung an die Herleitung des Begriffs von *speculum* durch Thomas von Aquin versteht Gadamer das Spekulative als ein Verhältnis des Spiegelns.[231] Etwas spiegelt sich in einer ständigen Vertauschung. Die Spiegelbilder sind als Erscheinung ohne eigenes Sein eine Verdopplung dessen, was die Existenz von einem ist. An den Beschreibungen Gadamers über das Spekulative wird nachdrücklich sein Verständnis der Hermeneutik als einer Entfaltung des Einen in eine Pluralität offenkundig. An einem Beispiel soll dies verdeutlicht werden:

> „Und ein Gedanke ist spekulativ, wenn sich das in ihm ausgesagte Verhältnis nicht als die eindeutige Zusprechung einer Bestimmung zu einem Subjekt, einer Eigenschaft zu seinem gegebenen Ding denken lässt, sondern als ein Spiegelverhältnis gedacht werden muß, in dem das Spiegeln selber nichts als die Erscheinung des Ge-

231 Vgl. Gadamer, Wahrheit und Methode, 469.

spiegelten ist, wie das Eine das Eine des Anderen und das Andere das Andere des Einen ist."[232]

Die Lebensweise des Klienten ist im sozialpädagogischen Gespräch ein solcher spekulativer *Gedanke* – als ein Drittes – im vollziehenden Verstehen zwischen Klient und Sozialpädagoge. Das Eine der Lebensweise wird im Spiegeln zwischen den Gesprächspartnern verstehend aufgefaltet in seine Möglichkeiten der unterschiedlichen Dimensionen und Facetten, eben des Einen und des Anderen.

In einer ähnlichen Art und Weise beschreibt Derrida das Spiegeln *der* Gastfreundschaft in ihren Erscheinungen der bedingten und unbedingten Gastfreundschaft. So ist eine *reine* bedingte wie unbedingte Gastfreundschaft sinnlos, da sich der Sinn der Gastfreundschaft im spekulativen Verhältnis entfaltet. Die unbedingte Gastfreundschaft bedarf, um unbedingt zu sein, ihrer Übersetzung in die juridisch-politische Ordnung der Gesetze der bedingten Gastfreundschaft. Als *reine* Utopie wären sie ohne Ort ihrer Umsetzung und Verwirklichung. Selbst wenn die Gesetze der bedingten Gastfreundschaft sie negieren und korrumpieren oder gar pervertieren, bleibt sie auf diese angewiesen. Die bedingte Gastfreundschaft wiederum bedarf der Inspiration durch die unbedingte Gastfreundschaft. Ohne diese Inspiration würden sie maßlos, da ihnen das Maß, an dem sie sich orientieren müssen, um gastfreundlich zu sein und zu bleiben, fehlen würde. Beide Formen der Gastfreundschaft sind also zugleich widersprüchlich, antinomisch und doch untrennbar miteinander verwoben und verbunden. Sie schließen einander aus und bedingen und bejahen sich gegenseitig. Damit das Spekulative der Gastfreundschaft in eine Schwebe gebracht und in Spannung bewahrt wird, stellt die unbedingte Gastfreundschaft die bedingte in Frage und *bricht* mit deren Gesetzen.

„Die wahre (d. h. unbedingte Anm. E.M.) Gastfreundschaft bricht mit der rechtlich geregelten Gastfreundschaft; nicht daß sie sie verdammen oder sich ihr widersetzen würde – sie kann sie im Gegenteil zu immer weiteren Fortschritten führen –, doch sie ist ihr gegenüber in ebenso seltsamer Weise heterogen, wie die Gerechtigkeit dem Recht gegenüber heterogen ist, dem sie dennoch so nahe und mit dem sie in Wahrheit unlöslich verbunden ist."[233]

232 Ebenda, 470.

233 Derrida, Von der Gastfreundschaft, 27-28. Der Beziehung von Recht und Gerechtigkeit, die Derrida hier analog zu der von bedingter und unbedingter Gastfreundschaft anspricht, hat er sich in *Gesetzeskraft* gewidmet. Siehe hierzu Mührel, Zum Problem der Anerkennung und Verantwortung bei Emmanuel Lévinas, 94-100.

Wenden wir das Spekulative der Gastfreundschaft in eine einzunehmende Haltung der Gastfreundschaft, so tritt auch an dieser Stelle die gegenseitige Bedingung und gleichzeitige Antinomie in Erscheinung. Denn eine Haltung der Gastfreundschaft *spannt* sich *auf* zwischen den Ansprüchen der beiden Erscheinungsformen der Gastfreundschaft.

Das Spekulative der Gastfreundschaft zwischen Gastgeber und Gast erscheint zunächst ähnlich dem zwischen den Erscheinungsbildern der unbedingten und bedingten Gastfreundschaft noch in einer Hermeneutik im Sinne Gadamers *verständlich*. Der empfangende Gastgeber und der zu empfangende Gast stehen in einer Beziehung, in welcher sich die Gastfreundschaft zeigt und äußert. Wir haben beschrieben, wie der Gast die *Schlüssel* für die Befreiung des Gastgebers aus dem Phantasma seiner Identität, seiner Verstrickung in den Selbstheiten einer monadischen Subjektivität bereithält – als Ausweg aus einer *inneren Verwüstung*. Die Schilderungen Derridas können als eine Beschreibung des *Glücks* der Gastfreundschaft aufgefasst werden, in dem sich die dialogische Verfasstheit des Menschen schlechthin offenbart; ganz im Sinne Gadamers Verständnis vom Menschen als ein Gesprächsein. Doch Derrida *treibt* das Spekulative derart *auf die Spitze* einer hyperbolischen Gastfreundschaft, dass eine *Eliminierung des hermeneutischen Prinzips* erfolgt.

> „Der Herr, der Einladende, der einladende Gastgeber wird also zur Geisel – er wird in Wahrheit schon immer eine Geisel gewesen sein. Und der Gast, die eingeladene Geisel, wird zum Einladenden des Einladenden, zum Herrn des Gastgebers. Der Gast wird zum Gastgeber des Gastgebers. Diese Substitutionen machen alle und jeden zur Geisel des Anderen.“[234]

In dieser Überspitzung der Positionen und Rollen von Gastgeber und Gast dekonstruiert Derrida dieselben. Beide sind beides, Gastgeber und Gast. Alle werden zur Geisel des Anderen. Der Sinn von Gastfreundschaft wird dann radikal in Frage gestellt, das Spekulative zum *Umherirren*, *Ausspähen* ohne Sinn, wenn es keinen Gastgeber und keinen Gast mehr gibt. Wenn jeder Geisel des Anderen ist, wird eine unendliche Verantwortung im Sinne Lévinas offenbar, jenseits aller Fragen der Gastfreundschaft. Gast und Gastgeber werden zu Phantasmen genauso wie Heimat oder Fremde. Alle Grenzen und Eingrenzungen in Fremde, Freunde, Feinde, Barbaren usw. werden eingerissen. Der Mensch ist Mensch ohne Heimat, im Exil.

234 Derrida, Von der Gastfreundschaft, 90.

Das Phantasma der Heimat, der Mensch im Exil

Stellen wir die Frage nach der Identität des Ich-Selbst, die in Kapitel 3.2.4. in Bezug auf die Erfahrung des Ich-Selbst im *Verstehen des Anderen in seiner Lebensweise* erörtert wurde, nun neu im Lichte der Ausführungen Derridas über die Gastfreundschaft, so offenbart sich Heimat, verstanden als ein *Bei-sich-zuhause-Sein* (chez-soi), als ein Phantasma. In diesem Trug- und Traumbild erschöpft sich eine *Sehnsucht nach Irgendwo*[235], die in einer Verwüstung von innen her mündet. In dieser Verwüstung wird der Mensch sich selbst zum Gespenst, zu dem, was sich selbst auflauert und beängstigt.

> „Hier sind wir uns selbst, aber auch dem Erschreckendsten, so nah wie nur möglich. Es gehört zum Wesen des Gespenstes im allgemeinen, daß es Angst macht. Das gilt vor allem für den Menschen, das ‚unheimlichste' aller Gespenster (…). Der Mensch *macht* sich (zur) *Angst*. Er wird zu der Angst, die er einflößt. Daher die Widersprüche, die den Humanismus unhaltbar machen. Wir sehen hier die Logik dieser Angst vor und um sich (peur de soi) sprießen (…). Die Selbstheit des Selbst (ipséité du soi) konstituiert sich darin."[236]

Was lässt sich aus einer solchen Auffassung des Menschen ohne Heimat einer Identität folgern? Mit Gadamer können wir von einer dialogischen Verfasstheit des Menschen als einem Im-Gespräch-seienden sprechen. Dies korreliert mit einem dem Prozess des Gesprächs gemäß sich entwickelndem Wissen um die Identität eines Ich-Selbst, der eigenen Selbstheit. In den Ausführungen Derridas öffnet sich eine Schattenseite dieser Selbstheit, die aus dem Wahn einer Angst vor und um sich heraus getrieben wird. Das Selbst wird verbannt ins Exil hin zum Anderen, der die Schlüssel für die Befreiung aus der Subjektivität, der Selbstheit in *seinen Händen* hält. Auch Lévinas beschreibt diese Verbannung als Befreiung, als einen Ausbruch des Ich des Menschen aus dem Elend des Kerkers des Selbst in Barmherzigkeit, in die Diakonie.[237]

Im Sinne der unbedingten Gastfreundschaft bei Derrida oder der Gastfreundschaft als maßlose, unendliche Verantwortung für den Anderen bei Lévinas ist von einer anderen Ebene des Menschseins in Bezug auf den Anderen die Rede. Eine Dimension der diakonischen Verfasstheit geht der dialogi-

---

235 So lautet der Untertitel der Ausgabe Dez. 2001/Jan. 2002 der Kulturzeitschrift *du* zu dem Thema *Heimaten*.

236 Derrida, Marx' Gespenster, 228-229. Haben nicht die Humanwissenschaften in dieser Gespensterhaftigkeit ihr Königreich errichtet, in der Kluft zwischen dem, was der Mensch ist und dem, was er darüber weiß? Siehe hierzu Finkielkraut, Die Weisheit der Liebe, 98.

237 Vgl. Lévinas, Die Stunde der Nationen, 137. An anderer Stelle betont Lévinas: „Niemand ist bei sich zu Hause." Lévinas, Humanismus des anderen Menschen, 99.

schen *voraus*, wird ihr untergeschoben. Damit wird das *principium individuationis* als die radikale Selbstheit in der Einzigkeit der Verantwortung für den Anderen, in dem Antworten auf den Anspruch der unbedingten Gastfreundschaft als *die Frage des Fremden* verortet, und nicht in einer reflexiven Identität des Ich–Selbst. Die Diakonie geht dem Dialog voraus.[238] Der *Mensch im Exil* ist derjenige, der vom Anderen her in die Verantwortung auf dessen flehende Bitte, ihm Gastfreundschaft zu gewähren, gestellt ist, ohne eine Wahl hierüber zu treffen.

Stellt ein derartiger radikaler Humanismus des anderen Menschen in seiner sozialpädagogischen Relevanz einen Bruch mit der Haltung des Verstehens der Lebensweise des Klienten dar? Oder handelt es sich *lediglich* um ein Korrelat gegenüber den eventuellen Totalitätsansprüchen dieser verstehenden Haltung?

Exkurs: Was bleibt vom Menschen als Person und vom Zwischenmenschlichen im Zeitalter des *Homo Digitalis*?

Bevor die Achtung der Andersheit im Zeichen von Diakonie und Gastfreundschaft in ihrer sozialpädagogischen Relevanz erörtert wird, sei an dieser Stelle eine Zwischenfrage gestellt: Besteht überhaupt die Möglichkeit, die Gastfreundschaft, die eben zunächst auch in ihrer sozialpädagogischen Relevanz an die leibhaftige zwischenmenschliche Begegnung geknüpft ist, auch in eine Ethik des Informationszeitalters zu transformieren? Wir werden uns bei der Klärung dieser Frage auf die Informations*aspekte* der Lebenswissenschaften – dabei besonders der Bio- und Anthropotechnologien – und der Informations- und Kommunikationstechnologien begrenzen.[239] Zudem greifen wir thematisch auch nochmals den *Faden* der anthropologischen Prämissen auf. Denn verwischen sich nicht die Grenzen zwischen Mensch und belebter wie unbelebter Natur sowie zwischen Mensch und *Künstlicher Intelligenz* im Zeitalter des *Homo Digitalis*?[240]

---

238 Zur Frage des *principium individuationis* siehe meine Ausführungen in Mührel, Sinnhilfe in einer gespensterhaften Welt, 127-130.

239 Vgl. zu diesem Kapitel auch Mührel, Das Zwischenmenschliche in der Informations- und Biotechnologiegesellschaft sowie ders., Soziale Arbeit im Menschenpark.

240 Vgl. zur vertiefenden Beschäftigung mit den komplexen anthropologischen, ethischen und ontologischen Fragestellungen Capurro, Homo Digitalis. Siehe besonders für die hier angesprochenen Kontexte Kap II Anthropologie.

Von Angesicht zu Angesicht

Vergegenwärtigen wir uns zunächst noch einmal den Ansatz Lévinas'. Seine Philosophie verdichtet sich in dem prägnanten Paradigma: „Einem Menschen begegnen heißt, von einem Rätsel wachgehalten werden."[241] Doch was bedeutet *einem **Menschen** begegnen* und was *einem Menschen **begegnen***? Die Rätselhaftigkeit des Anderen bezieht sich bei Lévinas nicht auf die Erkenntnis und Thematisierung eines letztlich doch nur unumschränkt und abschließend zu bestimmenden Menschseins, womit der andere Mensch seiner Rätselhaftigkeit entledigt wäre, sondern auf sein Antlitz, das *mich* in die Einzigkeit der Verantwortung für ihn beruft. Im Antlitz des anderen Menschen ergeht ein Aufruf als Befehl an *mich*: „Du wirst keinen Mord begehen!"[242] *Mord* kann hierbei sehr weit ausgelegt werden. „Jeder, der das Gesicht seines Gefährten vor den Vielen erbleichen lässt, ist, als ob er Blut vergieße."[243] Keinen *Mord* zu begehen, heißt demnach auch, das Gesicht des Anderen und damit seine Würde zu wahren. Es geht aber auch um den *Mord* am Anderen, indem ich dessen Anderssein im Verstehen im Selben auflöse. Der Aufruf des Anderen ergeht aus einer sakralen *Höhe*, womit diese Ebene des Zwischenmenschlichen in eine Asymmetrie gestellt ist. Das Antlitz spricht aus einer Dimension der Heiligkeit, Unantastbarkeit, der *Ich* als Subjekt untergeben bin, Untertan bin. *Untertan* bedeutet dabei jedoch nicht die Stellung und Haltung einer blinden Unterwürfigkeit, sondern eine Berufung zur Gewährung der Gastfreundschaft für den Anderen. „Das Subjekt ist ein Gastgeber."[244] Doch wie lässt sich das Antlitz beschreiben? Lévinas spricht es nur dem Menschen zu! Aber was ist das Antlitz am Menschen? Wie begegne ich ihm? Ohne Zweifel ist das Antlitz im Sinne Lévinas etwas, das in leibhaftiger Begegnung *mir* zustößt und *mich* in Besitz nimmt. Im Antlitz bin *ich* vom anderen Menschen „(...) befallen, bevor er mir auffällt, als hätte ich ihn vernommen, bevor er spricht"[245]. Eine für unsere weiteren Überlegungen noch sehr bedenkenswerte Äußerung Lévinas'. Das Antlitz bezieht Lévinas nicht zwingend auf das Gesicht des Anderen. Lévinas beschreibt mit Bezug auf *Leben und Schicksal* von Wassilij Grossmann das Antlitz als das, an dem sich „(...) die ganze Schwäche, die ganze Sterblichkeit, die ganze nackte, wehrlose Sterblichkeit des Anderen ablesen"[216] lässt. Dies bezieht er aber nicht auf das Gesicht, also auf Augenfarbe, Form, Nase oder den Gesichtsausdruck. Auch ein Nacken oder gar ein *von Rodin geformter Arm* vermag *mich* in die

---

241 Lévinas, Die Spur des Anderen, 120.
242 Ders., Totalität und Unendlichkeit, 285.
243 Bawa mezia 58b, zitiert nach: Mayer, Der Babylonische Talmud, 508.
244 Lévinas, Totalität und Unendlichkeit, 434.
245Ders., Jenseits des Seins oder anders als Sein geschieht, 198.
246 Ders., Zwischen uns, 276.

Einzigkeit der Verantwortung für den Anderen zu erwählen. Das Antlitz beruft *mich* in eine Beziehung zum Anderen, die nicht auf der symmetrischen, reziproken Anerkennung und damit dem Verstehen des Andersseins des jeweiligen Anderen basiert, sondern einseitige, unendliche Verantwortung für den Anderen ist. Lévinas bezeichnet diese Beziehung als *Von Angesicht zu Angesicht*! Enrique Dussel weist darauf hin, dass *Von Angesicht zu Angesicht* auf das *pnim el-pnim* im Hebräischen (Ex 33,11) zurückzuführen ist, was mit *prosopon pros prosopon* (1 Kor. 13,12) ins Griechische übersetzt wurde.[247] Danach bezeichnet das *Von Angesicht zu Angesicht* das Höchste, die Unmittelbarkeit zweier Mysterien als eine *veritas prima*. Der Andere begegnet *mir* in seinem Antlitz in einem unbegreifbaren, unantastbaren, sakralen Bereich.[248] Das Zwischenmenschliche ist bei Lévinas geprägt von dieser Heiligkeit des Anderen, die sich im Antlitz *mir* als Berufung in die Verantwortung der Gastfreundschaft für den Anderen einschreibt. Doch das Antlitz bleibt an eine leibhaftige zwischenmenschliche Begegnung gebunden. Es handelt sich nur um leibhaftige Begegnungen zwischen Menschen. Es wird das Ziel der weiteren Ausführungen sein, diese fundamentalethische Dimension des Zwischenmenschlichen als Eckpfeiler eines radikalen Humanismus des anderen Menschen hineinzuwinden in den *Rahmen* der angeblich *posthumanen* Biotechnologie- und Informationsgesellschaft. Doch zuvor weise ich noch auf zwei Dinge hin.

Zum einen begrenzt sich der Raum des Sozialen nicht nur auf das Zwischenmenschliche im Rahmen der Begegnung des *Von Angesicht zu Angesicht*. Auch ohne einem Kollektivismus zu verfallen, ist das Vorhandensein anderer Gestalten des Sozialen neben oder über dieser Form offensichtlich. Der sich im Antlitz des anderen Menschen als leibhaftigem Nächsten offenbarende Appell zur Verantwortung erstreckt sich auf alle Menschen in jeglichen Bezügen der Sozialität. Denn: „Die Epiphanie des Antlitzes als eines Antlitzes erschließt die

---

247 Vgl. Dussel, Herrschaft – Befreiung, 398. Anzumerken ist hier, dass die Einheitsübersetzung der Deutschen Bibelgesellschaft in der Fassung von 1997 *pnim el-pnim* in Ex 33,11 mit *Auge in Auge* übersetzt.

248 An dieser Stelle wird der Bezug von Lévinas auf Franz Rosenzweig deutlich. Rosenzweig beschreibt in seinem Hauptwerk *Der Stern der Erlösung* (erstmalig 1921) die Einbindung des einzelnen Menschen in das Beziehungsgeflecht des *Alls*. Und dieses All wird von Rosenzweig durchmessen in zwei dreieckigen Beziehungsebenen, *Mensch-Welt-Gott* und *Schöpfung-Offenbarung-Erlösung*, die sternförmig miteinander vernetzt den *Stern der Erlösung* ergeben. Nach Rosenzweig leuchtet dieser Stern auch in jedem menschlichen Antlitz in den Dreiecken von Wangen und Stirn wie von Augen und Mund und verleiht ihm seine *Heiligkeit*. Vgl. Rosenzweig, Der Stern der Erlösung, besonders 465-472. Siehe dazu vertiefend auch Mosès, System und Offenbarung. Zum Bezug von Lévinas auf Rosenzweig vgl. von Lévinas das Vorwort zu *System und Offenbarung*. Siehe zudem Lévinas, Zwischen zwei Welten. Der Weg von Franz Rosenzweig sowie Franz Rosenzweig: Ein modernes jüdisches Denken.

Menschheit."[249] Dieser Ansatz geht über die von Lévinas erörterte Beschreibung des Übergangs von der Verantwortung zum Problem beim Eintritt des Dritten, ein Übergang der das Vergleichen zweier an sich nicht vergleichbarer Anderer eröffnet, hinaus. Hier geht es jetzt um die Stiftung einer Sozialität der maßlosen Verantwortung, die über das Zwischenmenschliche in der persönlichen Begegnung hinausgreift. Diese Verantwortung drückt sich in einem *Aufruf* im Roman *Die Brüder Karamasoff* von Fjodor M. Dostojewskij aus, welchen Lévinas selber in einem Zitat anführt: „Wir sind alle verantwortlich für alles, und ich noch mehr als die anderen."[250] Ergeht im Antlitz des nächsten Anderen also die Botschaft des Auftrags, des Befehls der Übernahme der Verantwortung für alle Antlitze, d. h. für alle Menschen? Keinem einzigen Menschenleben darf mit Gleichgültigkeit geantwortet werden. Und da der Andere über den Eintritt des Dritten auch immer vergleichbarer, thematisierbarer Anderer in seinen Lebensverhältnissen ist, erstreckt sich diese Verantwortung auch immer auf die Lebensumstände aller Anderen, seien sie sozial, ökologisch oder ökonomisch.

Mit Rafael Capurro weisen wir zum anderen auf die Uneindeutigkeit dessen hin, was wir unter Information bestimmen und verstehen können. Capurro bezieht sich in seinen Beschreibungen des Begriffs Information in seiner geschichtlichen Entwicklung und heutigen Verwendung auf Ludwig Wittgenstein: „Die Bedeutung eines Wortes ist sein Gebrauch in der Sprache"[251]. Obwohl der Informationsbegriff in den verschiedenen Wissenschaften und in seiner Bedeutungsentwicklung equivoke, analoge und univoke Verwendungen aufweist, ist nicht auf ein Wesen seiner zu schließen, sondern nur auf Familienähnlichkeiten im Geflecht der Sprachspiele.

> „Betrachte z. B. einmal die Vorgänge, die wir Spiele nennen. Ich meine Brettspiele, Kartenspiele, Ballspiele, Kampfspiele, usw. Was ist allen diesen gemeinsam? – Sag nicht: Es muß ihnen etwas gemeinsam sein, sonst hießen sie nicht Spiele – sondern schau, ob allen etwas gemeinsam ist. (...) Ähnlichkeiten, Verwandtschaften, sehen, und zwar eine ganze Reihe. Wie gesagt: denk nicht, sondern schau! (...) Und das Er-

249 Lévinas, Totalität und Unendlichkeit, 308.

250 Lévinas, Zwischen uns, 134. Siehe dazu weiter: Dostojewskij, Die Brüder Karamasoff, 220 oder auch 384. In dieser Übersetzung lautet der Aufruf: „(...), daß ein jeder von uns vor allen in allem schuldig ist, ich aber mehr als alle anderen!" Es wäre förderlich an dieser Stelle, verschiedene Übersetzungen des Originals ins Französische und Deutsche vergleichend heranzuziehen und zudem die unterschiedlichen Konnotationen von *Schuld* und *Verantwortung* zu bedenken. Das kann an dieser Stelle jedoch nicht geleistet werden. Zur Problematik des Eintritts des Dritten vgl. meine Ausführungen in Mührel, Zum Problem der Verantwortung und Anerkennung bei Emmanuel Lévinas, 71-76.

251 Wittgenstein, Philosophische Untersuchungen, § 43. Vgl. hierzu sowie bezüglich des kommenden Abschnitts die Interpretationen in Capurro, Informationsbegriffe und ihre Bedeutungsnetze.

gebnis dieser Betrachtung lautet nun: Wir sehen ein kompliziertes Netz von Ähnlichkeiten, die einander übergreifen und kreuzen. Ähnlichkeiten im Großen und Kleinen."[252]

Im Folgenden wird der Versuch unternommen, die Beschreibungen der Sozialität bei Lévinas in den Rahmen der Informationsgesellschaft zu wenden. Dies geschieht exemplarisch am Informationsbegriff in der Verwendung bei Capurro im Rahmen der von ihm erarbeiteten Angeletik als einer Theorie der Botschaft des Internets und der Bestimmung von Erb-Information bezüglich der Lebenswissenschaften.

Problematiken des Zwischenmenschlichen

Mit Bezug auf die Ausführungen von Lévinas, nach denen nur den Menschen das Antlitz auszeichnet, fragen wir unter den Voraussetzungen der Epoche des *Homo Digitalis* nach dem Maß des Menschseins für ein solches Antlitz und dem Horizont von Botschaften und Mitteilungen ohne Antlitz. Radikal gefragt geht es um das Ausloten von Möglichkeiten, ob die Philosophie von Lévinas überhaupt noch unter den neuen Bedingungen tragfähig ist oder sie für die zukünftigen Herausforderungen einer Ethik untauglich erscheint und somit ein abgeschlossenes Kapitel der Philosophiegeschichte zu werden droht.

Antlitz welches Menschen?

In einem Gespräch[253] mit Peter Sloterdijk weist Hans-Jürgen Hinrichs auf den maßlosen Schrecken hin, der dem Gesichtsausdruck eines australischen Aborigines beim ersten Anblick eines Weißen eingeschrieben war, den er für einen auferstandenen Toten hielt. Der Weiße begegnete wohl eben nicht als ein *menschliches* Antlitz, das den Aborigine in eine Verantwortung berief, sondern als ein beängstigender Geist ohne Antlitz. Hinrichs benennt hiermit ein Beispiel für den Schrecken, der uns für den Fall erwartet, wenn die Gentechnik das Zur-Welt-Kommen des Menschen noch einmal als Peformance des schöpferischen Grundprinzips des *Es werde!* inszeniert. Führt ein solches Experiment der gentechnischen Manipulation nicht zur Erzeugung einer unfassbaren Fremdheit, die das menschliche Antlitz pervertiert und letztlich auflöst? Sloterdijk erblickt in den gentechnischen Möglichkeiten dagegen ein zu begrüßendes Zerbrechen der Allmachtsphantasien des Menschen, ein ausgezeichnetes Geschöpf zu sein.

---

252 Wittgenstein, Philosophische Untersuchungen, § 66.

253 Vgl. im Folgenden die Aufzeichnung dieses Gesprächs unter dem Titel *Gottes Werk übertreffen. Horizonte der homöotechnischen Wende* in: du, Juli 2001, 68-73.

Die Technik könne nun zum ersten Mal naturnahe Technik werden, Homöotechnik anstatt Allotechnik. Sie schleuse sich ein in die Eigenproduktionen des Lebendigen, die aufgrund langfristiger evolutionärer Erfolgsmuster in Gang seien. Die Kooperation dieser *neuen* Technik mit der Natur bringe bald Epinaturen hervor, die an sich nicht schrecklicher seien als die Kontranaturen der *alten* Technik. In dem Streit um diese gentechnischen Eingriffe spiegele sich ein alter Disput zwischen der *triumphalen* Schöpfungstheologie des Juden- und des Christentums und den gnostischen Theologen des zweiten und dritten Jahrhunderts unserer Zeitrechnung, die die Schöpfung als misslungen erachteten und Gott als Pfuscher denunzierten. Nun ständen wir an der Schwelle, unserem Wunsch nach Verbesserung der *ersten* Schöpfung nachzugeben, und damit auch zu Reparaturen am Menschen.

Ohne auf den theologischen Streit in seiner Tiefe eingehen zu können, lässt sich doch ein erstes Resümee aus diesem Gespräch ziehen. Galt bisher die Differenz im Menschlichen zwischen physiologischer und damit auch genetischer Bestimmung und pragmatischer Gestaltung der Möglichkeiten innerhalb dieses vorgegebenen *Rahmens*, so werden mittels der *Anthropotechniken* die physiologischen Bestimmungen pragmatisch gestaltbar. Der einstige Rahmen wird gesprengt. Dabei kann es nun zu Geschöpfen phantastischer Vorstellungen kommen, die wir bisher nur als multimedial aufbereitete populäre Mythen wissenschaftlichen Wissens kennen. Beispielsweise sei hier an die Kreaturen in Filmen wie *Harry Potter*, der *Herr der Ringe* oder auch *Star Wars* erinnert.[254] Wie viel Mensch aber darf es noch sein zwecks der Zuschreibung eines Antlitzes? Eine solche Frage ist schon eine Pervertierung der Intention von Lévinas, aber wir sehen keine Möglichkeit, in diese Pervertierung nicht einzuwilligen, wenn die Kerngedanken der Philosophie Lévinas transformiert werden sollen. Was ist also mit den Variationen von Mensch *und* Maschine, Mensch *und* Prothese, Mensch *und* menschliches oder tierisches Organ; was mit einem geklonten Menschen; was, und jetzt radikalisieren wir die Frage, mit einem in einem gentechnischen Labor auf dem Rücken einer Ratte gezüchtetem *menschlichen* Ohr? Gilt hier noch die Aussage von Lévinas, dass das Antlitz auch aus dem Gegenteil des Gesichtes des anderen Menschen *sprechen* könne, also aus einem Nacken oder einem von *Rodin geformten Arm*? Warum dann nicht auch aus einem *menschlichen* Ohr auf dem Rücken einer Ratte?

Kehren wir zur Frage der Selbstmanipulation des Menschen zurück, um unseren Blickwinkel auf die gestellte Frage zu erweitern. Kann der Mensch sich selbst in seiner Selbstmanipulation entmenschlichen? Capurro bezieht sich in seiner Grundlegung einer Internetethik auf den erstmals im Jahre 1965 gehalte-

254 Vgl. hierzu Weingart, Von Menschenzüchtern, Weltbeherrschern und skrupellosen Genies – Das Bild der Wissenschaft im Spielfilm, 9-19.

nen Vortrag Karl Rahners mit dem Titel *Experiment Mensch. Theologisches über die Selbstmanipulation des Menschen.*[255] Capurro fasst die Ausführungen Rahners bezüglich eines Leitfadens für eine Netzethik wie folgt zusammen: Die Selbstmanipulation des Menschen ist ein Wagnis der Menschheit, dem sie sich stellen muß. Sie ist, bei Ausblendung des christlich-metaphysischen Hintergrunds bei Rahner, gerechtfertigt, wenn sie „(...) zu höheren Stufen und Gestalten der Sozialität (...)"[256], worunter eine Gestalt das Internet unter bestimmten Voraussetzungen sein kann, führt. Doch genau in dieser Ausblendung des christlich-metaphysischen Hintergrunds Rahners liegt die Möglichkeit jenes Schreckens der Selbstmanipulation, den Hinrichs benennt. Dies wird deutlich, wenn wir die Intention Rahners und deren mögliche Pervertierung näher im Fokus der Biotechnologie beleuchten.

Rahner beschreibt in seinem Vortrag zunächst die Möglichkeiten der Selbstmanipulation des Menschen. Zu diesen Möglichkeiten gehören z. B. die psychologische, medizinische, politische, pädagogische und biologische, die teilweise in entsprechendem Maße des Standes von Forschung und Wissenschaft schon zur Verfügung stehen. An einige haben wir uns gewöhnt, so dass sie uns nicht mehr in Schrecken versetzen. Andere Möglichkeiten wie die genetische, die Rahner zum damaligen Zeitpunkt des Vortrags eher prophetisch benennt, beängstigen uns. Er beschreibt visionär *Werkhallen* der verschiedenen wissenschaftlichen Disziplinen, deren Tätigkeiten von einer Weltregierung, bestehend aus gezüchteten Superintelligenzen, in einer politischen Werkhalle koordiniert werden.[257] Der Mensch ist nach Rahner gerade *das* Wesen der sittlichen und leibhaftigen Selbstmanipulation, allerdings immer als Mensch *vor* Gott, d. h. in der Verantwortung *vor* Gott.[258] Worin erkennt Rahner die Grenzen der Selbstmanipulation? Er ist der Auffassung, dass der Mensch durchaus das tun darf, was er tun kann. Im Umkehrschluss zieht er das Fazit, dass das, was der Mensch wirklich nicht darf, auch im letzten nicht geht, da „(...) das Böse letztlich doch gerade die Absurdität des Wollens des, weil Wesen- und Sinnlosen, Unmöglichen ist"[259]. Diese Haltung Rahners erscheint aus heutiger Sicht euphorisch optimistisch und ist aus solcher erneut zu hinterfragen. Doch an dieser Stelle interessiert zunächst der Grund für seine Haltung.

Bei Rahner ist die Selbstmanipulation des Menschen eingebettet in das Zukommende einer absoluten Zukunft als das transzendentale *Woraufhin* des unumkehrbaren menschlichen Freiheitsprozesses. Eine Zukunft, die absolut ist,

---

255 Siehe hierzu die Ausführungen Capurros in Hausmanninger/Capurro, Ethik der Globalität, 19-20.

256 Rahner, Experiment Mensch, 64.

257 Vgl. ebenda, 45-50.

258 Vgl. ebenda, 55.

259 Ebenda, 59.

da sie jenseits menschlicher, und somit natürlicher und technischer Möglichkeiten liegt.

> „Alle Planung des Menschen, aller aktive, eine Pluralität von Vorgegebenheiten manipulierende Selbstvollzug des Menschen ist umfaßt von dem Unplanbaren und Unmanipulierbaren des Ereignisses des als Liebe sich zuschickenden Geheimnisses, das wir erfahren und Gott nennen."[260]

Diese absolute Zukunft Gottes offenbart sich im Zukommen des Todes, in welchem die eventuellen irreversiblen und irreparablen Folgen der Selbstmanipulation, eben auch in der Form der Weltkatastrophe, des Holozids oder des Gentods, gehalten sind. Anzumerken ist an dieser Stelle, dass in einer gewissen Entsprechung der Beschreibung Rahners bei Lévinas diese absolute Zukunft im Antlitz des Anderen auf *mich* zu-kommt. Die Idee des Unendlichen, Gott als *das* absolut Andere „(...) ereignet sich konkret in der Gestalt einer Beziehung mit dem Antlitz (...)"[261] *des* Anderen. Damit eröffnet sich im Antlitz eine nicht in die Gegenwart zu versammelnde Vergangenheit als eine *Anarchie* wie eine uneinholbare, absolute Zukunft, die das *heroische Ich* in eine nicht mehr in Aktivität verwandelbare Passivität des Erduldens und Erleidens des Anderen in den Akkusativ des *Mich* setzt.

Im Sinne Rahners sind wir als Menschen in unseren Möglichkeiten nie nur auf uns selbst geworfen, nicht uns selbst gehörend, sondern verwiesen auf ein Zukommendes im Licht der absoluten Zukunft. Nur in diesem Zusammenhang können die folgenden Ausführungen Rahners unmissverständlich wirken.

> „Es wäre in einer überindividuellen Moral nüchtern und mutig zu bedenken, welche Opfer der Menschheit von heute für die Menschheit von morgen zugemutet werden dürfen, ohne daß man zu schnell von unsittlicher Grausamkeit, Vernutzung und Verletzung der Würde des Menschen von heute zugunsten dessen von morgen sprechen darf."[262]

Die Verbindung dieses Appells mit dem Begründungszusammenhang der Selbstmanipulation des Menschen mit Blick auf die *höheren Stufen und Gestal-*

260 Ebenda, 63.

261 Levinas, Totalität und Unendlichkeit, 280.

262 Rahner, Experiment Mensch, 68-69. Aus einer sicher nicht wie bei Rahner betont theologischen Perspektive, sondern aus einer eher dezidiert sozialethischen, in deren Mittelpunkt die Unterscheidung von Rechtem und Gutem liegt, arbeitet eine transdisziplinäre Gruppe von Wissenschaftlern an einem gesellschaftlich *konstruktiven* Umgang mit neuen Erkenntnissen und Möglichkeiten der Biotechnologie in Bezug auf den Gesundheitssektor und *Public Health*. Vgl. hierzu ZIF – Mitteilungen, 7-14 und Dabrock, Man kann nicht nicht antworten.

ten des Sozialen verliert nur dann an Schrecken, wenn der Mensch durch die absolute Zukunft grundsätzlich In-die-Frage gestellt bleibt. Dabei handelt es sich um die Frage, wem wir als Menschen gehören, wem wir als Menschen Gehör schenken. Alle theologischen Fragen der Selbstmanipulation „(...) würden wohl in die schlichte Erfahrung münden, daß der Mensch wirklich Geschichte macht, also sich selbst, und daß er gerade darin nicht sich selbst gehört, sondern dem Geheimnis der Liebe“[263].

Doch was geschieht bei einer Ausblendung des christlich-metaphysischen Hintergrunds, dem Verleugnen einer absoluten Zukunft Gottes? Werden wir dann nicht *Hörer* und *Hüter* der (Erb)Information, als einer Zukunft in einem Code, den wir entziffern und *lesen* können? Was wir unter Information verstehen können, ist dabei von zwei Blickwinkeln aus zu betrachten. Einerseits ist sie eine gewisse Menge in Form eines *digitalen* Codes, der *verstanden* werden kann. Verstehen bezieht sich dabei auf den lebendigen Organismus, der die Erbinformation *lesen* und ver*wirklichen* kann. Dabei erzeugt Information Information als eine Bewegung, die sich selbst bewegt. Die Evolution basiert dann auf einer Vermehrung der Menge an Form. Andererseits ist Information ein auf der Basis einer Zahlenkombination in *Sprache* gefasstes *Alphabet* der Natur, hier des Codes der DNS, beobacht- und *les*bar mit dem Ziel einer empirischen Prognose, die auf entscheidbare Alternativen hinausläuft. Damit wird deutlich, dass *Information* in diesem Zusammenhang immer im Spannungsfeld zwischen einer aus der Verborgenheit in die Unverborgenheit hineintretenden *Einformung* und den Konstruktionen des Beobachters *in der Schwebe* bleibt.[264]

Indem nun diesem so in der Schwebe Liegendem eine eigene *Seinsklasse* zugesprochen wird, falls sie nicht sogar als die einzig gültige proklamiert wird, bekommt das Experiment Mensch eine andere *Logik*, eine andere *Eigendynamik* als in der Intention Rahners. Im Sinne einer solchen Eigendynamik argumentiert beispielsweise Marc Jongens im Zusammenhang mit der Diskussion über das Töten von Embryonen zwecks Gewinnung embryonaler Stammzellen für die Forschung: „In seiner informierenden und informativen Eigenschaft kommt dem Genom im präpersonalen Embryo eine spezifische Würde zu.“[265] Die *Bewertung* des Embryos in den Kategorien Person *oder* Ding, Subjekt *oder* Objekt sei grundsätzlich nicht mehr auf der Höhe des heute längst Denkmöglichen. Aus dieser Sicht heraus ist es folgerichtig, wenn der Embryo weder als ein gemäß der Intention von Jürgen Habermas zu antizipierender, personaler Diskurspartner aufzufassen ist, noch ihm in einem übertragenen Sinne der Beschreibungen Lévinas' ein Antlitz anhaftet, welches *mich* in die Verantwortung

263 Rahner, Experiment Mensch, 69.

264 Vgl. Weizsäcker, Die Einheit der Natur, 347-356.

265 Jongens, Der Mensch ist sein eigenes Experiment, 31.

für ihn beruft. Die von Lévinas zitierte Formel Dostojewskis hinsichtlich der *Verantwortung aller für alle* kann eben auch auf alle Zukommenden und damit alle Föten und Embryonen bezogen werden. Jongens lässt die Möglichkeiten offen, wie mit einem Embryo – wobei zu klären wäre, was er und andere in diesem Zusammenhang mit *präpersonal* bezeichnen und ob dies nicht auch eine willkürliche Kategorisierung ist – *zu verfahren* sei. Er bestimmt jedoch den *Hörer* und *Hüter* der (Erb)Information radikal zum Projekt seiner selbst, zum autopoietischen, sich selbst erzeugenden und entwerfenden *Wesen*. Sloterdijk beschreibt diese Möglichkeit der totalen Autopoiesis als Umsetzung dessen, was in der Kabbala vorausgeträumt worden sei.

> „Die Kabbalisten waren die ersten, denen klar wurde, dass Gott kein Humanist ist, sondern ein Informatiker. Er schreibt keine Texte, sondern er schreibt die Codes. Wer wie Gott schreiben könnte, der würde dem Konzept der Schrift eine Bedeutung geben, wie sie kein menschlicher Schreiber bisher verstand. Genetiker und Informatiker schreiben anders. Auch in diesem Sinne hat eine posthumanistische Ära begonnen."[266]

Doch welches Maß an *Altmensch* wird im *neuen* selbsternannten *Übermenschen*, der nach Jongens nun den *lapis philosophorum* gefunden hat, noch vorhanden sein?[267] Ist ein solcher Übermensch, der in seiner Selbstmanipulation eine absolute Zukunft negiert und sich in seinen Möglichkeiten autokratisch und unumschränkt *über*-nimmt, noch Mensch? Spricht aus einem solchen Übermenschen als neu gemischtem Wesen ein Antlitz *Von Angesicht zu Angesicht* oder erscheint er wie im Beispiel von der Begegnung des Aborigine mit dem Weißen als Schrecken einflößender Geist? Können wir überhaupt noch von einer zwischen*menschlichen* Begegnung sprechen? Mutieren wir als Hörer und Hüter eines anonymen Seins im Gewand der Information nicht zu einem unpersönlichen *Jedermann*? Im Kraftfeld eines solchen Seins als des *Es gibt*[268] ist *jedermann* der Anonymität und einer Haltung der Indifferenz, der Gleichgültigkeit gegenüber allem und jedem anheim gegeben. Erlischt somit das Antlitz des Anderen und in ihm die Verheißung der absoluten Zukunft? Droht eine totalitäre, antlitzlose Gegenwart einer abseh- und beherrschbaren Zukunft der

266 So Sloterdijk in *Gottes Werk übertreffen. Horizonte der homöotechnischen Wende*, in: du, Juli 2001, 70.

267 Vgl. Jongens, Der Mensch ist sein eigenes Experiment, S. 31. Jongens bezieht sich ausdrücklich auf die Lehre Nietzsches vom Übermenschen und deren Interpretation durch Sloterdijk in Sloterdijk, Regeln für den Menschenpark.

268 Zur Anonymität des *Es gibt* vgl. Lévinas, Die Zeit und der Andere, 22-23. Diese Anonymität des *Es gibt* vergleicht Lévinas mit dem *es regnet* oder *es schneit*. Da ist *etwas*, das mich nicht anspricht, das sich mir und allen gegenüber gleichgültig verhält.

reinen Autopoiesis? Eine derart geprägte *Gesellschaft* würde die Beschreibung *posthuman*, nachmenschlich, tatsächlich verdienen, womit sich dann auch die Frage nach dem Zwischen*menschlichen* erledigt hätte.

Boten ohne Antlitz

Wie gestaltet sich das *Zwischen*menschliche in der Welt der Netze des Internets? Information lässt sich in diesem Zusammenhang als eine digitalisierte Botschaft zwecks zwischenmenschlichen Wissensaustauschs begreifen, den Capurro in einer Theorie der Botschaft als Angeletik beschreibt. Angeletik bezeichnet dabei eine Angel-Ethik als grundlegende Internetethik. Diese entfaltet er bisher in Ansätzen in mehreren Einzelbeiträgen, auf die wir uns im Folgenden beziehen.[269] Der Begriff Angeletik geht auf das griechische *angelia* zurück, was ins Deutsche übertragen *Botschaft* bedeutet. Ausdrücklich soll es sich bei der Angeletik nicht um eine theologische Engellehre handeln, auch der Begriff Engel ist auf angelia zurückzuführen, sondern um die Erörterung des Botschaftsphänomens unabhängig von einem göttlichen Ursprung. Damit bezieht sich die Angeletik auf das Phänomen der *menschlichen* Botschaften und Boten.

In einem historischen Rückblick knüpft Capurro an die Botschaften der mündlichen und schriftlichen Überlieferungen an, in denen sich jeweils die zeitbedingten Herrschaftsstrukturen kundtaten. Dabei gibt es immer eine *Konkurrenz* zwischen vertikalen und horizontalen Botschaften. Nennen wir ein Beispiel für eine solche Konkurrenz. Die vertikalen heiligen Botschaften der feudalen Gesellschaft des antiken Griechenlands, meist von den Dichtern als Boten verkündet, bestätigen in ihrer Heilsverkündung zugleich eine sakrale Ordnung, eine Herrschaftsstruktur. Doch diese vertikalen Botschaften werden durch die horizontalen Botschaften der dialektischen Diskussion der Philosophen spätestens seit Sokrates korrumpiert. Eine ähnliche Situation ergibt sich im Zeitalter der Reformation und der Aufklärung. Die gesellschaftspolitische Macht des katholischen Dogmatismus des ausgehenden Mittelalters wird über das *neue* Medium des Buchs als massenhafter Träger von reformatorischen und wissenschaftlichen Botschaften zerbrochen. Capurro beschreibt nun das Internet mit seiner dezentralen und interaktiven Struktur als einen wiederum menschheitsgeschichtlich neuen angeletischen Raum, der durch die Möglichkeiten einer vertikalen Botschaftsstruktur die horizontale der *one to many messages* der Massenmedien subversiv unterläuft. Damit wird einer Kritik an deren dogmatistischen Heilsbotschaften (Eu<*v*>angelien), die an sich Dysangelien, Botschaften der Leere sind, Raum geboten. Dieser Raum stellt sich dabei nicht

269 Siehe hierzu Capurro, Operari sequitur esse; Ders., Informationsbegriffe und ihre Bedeutungsnetze; Ders., Theorie der Botschaft sowie ders., Ich bin ein Weltbürger aus Sinope.

über den der Gutenberg-Galaxis, sondern in verschränkender Art und Weise *hinter*, *vor* und *neben* diesen. Das Internet kann gar nicht *gegen das Buch* gestellt werden, da wir uns in diesen verschiedenen *Welten*, d. h. in verschiedenen Dimensionen der einen Welt, unterschiedlich entwerfen und einen anderen Bezug zur Welt und damit zu anderen Menschen und uns selbst aufweisen. Lévinas hat diese Entwicklung wohl nicht abschätzen können, wenn er dem *Im-Netz-Sein*, auch schon bezogen auf den rein dialogischen Charakter des Telefons, weniger Bedeutung zukommen lässt als dem *Zum-Buch-Sein* des Menschen.[270] Es geht also bei der Angeletik als Angel-Ethik um eine einzunehmende Haltung gegenüber dem, was mich *an*-geht. Grundsätzlich kommen wir nach Capurro persönlich und namentlich zur Welt, indem wir uns als Angerufene verstehen, die verschiedenen Rufen folgen. Dies kann der Ruf der *physis* sein, der Ruf des Anderen im *Von Angesicht zu Angesicht* oder der Ruf der Bio*techne*[271], wobei eben genau diese Gleichrangigkeit bei Capurro mit Lévinas zu kritisieren ist. Bezogen auf das Internet sind wir dem Ruf der *techne* folgend digitale Kosmopoliten, ohne aufgehört zu haben dem Ruf des *physis* zu folgen. Da wir leibhaftig an den Bildschirmen der PCs, Laptops und Smartphones sitzen, verfehlt jede die *physis* ausblendende, *körperlose* Ethik des Cyberspace dieses Faktum. Den verschiedenen Rufen folgend gilt es, eine Haltung einzunehmen, die diesen Rufn entspricht. Bezogen auf das Internet können wir uns als *digitale Boten* verstehen und unser Leben dementsprechend gestalten. Während wir in den Massenmedien den vertikalen Botschaften ausgeliefert sind, entwerfen wir uns im Cyberspace vernetzt, wobei die Netzmetapher sich auf die Ambivalenz zwischen lebensdienlich und tödlich umschlingend, als sich im Netz verfangend oder auch verlierend, bezieht. Eine Lebenskunst des Vernetztseins als Antwort auf den Ruf der *techne* des Internets muss nach Capurro absehen von einer *modernen* Mächtigkeit des Subjekts und ist gekennzeichnet durch die Öffnung des Selbst für die zeitliche und räumliche Weite eines gemeinschaftlichen Existierens im Horizont dieser digitalen Weltvernetzung. Wie können wir diese *verschiedenen Haltungen* beschreiben? Während wir vor dem Fernsehen unterhaltend konsumieren und im Dialog mit *dem Buch*, im Sinne der Hermeneutik Gadamers ähnlich wie im Dialog mit einem Gesprächspartner, die Welt deuten und verstehen, empfangen wir im Internet Botschaften und senden sie weiter. Als Bote sind wir nur Knoten eines Netzes, dessen Aufgabe nicht darin liegt, die zu übermittelnde Botschaft zu erklären, zu verstehen oder zu deuten.

Doch werden wir nicht genau so Boten ohne Antlitz? Stehen wir vornehmlich im An-Ruf der *techne* des Cyberspace oder dem des Adressaten der Bot-

270 Vgl. Lévinas, Zwischen uns, 139.
271 Vgl. die Ausführungen Capurros in Hausmanninger/Capurro, Ethik der Globalität, 34.

schaft? Wenn wir von Boten ohne Antlitz sprechen, ist damit nicht eine Kategorisierung des Internets als unmoralisch oder auch ethisch verwerfbar intendiert. Das Internet stellt ja *eine* Dimension unseres Weltbezugs dar, die je nach der Lebensweise bei dem einen *größeren* Raum einnimmt als bei dem anderen. Doch in der Auflösung des *Von Angesicht zu Angesicht* im *interface* entsteht ein entsakralisierter Raum. Ohne eine Verknüpfung mit leibhaftigen Begegnungen mit den Adressaten droht das Umschlagen in jene Anonymität des *Es gibt*, hier als ein *Rauschen* im Internet. Da ist *etwas*, ein Netz von Boten, die sich gleichgültig Botschaften hin und her senden, ohne von einem anderen *befallen* oder betroffen zu sein. Ein *reines* Im-Netz-Sein als entsakralisiertem Raum ist ein Aufenthalt in einer Wüste von Botschaften ohne ***Menschen***.[272]

Verwindungen des *Zwischenmenschlichen*

Ergibt sich in den hier vorgestellten Zusammenhängen überhaupt eine Möglichkeit der Verwindung der Philosophie des Zwischenmenschlichen von Lévinas in den Rahmen der Informations- und Biotechnologiegesellschaft? Auf diesem Weg wäre zweierlei zu bedenken:

1. Der Prozess der Selbstgestaltung des Menschen in der Möglichkeit seiner Selbstmanipulation, der in eine Entmenschlichung und damit in eine im wahrsten Sinne des Wortes posthumane, nachmenschliche Gesellschaft führen kann.
2. Mit diesem Prozess einhergehend eine bedeutende Wendung des Auftrags der Gastfreundschaft, sich lösend vom menschlichen Antlitz und umfassend alle(s) sich Zuschickende.

Die Frage der Selbstmanipulation des Menschen, die sich im Biotechnologie- und Informationszeitalter aufgrund der nun bestehenden und abzeichnenden Möglichkeiten neu stellt, kann in eine irreversible und irreparable Form münden. Der Auftrag des Menschen zur Selbstgestaltung, womit er zugleich zum Wesen der Selbstmanipulation wird, kann sich pervertieren in eine entmenschlichte Gesellschaft, was im Sinne Lévinas' eine Gesellschaft ohne Antlitze wäre. Rahner bedenkt eine solche Gesellschaft wie folgt:

---

272 Aus einem anderen Blickwinkel heraus ist die Forderung nach einem Zugang zum Internet zu berücksichtigen, um einer globalen *digitalen Apartheid* und einem daraus entspringendem Heer an *Informationsobdachlosen* vorzubeugen.

„(…) es könnte (wer kann es wissen; auch das Absurde darf vom Christen bedacht werden) sein, daß die Menschheit sich tatsächlich einmal biologisch zurückkreuzt auf die Stufe einer technisch intelligenten und selbstdomestizierenden Australopithekusherde oder eines Insektenstaates ohne den Schmerz der Transzendenz, Geschichte und den Dialog mit Gott, also sich selbst durch kollektiven Selbstmord auslöscht, auch wenn sie biologisch noch weiterbestünde."[273]

Es sei noch einmal darauf hingewiesen, dass sich in einer solchen Gesellschaft die Frage nach dem Zwischen*menschlichen* nicht mehr stellen würde. Diese Möglichkeit der Pervertierung ist schon bei Pico della Mirandola in *De hominis dignitate* grundlegend angesprochen. Wir zitieren ihn daher an dieser Stelle noch einmal:

„Weder haben wir dich himmlisch noch irdisch, weder sterblich noch unsterblich geschaffen, damit du dein eigener, in Ehre frei entscheidender, schöpferischer Bildhauer dich selbst zu der Gestalt ausformst, die du bevorzugst. Du kannst zum Niedrigeren, zum Tierischen entarten; du kannst aber auch zum Höheren, zum Göttlichen wiedergeboren werden, wenn deine Seele es beschließt. (…) welch hohes und bewundernswertes Glück des Menschen! Dem gegeben ist zu haben, was er wünscht, zu sein, was er will." [274]

Das von Pico angesprochene Glück ist gleichzeitig auch ein Zwang, wenn nicht gar ein Fluch. Vertreter einer radikalen Autopoiesis, die sich wie Jongens[275] in ihren Ausführungen gerne auf diesen Ausschnitt aus *De hominis dignitate* beziehen, müssen erklären, wie sie das *in Ehre* interpretieren. Ist damit nicht letztlich eine bleibende *In-Frage-Stellung* des Menschen angedeutet, *In-Frage-Stellung* im Horizont des *als Liebe sich zuschickenden Geheimnisses, das wir Gott nennen*, wie im Antlitz des Anderen?

Damit kommen wir noch einmal auf eine für unser Anliegen entscheidende Passage bei Lévinas zurück. Im Antlitz bin *ich* vom anderen Menschen „(…) befallen, bevor er mir auffällt, als hätte ich ihn vernommen, bevor er spricht"[276]. Muss sich dieses Befallen- und Vernommen-Sein auf ein menschliches Antlitz beziehen? Beruft denn nur ein menschliches Antlitz in die Verantwortung, welche sich konkretisiert in der Haltung der Gastfreundschaft? Und wenn sich Lévinas auf Dostojewski bezieht, auf eine *Verantwortung für alle und alles*, tritt dann nicht neben diese Haltung der Gastfreundschaft als Antwort auf die Berufung durch den anderen Menschen, eine solche als Antwort auf die Berufung

273 Rahner, Experiment Mensch, 67.
274 Pico della Mirandola, De hominis dignitate, 7.
275 Jongens, Der Mensch ist sein eigenes Experiment, 31.
276 Lévinas, Jenseits des Seins oder anders als Sein geschieht, 198.

durch das Andere in allen anderen Geschöpfen und Dingen? In *Von der Gastfreundschaft* beschreibt Derrida eine solche Öffnung der Haltung der Gastfreundschaft, der eine Berufung, ein Zu-kommen zugrunde liegt. Er tut dies, wie wir schon ausführten, in einer ausdrücklichen Nähe zum Denken Lévinas'. Derrida verwindet dabei das Antlitz in das sich Befallende des *Eigennamens*.[277] Ein Eigenname ist nicht ein Wort wie andere in einer Sprache. Ein Name wie *Peter* ist ein Eigenname, der sich nicht einfach in *Pierre* ins Französische übersetzen lässt. Auch wenn sich Derrida hier auf einen Namen vornehmlich eines Menschen, und damit wiederum auf ein Antlitz bezieht, so erweitert er diesen Horizont des Zukommens bezüglich der Konsequenzen für die Gastfreundschaft.

> „Diese (die Gastfreundschaft – Anm. E.M.) setzt (..) voraus: den Ruf oder das In-Erinnerung-rufen des Eigennamens in seiner reinen Möglichkeit (…) zu dir, zu dir selbst sage *ich* „komm“, „ja“, „tritt ein“, „wer auch immer du bist und was auch immer dein Name, deine Sprache, dein Geschlecht, deine Gattung ist, ob du ein Mensch, ein Tier oder göttlich bist“ (…).“[278]

Gastfreundschaft bleibt damit, zuerst, ein *menschliches* Merkmal, aber das Eigentümliche dieser menschlichen Gastfreundschaft ist, dass diese nicht nur einem anderen derselben Gattung gewährt wird, sondern auch Tieren, Pflanzen, ja sogar Gott. Und in dem In-Erinnerung-rufen als ein In-Erinnerung-berufen-Sein wird Gastfreundschaft auch den Toten gewährt, die auch aus dem Tod auf uns zukommen. Derrida *treibt* in seinen Beschreibungen das Denken der Gastfreundschaft *auf die Spitze*. Doch dieses Denken hält sich an dem *Eigennamen*. Etwas muss erkennbar bleiben, eine Adresse des Absenders, von der eine Botschaft ausgeht? Doch kann dies nicht eine E-Mail-Adresse sein? Wenn Derrida einen Eigennamen einem Tier, einem Toten oder einer Pflanze zuspricht, warum sollte dieser dann nicht auch einem Mischwesen aus Mensch und Maschine, einem geklonten Menschen zuzuschreiben sein. Und warum letztlich nicht auch der Laborratte mit dem gentechnisch implantierten menschlichen Ohr? Sicherlich würde Lévinas dem nicht zustimmen, befinden sich in seiner Sammlung von *Eigennamen* doch Menschen, darunter auch Jacques Derrida.[279] Und sicherlich droht in der Wendung und Verwindung Derridas eine Pervertierung, in der das Denken Lévinas' sich selbst zum Verschwinden unähnlich wird. Doch es öffnet sich in dieser Verwindung aus dem

---

277 Vgl. Derrida, Von der Gastfreundschaft, 98.

278 Ebenda.

279 Siehe hierzu die Meditationen in Lévinas, Eigennamen. Doch weist er selbst dabei auf eine Öffnung hin zum Leuchten des Antlitzes in Dichtung, Literatur und besonders in der Heiligen Schrift!

ursprünglichen ***Zwischenmenschlichen*** des *Von Angesicht zu Angesicht* der leibhaftigen Begegnung, in der Regel des *face to face*, anderen Absendern, von denen *ich* in ihrer Botschaft befallen und in die Haltung der Gastfreundschaft berufen bin, und anderen ***Zwischen*** als des face to face, also eben auch des interface des Internets. Die Transformierung des Antlitzes in ein *Sich-Zuschicken* eines Eigennamens mit der Berufung in eine Verantwortung der Gastfreundschaft bewahrt jedoch eine individuelle, eventuell sogar *persönliche* Note. Eine solche Bewahrung unterscheidet sich grundsätzlich von der Anonymität und Indifferenz einer Hörer- und Hüterschaft eines anonymen Seins der Information als *Es-gibt*. Am Beispiel Jongens bezüglich des Tötens von Embryonen zwecks Gewinnung embryonaler Stammzellen wäre zu veranschaulichen, dass aufgrund der Gastfreundschaft für den Embryo dessen *informierende und informative Eigenschaft* sekundär ist.

Der hier vorgenommene Entwurf einer Verwindung des Zwischenmenschlichen in den Beschreibungen Lévinas' in den Rahmen einer Biotechnologie- und Informationsgesellschaft weist viele Brüche auf und wirft sicherlich mehr Fragen auf als er beantwortet. Eine sei abschließend benannt: Was bleibt von der Rätselhaftigkeit des Anderen im Zusammenhang der Problematik der Rätselhaftigkeit welches *Menschen*? Doch in der Über- und vielleicht Hintertreibung der Gastfreundschaft im Ansatz Derridas wird ein zentrales Anliegen von Lévinas bewahrt: die Barmherzigkeit der unerotischen Liebe, der Diakonie, die sich in jeglicher Gastfreundschaft kundtut.

4.4 Die Achtung der Andersheit des Klienten in ihrer sozialpädagogischen Relevanz

Zum Anfang der Besprechung der Achtung der Andersheit des Klienten in ihrer sozialpädagogischen Relevanz sei das Verständnis von Achtung in Erinnerung gebracht, das wir anfangs ausführten. Mit Bezug auf Lévinas beschrieben wir Achtung als eine Bewegung zur absoluten, transzendenten Andersheit des Anderen, die eben nicht anerkennende und verstehende Aneignung der Einzigartigkeit des Anderen ist, sondern Gastfreundschaft, Empfang des Anderen ohne Bedingung in einer Asymmetrie des Interpersonalen.[280] Schon hier erkennen wir den *roten Faden*, der bei aller Verschiedenheit der Ansätze von Lévinas und Derrida doch beide verbindet: eine Gastfreundschaft als Empfang des Anderen ohne Bedingung. Achtung ist diese Gewährung der unbedingten Gastfreundschaft. Der Andere *spricht* aus der Dimension der *Höhe* im Sinne einer

280 Vgl. nochmals zu einer Grundlegung des Verständnisses von Achtung Lévinas, Totalität und Unendlichkeit, 439.

unerklärbaren und unerreichbaren Erhabenheit, daher die Asymmetrie des Interpersonalen. In dieser Beziehung als einer Nicht-Beziehung, da das Moment der symmetrischen Wechselseitigkeit fehlt, begegnet mir der Andere als ein Anderer ohne jegliche erkennbare und zu verstehende Eigenschaften. Diese Begegnung beruft das Subjekt in eine unendliche Verantwortung der unbedingten Gastfreundschaft, der sich erst im Verstehen des Anderen in seiner Einzigartigkeit eine bedingte Gastfreundschaft als Relation einer zweiten, symmetrischen Beziehung der Wechselseitigkeit *zur Seite stellt.* Es handelt sich also um zwei nicht auf ein gemeinsames Prinzip zurückführbare *Beziehungen* zwischen dem Subjekt und dem Anderen, zwischen Mensch und Mensch. Wir begegnen dem anderen Menschen immer in der Verwicklung und Verwebung dieser beiden heterogenen Ebenen. Drücken wir dies in einer Phänomenologie des Gesichtes aus, dann eröffnet das Gesicht des Anderen diese beiden unterschiedlichen zwischenmenschlichen Ebenen der Begegnung. Denn der Andere begegnet als *wahres Gesicht*, welches zum Thematisieren und Verstehen einlädt, und die *Wahrheit des Gesichtes* im Antlitz des Anderen beruft *mich* in die einseitige und asymmetrische Achtung. Im Folgenden werden wir die Relevanz dieser sozialphilosophischen Prämissen[281] für eine professionelle Haltung in der Sozialen Arbeit beschreiben.

Wahres Gesicht und Wahrheit des Gesichtes des Klienten

Das Verstehen des Klienten in seiner Lebensweise basiert auf einer symmetrischen Beziehung der Wechselseitigkeit zwischen Sozialpädagogin und Klient. Der Klient präsentiert sein *wahres Gesicht*, das zum Verstehen hin sich öffnet. Der Gebrauch des Satzes *Jetzt hat er sein wahres Gesicht gezeigt!* weist auf diese Öffnung und das Präsentieren seiner selbst hin. Auch wenn dieser Satz vermeintlich eher negativ konnotiert ist, so weist er doch auf das Wesentliche hin. Selbst wenn das sozialpädagogische Gespräch unter der Führung der Sache, der Lebensweise des Klienten in seiner Orientierung an dem guten und schönen Leben, steht, offenbart sich der Klient dennoch in seiner individuellen Einzigartigkeit seines *Ich bin ich und meine Umstände.* Gleiches gilt begrenzt ebenso für die Sozialpädagogin. Nicht ihre Lebensweise steht im Mittelpunkt des Gesprächs, aber ohne die Reflexion ihrer Selbst und damit ihrer Lebensweise in der Spiegelung der zu befragenden Lebensweise des Klienten kann gar kein Gespräch mit gegenseitiger Zuwendung als dialogische Berührung stattfinden.

281 Unter rein sozialphilosophischen Gesichtspunkten habe ich das *wahre Gesicht* und die *Wahrheit des Gesichtes* an anderer Stelle beschrieben. Siehe hierzu Mührel, Zum Problem der Anerkennung und Verantwortung bei Emmanuel Lévinas, 69-71 u. 86-91. Vgl. dazu auch Finkielkraut, Die Weisheit der Liebe, 112-116.

Die Sozialpädagogin bringt sich also auch mit ihrer Lebensweise in das Gespräch ein, indem sie sich selbst in ihren Lebensumständen öffnend in Frage stellt! Auch sie präsentiert ihr wahres Gesicht im Rahmen der Authentizität in ihrer verstehenden Haltung. In der Regel bemerken Menschen und damit eben auch die Klienten relativ schnell Authentizität oder Maskenspiel, das in anderen Lebenszusammenhängen wie bei einem Maskenball sehr reizvoll sein kann, ihres Gegenübers. Eine Sozialpädagogin, die wertschätzendes Interesse am Klienten im Gespräch vorspielt, wird in diesem Vorspielen in kurzer Zeit entlarvt, womit sie dann auch dem Klienten ihr *wahres Gesicht* gezeigt hätte. Auf dieser Ebene des spiegelnden und gegenseitigen Verstehens wird die Gastfreundschaft, die die Sozialpädagogin dem Klienten gewährt, immer eine bedingte, relative sein. Denn hierbei spielt das wahre Gesicht, das der Klient offenbart, eine wesentliche Rolle. Demaskiert, diagnostiziert bezüglich seiner Lebensweise, wird die zwischenmenschliche Nähe zwischen Sozialpädagogin und Klient immer eine relative sein, ist diese doch gerade durch Sympathie und Antipathie und damit Wohlwollen oder auch einem *Auf-Distanz-halten-wollen* bestimmt. An dieser Stelle kommt all dies zu seiner Berechtigung, was unter das Abwägen von Nähe und Distanz in der professionellen Beziehung fällt.

Völlig anders jedoch offenbart sich die Achtung des Klienten als Bewegung zu seiner absoluten Andersheit, die eben nicht anerkennender und verstehender Zugriff auf die Einzigartigkeit des Klienten ist. Der Klient bleibt trotz allem Verstehen seiner Lebensweise durch die Sozialpädagogin ein absolut Anderer, dem auch dann *das Tor* der unbedingten Gastfreundschaft *offen steht*, wenn alle Kriterien der bedingten gegen ihn sprechen, wenn *alle Tore schon geschlossen sind*. Gemeint ist damit nicht, dass eine Betreuung und Beratung nicht abgegeben oder delegiert werden dürfte. Selbst dies könnte ja genau dieses Tor der unbedingten Gastfreundschaft sein, das ich dem Klienten in der Weitergabe der Betreuung an eine Kollegin oder einen Kollegen gewähre und eröffne. Es geht also keinesfalls um eine falsch verstandene Demut, sondern um die grundlegende Haltung, die Andersheit des Klienten zu wahren. Dazu gehört beispielsweise, nicht der Versuchung eines *absoluten Verstehens* des Klienten zu erliegen, wie es Marianne Gronemeyer wie folgt beschreibt:

> „Wenn ich einem anderen gegenüber feststelle: ‚ich verstehe dich' oder ‚ich habe dich verstanden', dann teile ich ihm mit: ‚Ich bin mit dir fertig. Du beunruhigst mich nicht mehr. (...) Du bist ein Exemplar einer mir bekannten Kategorie von Wesen.'"[282]

282 Gronemeyer, Das Leben als letzte Gelegenheit, 153-154.

Wir haben schon mit Gadamer beschrieben, dass ein solch abschließendes und unumschränktes Verstehen gar nicht möglich ist, denn der Prozess des spiegelnden Verstehens, das Spekulative des Gesprächs selbst, hält das zu Verstehende, in unserem Falle die Lebensweise des Klienten, in der Schwebe, also offen. Doch was Gronemeyer anspricht, ist vielleicht noch etwas anderes. Es handelt sich dabei schon nicht mehr um Verstehen im eigentlichen Sinne, sondern um ein Missverstehen des Verstehens. Doch wann liegt solches vor? Im Falle der Abkehr vom Klienten, wenn ich sein Gesicht *erbleichen* lasse. Wir erinnern uns: „Jeder, der das Gesicht seines Gefährten vor den Vielen erbleichen lässt, ist, als ob er Blut vergieße."[283] *Erbleichen* lässt die Sozialpädagogin es dann, wenn das Verstehen sich nicht mehr getragen weiß im Achten der Andersheit des Klienten. Das Verstehen bleibt nur solange ein offener Prozess, wie es gehalten ist in der Bewegung zur absoluten Andersheit. Ein Verstehen ohne Achten ist unmöglich und muss sich folglich in Missverstehen wandeln. Um das wahre Gesicht des Klienten verstehen zu können, bedarf es der Achtung der Wahrheit seines Gesichtes. Wer also im Sinne Gronemeyers den Anderen abschreibt, beabsichtigt, ihn nicht mehr in Offenheit zu verstehen, da er sich von ihm in seiner Rätselhaftigkeit nicht mehr *an*sprechen lassen will. Dann *erbleicht* das Gesicht des Anderen. Die unbedingte Gastfreundschaft steht einem solchen Erbleichenlassen des Gesichtes des Klienten entgegen, denn ein solches ist das *Schließen des letzten Tores*, was zu all jenen Übeln führen kann, die wir beschrieben haben.

Folgern wir daraus eine Haltung der unbedingten Gastfreundschaft als Achtung des Klienten, so liegt diese im sozialpädagogischen Gespräch in der Wahrung des Gesichtes des Klienten.

Wahrung des Gesichtes des Klienten

Wie lässt sich eine Haltung der Achtung im Sinne der Wahrung des Gesichtes beschreiben? Welche Kriterien lassen sich hierfür benennen? In ihrer reinen Form kann diese Haltung nicht gehalten werden, da sie schon immer durch das, was wir die bedingte Gastfreundschaft genannt haben, in Relation steht. Doch darauf werden wir noch gesondert eingehen. Hier versuchen wir uns dieser Reinform der Haltung der Achtung des Anderen anzunähern. Wir greifen dabei zurück auf die Beschreibungen Klaus Dörners hinsichtlich einer *Grund*haltung des Arztes vom Anspruch des Anderen her. Das, was Dörner bezüglich dieser Haltung des guten Arztes in der Arzt-Patienten Beziehung ausführt, lässt sich genauso für die Haltung der Achtung des Klienten im sozialpädagogischen Gespräch ausdrücken. Mit Bezug auf Lévinas schreibt Dörner:

---

283 Bawa mezia 58b, zitiert nach: Mayer, Der Babylonische Talmud, 508.

„In dieser Haltung öffne ich mich bedingungslos der Not des Anderen, seinen nackten, ungeschützten, sprechenden Augen, seinem Ruf (...). Ich bin dem Anderen passiv – nicht hörig – ausgesetzt, komme für ihn schon immer zu spät, bin also in seiner Schuld, schuldig, daher angeklagt, stehe als Objekt im Anklagefall, also im Akkusativ. Die Passivität geht soweit, daß ich leer bin von allem Eigenen, in dem Sinne, daß die Fremdheit des Anderen mich fremd macht, (...) mein Selbst der Andere ist. So dem Anspruch des Anderen antwortend, ihn verantwortend, (...) eröffnet sich für meine responsive Praxis für den Patienten die Perspektive der notwendigen, neu zu erfindenden Ordnung, die es noch nie gegeben hat (...).[284]

In dieser Aussage Dörners spiegeln sich noch einmal die Relationen zwischen Gastgeber und Gast, Ich und Anderem, die wir im Rahmen der Beschreibung der bedingten und unbedingten Gastfreundschaft bei Derrida erörtert haben. Worin wird diese Haltung offenbar?

- Als Sozialpädagogin *schenke* ich dem Klienten Gehör, leihe ihm mein Ohr.[285] Dieses Hören selbst ist ein maßloses, unendlich langes Hören der fremden Stimme des Anderen. Diese fremde Stimme, die schon immer mehr ist als jegliches Gehörtes, was sich aufzeichnen und identifizieren lassen kann als akustisches Phänomen.[286] Im Hören bin ich der Gastgeber des Klienten, mich verantwortend bekennend für den und vor dem Klienten.[287]
- Daher zielt das Wahren des Gesichtes des Klienten nicht auf das Verstehen des Klienten und seiner Lebensweise, sondern ist reines Erdulden des Klienten.
- In dieser Haltung bin ich in meiner Verantwortung für den Klienten einzig. Ich kann diese nicht abschütteln oder hierfür einen Stellvertreter bestellen. Selbst in der Delegation an eine Kollegin oder einen Kollegen, die aus fachlichen oder institutionellen Gründen angeraten sein kann, bleibe ich in dieser Verantwortung einzig bestehen.[288] Das heißt auch, dass mich der Anspruch des Klienten unausweichlich berührt und trifft.
- Im Wahren des Gesichtes des Klienten kann dieser in seinem *Sosein sein gelassen werden.* Dies steht dem fachlichen und institutionell verordneten

284 Dörner, Der gute Arzt, 76.

285 So wie eben auch in einem sicherlich anderen institutionellen Zusammenhang der Arzt dem Patienten Gehör *schenkt*. Vgl. dazu Dörner, Der gute Arzt, 59 u. 113.

286 Vgl. zu diesem maßlosen Hören Waldenfels, Verfremdung der Moderne, 62.

287 Das hier angesprochene Hören hat rein nichts mit einer Kunst oder Methode des Zuhörens zu tun, wie sie beispielsweise Erich Fromm in *Die Kunst des Zuhörens* beschreibt, sondern ist vielmehr immer schon die Bedingung der Möglichkeit einer solchen.

288 Bezüglich der Einzigkeit der Verantwortung als *principium individuationis* im Vorrang zur Einzigartigkeit der reflexiven Identität vgl. Mührel, Sinnhilfe in einer gespensterhaften Welt.

Bestreben einer rasch *eindringenden*, thematisierenden Diagnose zwecks sozialpädagogischer *Behandlung*, selbst wenn es sich dann um Hilfe zur Selbsthilfe handelt, konträr gegenüber.

- Die Haltung der Achtung des Anderen ist im Gewähren der unbedingten Gastfreundschaft ohne messbaren Wert und ohne angebbares Ziel. Sie ist *für nichts* zu rechtfertigen. Da sie kein Mittel zum Zweck ist, entzieht sie sich der Quantifizierung von Nutzen und Effizienz. Daher geschieht in ihr und mittels ihrer das beständige und immer wiederkehrende Durchbrechen aller nach Wirtschaftlichkeit und Effektivität ausgerichteter Haltungen. „(…) das ganze Gebäude der Werte der Effizienz wird demaskiert."[289] Im Wahren des Gesichtes des Klienten spielt die Zeit, die ich für ihn, eventuell auch *völlig* nutzlos, aufbringe, und die Vergeudung anderer *Ressourcen* meiner Arbeit als Sozialpädagogin keine Rolle. Damit wird aber auch unmissverständlich deutlich, dass die Beziehung zum Klienten sich nicht auf eine Dienstleistungsbeziehung reduzieren lässt.[290]

Subsumieren wir diese Beschreibungen der Wahrung des Gesichtes des Klienten unter ein prägnantes Paradigma in der Transformation des genannten Leitsatzes der Philosophie Lévinas' für die Soziale Arbeit: Einem Klienten begegnen heißt, von einem Rätsel wachgehalten werden.

Überleitend zu den folgenden Beschreibungen einer professionellen Haltung sei auf eines schon hingewiesen: Nur dieses passive Erdulden des Klienten als auf die Spitze getriebene Handlungsmaxime der Haltung der Achtung eröffnet ein Maß bezüglich anderer Dimensionen der professionellen Haltung.

---

289 Dufourmantelle, Einladung, 125.

290 Sie ist eben nicht vornehmlich durch Aspekte eines *Waren*austausches charakterisiert, wie dies beispielsweise Andreas Schaarschuch beschreibt, wenn er das Dienstleister-Nutzer-Verhältnis auf die Beziehung von Sozialpädagogin und Klient überträgt. Im öffentlich-staatlichen Erbringungskontext frage der Nutzer eine Dienstleistung als Gut der Sozialpädagogin ab. Die Vermittlung des Guts sei eine messbare, quantifizierbare und bewertbare Einheit eines Tauschaktes auf symmetrischer Ebene. Vgl. hierzu Schaarschuch, Theoretische Grundelemente Sozialer Arbeit als Dienstleistung, besonders 557-560. Auch wenn es unbestritten ist, dass es in der Beziehung von Sozialpädagogin und Klient Anteile einer solchen sozialen Dienstleistung gibt, so ist doch zu betonen, dass es eben nur Anteile sind, die keinesfalls paradigmatisch für die gesamte Beziehung sind. Zur Kritik an den theoretischen Entwürfen über *Soziale Arbeit als Dienstleistung* vgl.: Haupert, Kunde oder Klient? und Galuske, Dienstleistungsorientierung – ein neues Leitkonzept Sozialer Arbeit?.

5 Verstehen und Achten als professionelle Haltung

Wir haben zwei Facetten der professionellen Haltung, Verstehen und Achten, betrachtet und in ihrer sozialpädagogischen Relevanz erörtert. Der Berufung durch den Klienten ver*antwortend* begegnend, gilt es einerseits seine Lebensweise zu verstehen, um mit und für den Klienten auf diesem Verständnis aufbauend unter den Aspekten der Fachlichkeit Sozialer Arbeit Anregungen zur *aktiven* Veränderung seiner Lebensweise zu entwickeln und umzusetzen. Andererseits soll der Klient in seinem Sosein geachtet und *passiv* erduldet werden. Wie lassen Achten und Verstehen sich miteinander in Relation setzen? Stehen sie sich antagonistisch gegenüber oder können sie einander ergänzen? Können wir aus den unterschiedlichen Bausteinen ein Gesamtbild der professionellen Haltung kreieren? Der Klärung dieser Fragen werden wir uns in diesem Kapitel widmen.

Es ist dabei wichtig, Folgendes zu beachten: Achten und Verstehen stehen als Paradigmen nicht für zwei verschiedene Haltungen, von denen wir mal die eine und dann die andere zu einer anderen Zeit einnehmen können. Denn Haltung ist wesentlich immer eine. Die professionelle Haltung selbst erschließt sich erst in einer – unmöglichen – Zusammenschau der letztlich unvereinbaren Gegensätze von Verstehen und Achten. Diese können nicht für sich alleine bestehen und schließen sich dennoch in ihren Grundpositionen gegenseitig aus. Die professionelle Haltung ist nur in dieser Spannung der antagonistischen und doch aufeinander verwiesenen Pole des Verstehens und Achtens *auszuhalten*. Sie entzieht sich damit jeglichem Versuch einer vereinheitlichenden Reduktion auf ein philosophisches oder gar wissenschaftliches Prinzip. Wir können sie nur als ein Bezeugen für die Anarchie des Guten im Geheimnis der Begegnung begreifen und zugleich nicht begreifen.[291]

Es sei an dieser Stelle noch einmal gesagt, dass unsere Beschreibungen nicht den Anspruch erheben, Soziale Arbeit als Ganzes zu erklären oder auch *nur* auf die Beziehung von Sozialpädagogin und Klient zu reduzieren. Die professionelle Haltung, die sich zwischen den *Polen* Achten und Verstehen *aufspannt*, ist jedoch Grundlage allen Handelns in der Sozialen Arbeit. Erst aus einer Reflexion der Profession heraus, die Haltung schon impliziert, kann sich die Fachlichkeit in ihrem weitesten Sinne ausrichten, eben an der verantwortenden Haltung

291 Zu diesem Ineins*sehen* des nicht zusammen Denkbaren verweisen wir auf Pascal. Siehe beispielhaft Pascal, Pensées, Frgt. 205 u. 342. Zur weiteren Vertiefung siehe auch die Ausführungen von Hans Urs v. Balthasar zu Pascal in Balthasar, Herrlichkeit, 537-551.

auf den An-Ruf des oder der Klienten. Wenden wir uns nun nochmals dezidierter dem Verhältnis von Verstehen und Achten zu.

5.1 Zum Verhältnis von Verstehen und Achten

Die professionelle Haltung *spannt* sich *auf* zwischen den Polen von Verstehen und Achten. Darauf finden wir einen Hinweis in Derridas Beschreibung des Verhältnisses von bedingter und unbedingter Gastfreundschaft. Auch wenn die bedingte Gastfreundschaft, die auf dem Verstehen des Fremden und Anderen basiert, sich stets an der unbedingten Gastfreundschaft als Achten der Andersheit und Fremdheit des nächsten Menschen zu orientieren und von ihr zu hinterfragen lassen hat, so entfaltet sich die eine Haltung zwischen diesen antagonistischen Polen.[292] An anderer Stelle beschrieben wir Verstehen und Achten als zwei unterschiedliche Beziehungsebenen zum Klienten, die immer schon in der Begegnung miteinander verwoben sind. Diese Verflechtung der Beziehungsebenen ist unauflösbar. Es gibt nur die Möglichkeit der Pointierung als einer Orientierung zu einem der Pole hin. Wenn nun verschiedene Möglichkeiten der Beziehung von Verstehen und Achten innerhalb der einzunehmenden professionellen Haltung erörtert werden, steht im Hintergrund ein anhaltendes Missverstehen zwischen Gadamer und Derrida, auch über Gadamers Tod hinweg. Heinz Kimmerle hat diesen Konflikt seit seinen Anfängen zu Beginn der 1980er Jahre bis in die Anfänge der 1990er nachgezeichnet.[293] Ausgangsbasis dieses Konfliktes war, was sehr symbolträchtig wirkt, ein Misslingen eines Gesprächs zwischen Gadamer und Derrida anlässlich eines Symposiums über Hermeneutik und Texttheorie 1981 in Paris. Gadamer hat das Angebot zum Gespräch stets aufrechterhalten[294], Derrida ist darauf jedoch nicht eingegangen. Die für uns im Fokus der zu beschreibenden professionellen Haltung entscheidende Frage zwischen Gadamer und Derrida ist die, ob Verstehen eine machtvolle Aneignung des Anderen, in unserem Zusammenhang des Klienten, impliziert. Gehen wir im Zusammenhang von Profession an sich selbstverständlich davon aus, dass die Lebensweise des Klienten mit *gutem Willen* verstanden werden will, so steht damit die Frage im Raum, ob ein guter Wille zum Verstehen nicht eben auch ein guter Wille zur Bemächtigung des Klienten ist. Neh-

292 Vgl. Derrida, Von der Gastfreundschaft, 97.

293 Siehe hierzu Kimmerle, Gadamer, Derrida und kein Ende. Am Beispiel dieses Konfliktes, der sich an verschiedenen Interpretationen von gemeinsamen Ausgangspunkten wie unter anderem den Philosophien Nietzsches und Heideggers entzündet, wird deutlich, wie unterschiedlich Wege des Denkens sich entwickeln und wie selten sie sich kreuzen können.

294 Vgl. Gadamer, Destruktion und Dekonstruktion, GW, 1999, Bd. 2, 361-372, hier 372.

men wir dafür ein Beispiel aus der ambulanten Straffälligenhilfe. Die Sozialprognose, die eine Bewährungshelferin in einem sekundären Strafverfahren vor Gericht über den Probanden abgibt, basiert auf dem Verstehen der Lebensweise des Probanden, die diagnostisch einen Blick in die Zukunft der Lebensweise wirft. In der Abgabe der Sozialprognose liegt nicht nur eine abwägende Verantwortung gegenüber dem Klienten und der Gesellschaft, sondern auch ein Schlüssel zur wesentlichen Beeinflussung der zukünftigen Lebensweise des Probanden, in oder außerhalb des Gefängnisses. Diese prekäre Verquickung von Verstehen und Bemächtigung des Klienten soll nun an der Erörterung der verschiedenen Möglichkeiten der Beziehung von Verstehen und Achten konkretisiert werden.

Verstehen *contra* Achten

In dieser Konstellation des *contra* stellen wir das Verstehen dem Achten diametral entgegen. Verstehen schließt dann Achten aus. Im höchsten Maße in die Polarität hineingetrieben, finden wir eine solche ausschließende Setzung von Verstehen und Achten bei Derrida in der Interpretation eines Textes aus dem Alten Testament (Gen 19,1-8). Der Text[295] lautet:

> „Die beiden Engel kamen am Abend nach Sodom. Lot saß im Stadttor von Sodom. Als er sie sah, erhob er sich, trat auf sie zu, warf sich mit dem Gesicht zur Erde nieder und sagte: Adonai (Herr), kehrt doch im Haus eures Knechtes ein, bleibt über Nacht und wascht euch die Füße! Am Morgen könnt ihr euren Weg fortsetzen. Nein, sagten sie, wir wollen im Freien übernachten. Er redete ihnen aber solange zu, bis sie mitgingen und bei ihm einkehrten. Er bereitete ihnen ein Mahl, ließ ungesäuerte Brote backen, und sie aßen. Sie waren noch nicht schlafen gegangen, da umstellten die Einwohner der Stadt das Haus, die Männer von Sodom, jung und alt, alles Volk weit und breit. Sie riefen nach Lot und fragten ihn: Wo sind die Männer, die heute abend zu dir gekommen sind? Heraus mit ihnen, wir wollen in sie eindringen. Da ging Lot zu ihnen hinaus vor die Tür, schloß sie hinter sich zu und sagte: Aber meine Brüder, begeht doch nicht ein solches Unrecht. Seht, ich habe zwei Töchter, in die noch kein Mann eingedrungen ist. Ich will sie herausbringen. Dann tut mit ihnen, was euch gefällt. Nur jenen Männern tut nichts an; denn deshalb sind sie ja unter den Schutz meines Daches getreten."

---

295 Ich halte mich an die Version des Bibeltextes in *Von der Gastfreundschaft*, die sich an der französischen Übersetzung von Chouraqui orientiert, dabei aber nur unwesentlich von der Einheitsübersetzung abweicht. Vgl. daher Derrida, Von der Gastfreundschaft, 108.

Dieser Szene voran geht die Begegnung Abrahams mit Gott und seinen drei Boten, in deren Rahmen Abraham ihnen bei den Eichen von Mamre Gastfreundschaft gewährt. Abraham bittet für Sodom, während zwei Boten, die beiden Engel, nach Sodom ziehen. Lot, der selber ein Fremder in Sodom ist, steht für Derrida sinnbildlich für die unbedingte Gastfreundschaft, das maßlose Erdulden des Anderen. Um jeden Preis gewährt er diese Gastfreundschaft, so dass er sogar bereit ist, seine jungfräulichen Töchter zu opfern und mit ihnen sein Selbst. Auf jeden Fall und um jeden Preis muss das Gesicht der fremden Gäste gewahrt werden. Lot steht somit als Sinnbild für das Achten des Anderen. *Ihm* diametral entgegengesetzt sind die Männer Sodoms, die die Gastfreundschaft und mit ihr das Achten der Andersheit der Fremden gar nicht interessiert, sondern in die Fremden *eindringen* und damit ihr *Gesicht erbleichen lassen* wollen. Nun setzt Derrida eine andere Übersetzung des Bibeltextes neben die erwähnte, indem *eindringen* durch *erkennen* ersetzt wird.[296] Dies ist der Schlüssel für Derridas Verständnis vom Verstehen. Er setzt Verstehen als ein erkennendes Durchleuchten (Diagnose) mit der Gewalt der sexuellen Penetranz in Relation. Verstehen wird somit zu einem gewaltsamen, penetranten Akt der erkennenden und thematisierenden Aneignung des Anderen und damit seiner radikalen *Miss-* bzw. *Ver-*Achtung. Bezogen auf die Soziale Arbeit und die Beziehung zwischen Klient und Sozialpädagogin ist dann auch *der gute Wille zum Verstehen* der Lebensweise des Klienten ein *guter Wille zur Bemächtigung* des Klienten.[297]

Das Verstehen steht für Derrida somit in einer Reihe von Grausamkeiten – wie beispielsweise der Krieg und die Todesstrafe – der Bemächtigung des anderen Menschen. In einer Erörterung über die Krisis der Psychoanalyse im Zeitalter der Globalisierung führt Derrida alle diese Grausamkeiten in der Intention Sigmund Freuds auf den Todestrieb zurück.[298] Er betont dabei jedoch diese spezifische Perspektive der Psychoanalyse, die nicht generell alle Umstände und Gründe dieser Grausamkeiten zu erklären vermag. Der Todestrieb arbeite demnach stets daran, durch Zerfall das Leben in unbelebte Materie zurückzuführen. Er wandle sich in einen Destruktionstrieb, wenn er mit Hilfe besonderer Organe gegen Objekte nach außen gerichtet wird. Derrida setzt dieser Analyse hinzu,

---

296 Vgl. ebenda, 107. Es stellt sich dabei die Frage, ob Verstehen nicht ein *männliches* Problem ist. Könnte also nicht einem *männlichen* Verstehen ein *weibliches* entgegengesetzt werden? Wie könnte dies dann im Gegensatz zum männlichen beschrieben werden? Diesen Fragen können wir an dieser Stelle nicht nachgehen. Verwiesen sei daher an die Ausführungen Susanne Dungs über die *asymmetrische Anerkennung des Anderen*, in deren Rahmen sie auch die Geschlechterdifferenzen beleuchtet. Dabei werden unter anderem die Bezüge der Philosophie Derridas zur Psychoanalyse besprochen. Siehe hierzu Dungs, Anerkennen des Anderen im Zeitalter der Mediatisierung, besonders Kapitel 2 und 3.

297 Sozialpädagogische Beziehungen können sich aber auch in die Richtung entwickeln, dass der Klient sich der Sozialpädagogin bemächtigt.

298 Vgl. für den folgenden Absatz Derrida, Seelenstände der Psychoanalyse, 99-102.

dass gewisse Waffen für solche Organe Prothesen sein können. Auch an dieser Stelle spricht Derrida die destruktive, bemächtigende Penetranz an. Dieser Umstand ist für uns von Bedeutung, um die Intention Derridas bezüglich seines Verständnisses von Verstehen selber verstehen zu können. Derrida betreibt seine Philosophie aus einem *Trauma der Grausamkeiten* heraus.[299] Er philosophiert daher aus der Perspektive des unbedingten Schutzes des anderen Menschen vor jeglicher Bemächtigung durch Grausamkeiten anderer Menschen. Daher betont er vehement die Achtung der Andersheit des Anderen im Rahmen der Beschreibungen der unbedingten Gastfreundschaft. Eine Frage, die sich bei einer Kritik Derridas Betrachtungen stellt, ist, ob sich das Verstehen nur und ausschließlich unter dem Gesichtspunkt einer penetranten, destruktiven Grausamkeit verstehen lässt. Dies ist mit Gadamer zu bezweifeln. Das wiederum hat Auswirkungen auf die Rolle des Verstehens im sozialpädagogischen Kontext.

Die Gefahr der Bemächtigung des Klienten ist, wie wir schon ausgeführt haben, sicherlich nicht von der Hand zu weisen. Verstehen in Beziehungen im Allgemeinen und in der sozialpädagogischen Beziehung im Besonderen geschieht nicht in herrschaftsfreien Dialogen. Doch das Verständnis Derridas von Verstehen ist nicht das gleiche wie das von Gadamer. Eine Kritik mit Derrida an Gadamer *läuft* daher zu einem nicht unwesentlichen Teil *ins Leere*. Warum? Wie wir herausgearbeitet haben, bezieht sich für Gadamer das Verstehen im Gespräch ja eben nicht vornehmlich auf das, was wir das *dunkle Du* nannten, also nicht auf das *zweite Ich* des *Ich bin ich und meine Lebensumstände* bei Ortega oder im Sinne Schillers die *Person* im Gegensatz zum *Zustand*. Dies blieb für Gadamer dem psychoanalytischen Gespräch vorbehalten. Gadamer geht es im Gespräch ja gerade nicht um den Akt der Penetranz ins Innerste des Anderen. Wir folgerten daraus für das sozialpädagogische Gespräch, dass die Lebensweise des Klienten in ihrem Maß am schönen und guten Leben das zu verstehende Dritte – in gewisser Art und Weise zwischen und *über* Klient und Sozialpädagogin stehend – ist, unter dessen Führung das Gespräch sich entwickelt. Während Gadamer Verstehen also auf eine Sache als ein Drittes bezieht, versteht Derrida Verstehen als penetranten und aneignenden Akt des Verstehens des *dunklen Du*. Für Derrida bleibt der Andere in einem radikaleren Sinne

299 *Seelenstände der Psychoanalyse* kann durchaus als eine Verarbeitung Derridas dieses Traumas gelesen werden. Ob Derrida persönlich traumatische Erlebnisse von Grausamkeiten erlebt hat, könnte für unser Verstehen der Intention Derridas hilfreich und interessant sein. Dem kann jedoch an dieser Stelle aufgrund fehlender Hinweise in der Literatur nicht nachgegangen werden. Bei Lévinas ist dieser Bezug von Philosophie und traumatischen Erlebnissen während seiner Kriegsgefangenschaft von 1940-1945 offensichtlich. Zudem verlor er seine Eltern, seine zwei Brüder und alle Verwandten in der Shoah. So macht Lévinas beispielsweise in *Vom Sein zum Seienden* (erstmals in französischer Sprache 1947 erschienen) das Bewusstsein des Gefangenseins zum Thema. Dieses Buch redigierte er während der Kriegsgefangenschaft.

Anderer als für Gadamer. Er betont die Beschreibung der Unterschiede, die nicht auf einem Prinzip und somit auf *Einem* und dazu einem Sinnvollem gründen und sich daher auch nicht auf ein solches wieder zurückführen lassen. Das jedoch ist bei Gadamer der Fall, wenn im Fragehorizont als Herberge des Fragesinns die Horizonte der Gesprächsteilnehmer miteinander verschmelzen und sich im Spiegeln das Eine im Wechselspiel von Selbem und Anderem offenbart. Für das sozialpädagogische Gespräch wäre dieses Eine das gute und schöne Leben, das als Grundlage und Ziel des Gesprächs dieses in ihrem Bezug auf die Lebensweise des Klienten *umklammert*.

Welches Fazit können wir nun aus diesem Dilemma des unterschiedlichen Verständnisses von Verstehen für die professionelle Haltung ziehen?

1. Das Verstehen zielt auf das Verstehen der Lebensweise und zielt somit primär nicht auf das *dunkle Du* des Klienten. Zudem wäre ein sozialpädagogisches Gespräch ohne die Intention des Verstehens sinnlos. Der Auftrag des Klienten bzw. die institutionellen Rahmenbedingungen fordern ja ein solches Verstehen als Grundlage des Beratungs- und Betreuungsprozesses. Die Facette des Verstehens ist daher unabweislich zutiefst professionell.
2. Das sozialpädagogische Gespräch ist aber auch kein machtfreier Raum. Als Beispiel dafür sei noch einmal auf die Macht der Bewährungshelferin bei der Abgabe einer Sozialprognose über einen Probanden vor Gericht hingewiesen. Zweifelsfrei kann das vorhin genannte Verstehen der Lebensweise des Klienten missverstehend interpretiert werden als absolutes Verstehen des Klienten. Dieser wäre dann eben seiner Rätselhaftigkeit beraubt, womit die Achtung vor ihm verloren ginge. Im Sinne Gadamers wäre dies ein Missverstehen beziehungsweise eine Pervertierung des Verstehens, was zu der von Derrida beschriebenen Bemächtigung des Klienten durch die Sozialpädagogin führen würde, womit er seines Schutzes als Schutzbefohlener verlustig wäre.
3. Das diametrale Entgegensetzen von Achten und Verstehen innerhalb der professionellen Haltung ist daher abzulehnen. Es würde in seiner radikalen Konsequenz zu der Alternative Verstehen *oder* Achten führen, womit in keinem der beiden Fälle die Sozialpädagogin dem Klienten gerecht werden und auch der institutionelle Rahmen nicht die entsprechende Beachtung finden würde.

Verstehen *und* Achten

Die professionelle Haltung ist eine zugleich verstehende *und* achtende. Achten und Verstehen schließen sich nicht gegenseitig aus, bilden nicht eine Alternative des *entweder oder*. Auch wenn deutlich wird, dass Achten und Verstehen in einer gewissen Weise antagonistisch sein können, so bilden sie als verschiedene Pole doch eben jene Spannung, in der sich die Beziehung zwischen Sozialpädagogin und Klient schöpferisch entfalten kann. Wie lässt sich diese positive Spannung von Achten *und* Verstehen beschreiben? Hierfür greifen wir zurück auf die Erörterungen von Lévinas über die Diakonie und den Dialog, die wir hier, bezogen auf die professionelle Haltung, nochmals vertiefen wollen. Anders als Derrida, der dem Verstehen des Anderen im Kontext der bedingten Gastfreundschaft das Achten der unbedingten diametral entgegensetzt, betont Lévinas die Notwendigkeit beider zwischenmenschlichen Ebenen. Über den Eintritt des Dritten als zweiten Anderen, dem das Subjekt genauso maßlos verantwortlich ist wie dem ersten Anderen, ergibt sich die Bedingung der Möglichkeit des Vergleichs von eigentlich Unvergleichbarem. Das Subjekt ist daher gezwungen, aufgrund des verstehenden Thematisierens beider Anderen, zu entscheiden, welcher seiner Zuwendung am nötigsten bedarf. Somit ergibt sich der Schritt von der *Verantwortung zum Problem*, von der einseitigen, asymmetrischen *Nicht*-Beziehung der Achtung zur symmetrischen, wechselseitigen des Verstehens. Lévinas beschreibt die asymmetrische Ebene des Zwischenmenschlichen als Diakonie und die symmetrische als Dialog. Dies wird in der folgenden Passage deutlich:

> „Dia-Konie vor jedem Dia-Log: Ich analysiere die zwischen-menschliche Beziehung so, als wäre die Nähe zum Anderen – jenseits des Bildes, das ich mir vom anderen Menschen mache – sein Antlitz (...), das was mir *befiehlt*, ihm zu dienen."[300]

Das Achten in der Diakonie geht nach Lévinas dem Verstehen im Dialog *voraus*. Dieses *voraus* ist nicht zeitlich zu verstehen im Sinne einer synchron verlaufenden Zeit, die sich durch die Schattierungen eines Augenblicks in den folgenden hinein von einem Anfang zu einem Ende hin bewegt, sondern als Durchbrechen dieser Synchronie durch die Diachronie des An-Rufs des Anderen in seinem Antlitz. Das Verstehen des Anderen in seiner Lebensweise, das sich in dieser symmetrischen Zeit entwickelt, findet ein Maß am diachronischen Achten des Anderen. Dadurch wird das von uns als Missverstehen interpretierte absolute und bemächtigende Verstehen des Anderen gehemmt, die An-Frage des Anderen bleibt offen und wird nicht *endgültig* beantwortet. Das

300 Lévinas, Ethik und Unendliches, 74. An dieser Stelle soll betont sein, dass bei aller Unterschiedlichkeit zwischen den Ansätzen Bubers und Lévinas' auch die Gemeinsamkeiten nicht vergessen werden dürfen. Beide beschreiben das Begegnungsgeschehen als vorrangige Ebene des Zwischenmenschlichen. Und ist das, was Lévinas explizit als die asymmetrische Ebene der Diakonie *vor* dem Dialog beschreibt, nicht bei Buber implizit schon immer mit im *Dialog* ausgedrückt? Zur Erörterung der Unterschiede und Gemeinsamkeiten zwischen Buber und Lévinas vgl. Habbel, Der Dritte stört, 67-80.

bedeutet, dass sich das Verstehen am Achten orientiert und nur dadurch in seiner Offenheit gehalten werden kann. Bezogen auf die sozialpädagogische Beziehung bleibt die Rätselhaftigkeit des Klienten in dieser spannenden Verwebung beider zwischenmenschlicher Ebenen bewahrt. Die professionelle Haltung ist *aufgespannt* zwischen den Polen des Verstehens und Achtens. Der Versuch einer systematischen Darstellung der professionellen Haltung von Achten und Verstehen soll nun gewagt sein.

5.2 Verstehen und Achten in einer Systematik der professionellen Haltung

Der folgenden Systematik liegt die Prämisse zugrunde, dass die professionelle Haltung sich zwischen den Polen von Achten und Verstehen *aufspannt.* Dieses *Zelt beherbergt* die unterschiedlichen Facetten der professionellen Haltung, die wir infolge der Systematik skizzenhaft benennen werden. Hier soll kurz auf die antagonistischen Züge eingegangen werden, die die Spannung zwischen den Polen kennzeichnet. Diese Spannung wird jedoch über eine *Verbindungsbrücke getragen*, den Dialog. Der Dialog im Verständnis Bubers *beinhaltet* unserer Meinung nach die angesprochenen Beziehungsebenen der asymmetrischen Diakonie und der symmetrischen Dialektik im Verstehen. *Beinhaltet* meint dabei aber nicht eine Vereinheitlichung, sondern die *geheimnisvolle Verwebung* in der wirklichen Begegnung mit dem anderen Menschen im Allgemeinen und dem Klienten im Besonderen. So *beinhaltet* der Dialog im Verständnis Bubers unserer Meinung nach einerseits auch die asymmetrische Ebene der Diakonie, wie sie von Lévinas ausgeführt wird. Dies wird deutlich, wenn Buber das Erwähltwerden und die von Gnaden gewährte Begegnung des Du beschreibt. Andererseits *beinhaltet* der Dialog auch die symmetrische-wechselseitige Ebene des Verstehens im Gespräch, in der die zu verstehende Sache dialektisch entfaltet wird. Das Moment der Wechselseitigkeit und gegenseitigen Hinwendung zum Gesprächspartner wird von Buber immer wieder betont.[301]

Zur Verdeutlichung dieses Umstandes der *Verbindungsbrücke* beschreiben wir die Beziehungsebene der Achtung als dialogisch-diakonisch und die des Verstehens als dialogisch-dialektisch.

301 Vgl. zum hier Ausgeführten nochmals die Beschreibungen im Kapitel *Anthropologische Prämissen.*

Tab. 1: Systematik von Verstehen und Achten

	Achten	Verstehen
Sinnverwandte Beschreibungen	Unbedingte Gastfreundschaft (Derrida) (maßlose) Verantwortung (Lévinas)	
Beziehungsebene	Asymmetrisch/einseitig Diakonisch-dialogisch (Lévinas/Buber)	Symmetrisch/reziprok Dialogisch-dialektisch (Gadamer)
Der Klient in der professionellen Beziehung	Mysterium im Von-Angesicht-zu-Angesicht	Alter Ego (Person im Klientenstatus)
Handlungsmaxime	Wahren des Gesichtes des Klienten als Bewahren seiner Rätselhaftigkeit	Verstehen der Lebensweise des Klienten
Bezug auf	Radikale Andersheit des Klienten	Andersheit des Klienten mit Bezug auf ein Gemeinsames Selbes, das gute und schöne Leben
Haltungsformen	Passives Erdulden des Klienten und Gehör schenken	Einladung und Hinwirken zur aktiven Partnerschaft im Hilfeprozess
Missdeutung	Verwechslung mit einem Altruismus, der eine verkapselte Selbstbestätigung ist (Helfersyndrom)	Verstehen des dunklen Du des Klienten (Gadamer) als absolutes Verstehen und penetrantes Eindringen in den Klienten im Sinne der durchleuchtenden Bemächtigung seiner radikalen Andersheit (Derrida)

Im Spannungsfeld der professionellen Haltung von Achten und Verstehen entfaltet sich die professionelle Haltung in ihren unterschiedlichen Facetten und Ebenen. Diese Ebenen lassen sich in Anlehnung an Dörners Beschreibungen über die Arzt-Patienten-Beziehung[302] wie folgt bestimmen:

1. *Die paternalistische Ebene:* Diese Ebene der Haltung gründet auf dem für den Klienten uneinholbaren Vorsprung an Kompetenz, Wissen und damit auch an Macht der Sozialpädagogin. Der Vorsprung an Kompetenz und

302 Vgl. Dörner, Der gute Arzt, 71-77.

Wissen ergibt sich aus dem Allgemein- und Fachwissen der Sozialpädagogin, wobei letzteres auf der Kombination von Wissenschafts- und Reflexionswissen beruht. Dieser Wissensfundus ist in der Regel dem Klienten nicht zugänglich, aber auf ihm basieren die Interventionen der Sozialarbeiterin. Ihr Verstehen der Lebensweise des Klienten ist eingebettet in das Wissen um Möglichkeiten der Diagnose und der Bewältigung von krisenhaften Lebenssituationen.
2. *Die partnerschaftliche Ebene:* Der Klient wird nicht zum vermeintlich abhängigen *Bündel* der Sozialpädagogin und ihren Vorstellungen der Problembewältigung, da ein Gelingen des Hilfeprozesses in Beratung und Betreuung immer auf dem Verstehen des Klienten bezüglich seiner Lebensweise basiert. Dies bewirkt die symmetrische und reziproke Ebene des Verstehensprozesses, wie wir ihn in Anlehnung an Gadamer beschrieben haben. Nur auf diesem Wege kann Hilfe *Hilfe zur Selbsthilfe* sein, indem Klient und Sozialarbeiterin Ziele des Hilfeprozesses dialogisch besprechen und weitestgehend konsensual abstimmen. Im aktiven Mitgestalten des Hilfeprozesses bringt die Sozialarbeiterin sich mit ihrem Vorsprung an Fachkompetenz und Fachwissen ein, ohne den Klienten aufgrund dessen zu bevormunden. Im Beachten und Aufgreifen der Fähigkeiten und Kompetenzen des Klienten setzt sie ihre Kompetenz und ihr Wissen unterstützend ein.
3. *Die Ebene des Anspruchs vom Anderen her:* Auf dieser Ebene der Haltung bleibt die Sozialpädagogin *verwundbar* für den *nackten* Anspruch des Klienten. Die Rätselhaftigkeit des Klienten basiert auf diesem Unvorhersehbaren, Unkontrollierbaren seiner Andersheit, die zu jedem Zeitpunkt zu Brüchen und Umkehrungen im Hilfeprozess führen kann. Dieses Durchkreuzen dessen, was vernünftig und partnerschaftlich im Hilfeprozess schon an- und abgesprochen war, spannt die Geduld beider Parteien bis auf das äußerste Maß und ist dennoch die Bedingung der Möglichkeit für das Halten der Beziehung in Wach- und Offenheit.

Eine andere Perspektive auf das Entfalten der Haltung zwischen Achten und Verstehen ergibt sich mit Blick auf das Schema einer Berufsfeldstruktur, womit die verschiedenen Facetten der professionellen Haltung beschrieben werden können. Hans-Ludwig Schmidt erörtert in diesem Zusammenhang der Berufsfeldstruktur zwei Dimensionen sozialpädagogischen Handelns.[303] Die Sozialpädagogin ist dabei der Verknüpfungspunkt beider Dimensionen. Zur Orientie-

303 Vgl. auch für die folgenden Ausführungen Schmidt, Ethische Überlegungen zum beruflichen Selbstverständnis der Bewährungshilfe, 287-289 u. 298-300 sowie ders., Soziale Arbeit und Ethik, 60-62.

rung soll die Abbildung 4 dienen, das in leichter Veränderung von Schmidt übernommen ist.

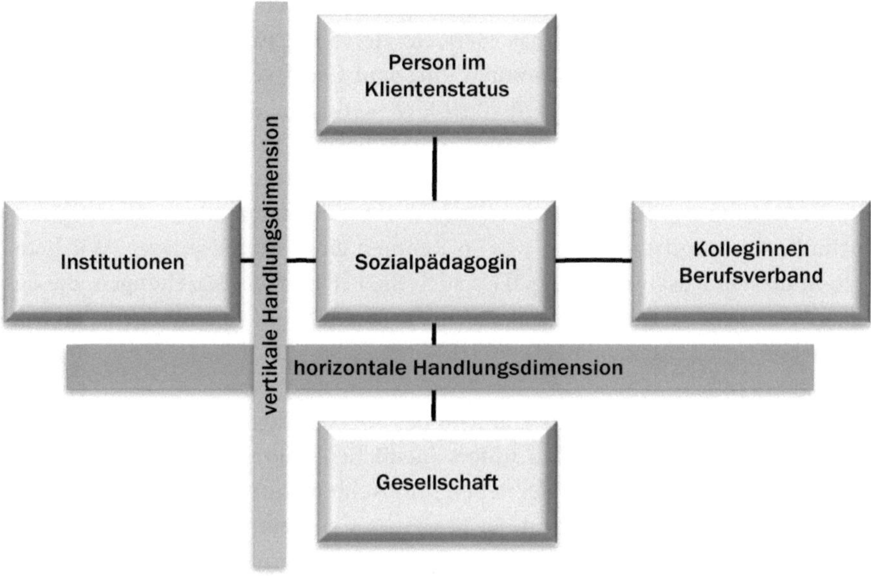

Abb. 4: Schema Berufsfeldstruktur[304]

Die *vertikale Handlungsdimension* verbindet die Sozialpädagogin mit den Handlungsebenen Klient und Gesellschaft. In dieser Dimension wird das Handeln der Sozialpädagogin *sichtbar*. Die Arbeit mit dem Klienten orientiert sich am Individualwohl desselben und zugleich an der Gesellschaft mit deren Maßstäben für das Gemeinwohl samt der dem zugrunde liegenden Sozial- sowie Sozialstaatsprinzipien. Aus unserer Sichtweise heraus kann die Gesellschaft auf dem Fundament der Beschreibungen Lévinas' über den Dritten als *generalisierter Dritter* betrachtet werden.

An diesen Ausführungen wird sehr gut deutlich, dass die unterschiedlichen Facetten der professionellen Haltung sich stets auf *eine ganze* Haltung beziehen; die gegenüber dem Klienten als Mitmensch und der Gesellschaft als Teil der Welt. Nicht zuletzt ist über die Reflexion des fachlichen Handelns auch der Bezug der Sozialpädagogin zu sich selbst gegeben, was in Anlehnung an die Begrifflichkeit bei Plessner eine exzentrische professionelle Positionalität bestimmt.

304 Nach Schmidt, Ethische Überlegungen zum beruflichen Selbstverständnis der Bewährungshilfe, 287.

Die *horizontale Handlungsdimension* verbindet die Sozialpädagogin mit den Ebenen der Institution und der Berufskolleginnen wie dem Berufsverband. Sie dient als professioneller *Halt* für die professionelle Haltung. Über die Ebene der Institution ist eine Handlungsorientierung im Rahmen der Gegebenheit eines institutionellen Auftrags für das Handeln der Sozialpädagogin gegeben. Der Bezug zu der Ebene der Kolleginnen und dem Berufsverband verschafft in einem *engen* Horizont die Möglichkeit der Reflexion des eigenen fachlichen Handelns. Als Beispiel hierfür kann die kollegiale Fallbesprechung genannt werden. In einem *weiten* Horizont gewährt dieser Bezug den Rückhalt durch die Vertretung des Berufsstands mittels der durch diesen allgemeingültig ausformulierten Berufsprinzipien wie im Rahmen eines Berufskodexes. Wir betonen in diesem Zusammenhang, dass auch die beruflichen Beziehungen, die das Handeln *tragen*, bestimmt sind durch die Haltung im Spannungsbogen von Verstehen und Achten.

Halten wir fest: Das berufliche Handeln der Sozialpädagogin in den verschiedenen Dimensionen und auf den unterschiedlichen Ebenen ist *getragen* von der professionellen Haltung. Im Verstehen und Achten ergeht eine Antwort auf die Anfrage des Klienten und darin ein Bekenntnis zu dem Beruf *Sozialpädagogin*. Dabei dient die Berufsfeldstruktur der Entfaltung der professionellen Haltung.

Epilog: Haltung und Bildung – L'honnête homme

Wer sich mit falschen Werten selber täuscht,
darf nicht enttäuscht sein über falschen Lohn.
Hiob 15,31

Wie *finden* Menschen *ihre* Haltung? Kann Haltung – zumal professionelle Haltung – erlernt, vermittelt oder beigebracht werden? Lässt sich Haltung bewahren, ändern oder ausbauen? Mit einer Erörterung dieser Fragen werden wir unsere Reflexionen abrunden und zum Ende führen. Wir werden dabei eingehender auf das *Gebilde* des *honnête homme* im Sinne Pascals zu sprechen kommen. Dieses Gebilde zeigt in sich stringent die Relation von Haltung und Bildung auf. Mit Blick auf dieses Gebilde werden die oben genannten Fragen schon zum Teil beantwortet: Haltung wird nicht wie eine Verfahrenstechnik, Methode oder Kompetenz erlernt, vermittelt und beigebracht. Beispielsweise Schulen und Hochschulen können keine messbare Haltung als Resultat einer Ausbildung und als in der Gesellschaft und der Wirtschaft zu verwertendes Produkt generieren. Wie sich im Sinne des Aristoteles das Reflexionswissen aus dem einen Strang der Haltung, der Routine und Gewöhnung, mit dem theoretischen Wissen aus dem anderen Strang der Haltung, der Klugheit, zu einem Handlungswissen verbinden lässt, bleibt letztlich ein Geheimnis der jeweiligen Person. Es gibt da keine methodischen und didaktischen Techniken, die ein in Schülerinnen und Studentinnen einheitliches, vergleichbares und messbares Resultat erzeugen könnten. In Zeiten eines allgemeinen Wahns der empirischen Vermessung des Menschen und der Welt mag dies ärgerlich sein. Und doch, ohne dies an dieser Stelle weiter ausführen zu können, liegt vielleicht gerade darin die Voraussetzung der Würde und Menschlichkeit aller beteiligten Personen in *Bildungs*institutionen. Denn mit Bildung ist genau alles das nicht gemeint.

Ausgehend von einer Aussage von Peter Bieri soll kurz beschrieben sein, was ganz basal unter Bildung verstanden werden kann: „Ich möchte in einer Kultur der Stille leben, in der es vor allem darum ginge, die eigene Stimme zu finden“[305]. Was kann damit gemeint sein? Bildung ist die – beständige – Suche

305 Bieri, Wie wollen wir leben?, Cover; ähnlich lautet die Ausführung auf Seite 34: „Die Kultur, wie ich sie mir wünschte, wäre eine leisere Kultur, eine Kultur der Stille, in der die

nach der eigenen *Stimme*. Und die kann *ich* nicht alleine für *mich* finden. Es bedarf dafür einer Sphäre außer *mir*, in die *ich* eingebettet *bin*. Als diese Sphäre benennt Bieri die Kultur. Und diese beschreibt er an anderer Stelle als „(...) das komplexe Gewebe von bedeutungsvollen, sinnstiftenden Aktivitäten“[306]. Bildung ist das Teilnehmen und die Teilhabe an diesen sinnstiftenden Aktivitäten als die „(...) wache, kenntnisreiche und kritische Aneignung von Kultur“[307]. Und dabei geht es um das Finden der eigenen *Stimme*. Dies impliziert schon über die wache und kritische Aneignung das Einnehmen einer eigenen Haltung. Übrigens: *Erziehung* ist hier sinnvoll anschließend nichts anderes und das fördernde Begleiten von Personen hin zur Bildung – und kein Zu- und Abrichten auf *nützliche* Kompetenzen.[308]

Nähern wir uns jetzt noch auf einem anderen Wege der Relation von Bildung und Haltung. Fritz Blättner gibt darauf in seinem 1956 erschienen und fast schon als meditativ zu beurteilendem Essay *Die Dichtung in Unterricht und Wissenschaft* folgende Antwort:

> „Die Welten fordern verschiedene Haltungen: Erkennen der Welt und Handeln in ihr (realistisch); Hingabe an die bedeutenden Bilder der Poesie, Gebet, Andacht, Versenkung und Erforschen und Durchdenken. Wer jedem dieser Ansprüche zu genügen, sie in ihrer Verschiedenheit zu erkennen und zu handhaben vermag, ist ein gebildeter Mensch.“[309]

Es geht in diesem Text um die Wahrnehmung verschiedener Welten, oder eher gesagt verschiedener Dimensionen der Welt, und das Vermögen, sich ihnen entsprechend differenziert zu ver-halten. In unserem Verständnis würde es sich um die verschiedenen Facetten der *einen* Haltung handeln. Die Dimensionen lassen sich wie folgt beschreiben:

1. Die realistische: Bewältigung unseres Alltags in Erkennen und Handeln.
2. Die dichterische: Öffnung des Horizontes eines *eigenen* Weltverständnisses im Lesen der Poesie, durch Gebet, Andacht und Versenkung.

Dinge so eingerichtet wären, daß jedem geholfen würde, zu seiner eigenen Stimme zu finden.“

306 Ebenda, 61. Zum Verständnis der Bildung sei zudem verwiesen auf Bieri, Wie wäre es, gebildet zu sein? Auch er kommt dabei auf eine Bildung des Herzens zu sprechen, die mit Blick auf den *honnête homme* so bedeutsam ist.

307 Bieri, Wie wollen wir leben?, 62.

308 Zum Verständnis des Sinns von Erziehung verweise ich auf Winkler, Kritik der Pädagogik.

309 Blättner, Die Dichtung in Unterricht und Wissenschaft, 8.

3. Die theoretische: wozu die Geisteswissenschaften wie Philosophie und Theologie, die Sozial- und Humanwissenschaften und die Naturwissenschaften, als Erforschen und Durchdenken gehören.
4. Die hinzutretenden Cyberwelten des Internets.

Robert Spaemann fügt dem (ungewollt und unbewusst fast 40 Jahre später) in *Wer ist ein gebildeter Mensch?* aus 1994 hinzu:

> „Er (der gebildete Mensch; Anm. E.M.) lebt nicht so in verschiedenen Welten, dass er bewusstlos von der einen in die andere hinübergleitet. Er kann verschiedene Rollen spielen, aber es ist immer er, der sie spielt."[310]

Es könnten sicherlich noch weitere Attribute eines *gebildeten* Menschen aufgezählt werden, doch bleiben wir bei diesem einen Merkmal, das so etwas wie Bildung beschreibt: Die Umsicht, verschiedene Wissensbestände aus unterschiedlichen Weltbezügen zu strukturieren und in einen selbstbestimmten Lebensentwurf zu integrieren. Dies steht ganz im Geiste der *platonischen Akademie*[311], die keine weltfremde Gelehrtenstube war, sondern auch ein Ort der *allgemeinen* Menschenbildung und der Lehre der Lebensführung und Lebenskunst. Es gab dort nicht nur das *studium exemplare* für das so genannte Expertenwissen einer Disziplin, sondern auch das *studium generale* der Allgemeinbildung. Das beinhaltet auch die Neugier auf weitere Wissensbestände und Menschen, die diese vermitteln, sowie die Fähigkeit der Weiterentwicklung und -gestaltung der eigenen Person durch die einzelnen Lebensalter hindurch. Bildung in diesem Sinne hat immer etwas mit der einzunehmenden Haltung zur Welt, zum Mitmenschen und zu sich selbst zu tun. Sie kann daher auch kein Resultat als fertiges Produkt eines spezifischen Prozesses sein, sondern sie ist die Antwort auf die immer wiederkehrende ethische Herausforderung der Lebensgestaltung in den jeweiligen Lebensumständen. Bezogen auf die professionelle Haltung in der Sozialen Arbeit ist eine solche Bildung, noch über das Maß eines *studium generale* hinausgehend, von großer Bedeutung, sind über die Orientierung an der Lebensweise des Klienten die beschriebenen Dimensionen der Welt doch immer schon im Blickfeld der Sozialpädagogin. Um die verschiedenen Facetten der Haltung bezüglich der unterschiedlichen Dimensionen des Weltbezugs sorgfältig entwickeln und pflegen zu können, bedarf es neben

---

310 Spaemann, Wer ist ein gebildeter Mensch?, 514.

311 Zur Entstehungsgeschichte und Bedeutung der platonischen Akademie als europäische Ur-Universität siehe Hirschberger, Geschichte der Philosophie, Bd. 1, 73-74.

einem wissenschaftlich eruierten Fachwissen einer breiten *Allgemein*bildung der Sozialpädagogin.[312]

Kommen wir nun auf die Relation von Haltung und Bildung im *Gebilde* des *honnête homme* zu sprechen. Es handelt sich um ein Gebilde, ein Bild von Personen, das uns für die Menschen in der jetzigen Epoche der großen Transformationsprozesse[313] als wünschenswert erscheint: Menschen, die mit einem ausgewogenen Maß diese Prozesse kritisch wahrnehmen und human und solidarisch mit gestalten. Und spezifischer sei auf die professionell wie auch ehrenamtlich Tätigen in der Sozialen Arbeit hingewiesen, denen bei der humanen und solidarischen Gestaltung dieser Transformationsprozesse eine große Bedeutung und Verantwortung zukommen wird. Doch was bedeutet *honnête homme* denn vom Begriff her? Ewald Wasmuth, Übersetzter und Interpret der Pensées Pascals, deutet darauf hin, dass der Begriff *honnête homme* sich einer exakten Übersetzung entzieht, gerade weil er ein Gebilde für eine spezifische Haltung und Bildung des Menschen darstellt. Mögliche übersetzende und damit interpretierende Beschreibungen von *honnête* sind rechtschaffend, ehrenvoll, umfassend gebildet.[314] Dies zielt auf eine Person mit einem ausgleichenden Charakter, der Eitelkeit fremd ist und die sich als einen harmonisierenden Spiegel der gesellschaftlichen Regungen versteht. Diese Haltung beschreibt Pascal in den entsprechenden Fragmenten 511 und 554-557 der Pensées. Und zu dieser Haltung korrespondiert eine Bildung in den verschiedenen Formen des erkennenden Zugangs zur Welt: der Geist der Geometrie, der Geist des Feinsinns und die *Augen des Herzens*. Wiederholen wir nochmals mit Bezug auf die Feinheit des Geistes im Verstehen die Unterscheidung des Geistes des Feinsinns von dem der Geometrie.[315] Während die Stärke des Geistes der Geometrie die Genauigkeit und die Ausdauer sind, um geduldig zu den ersten Prinzipien der

---

312 Darauf hat schon Alice Salomon hingewiesen. Dies hat sie an verschiedenen Stellen deutlich gemacht. Vgl. beispielhaft Salomon, Soziale Therapie, III-V und dies., Charakter ist Schicksal, 96-110. Innerhalb des Studiums der Sozialen Arbeit und in der Anleitung ehrenamtlicher Mitarbeiterinnen sollten daher allgemeinbildende Inhalte in ihrer Reflexion auf die persönliche Bildung einen angemessenen Raum erhalten. Zudem sollte es schon für Studierende der Sozialen Arbeit selbstverständlich sein, allgemeinbildende Informationen wie beispielsweise aktuelle gesellschaftspolitische Nachrichten mit Hintergrundinformationen abzurufen, wofür in den heutigen Zeiten der Fake News ein kritischer alias unterscheidender Umgang mit Medien grundlegend ist.

313 Als diese herausfordernden Transformationsprozesse sind beispielhaft folgende gemeint: Klimawandel, Flucht, Digitalisierung, Migration, demographischer Wandel und Globalisierung.

314 Vgl. Wasmuth, FN 1 zu S. 33 (Frgt. 35) in: Pascal, Pensées (1978), 451. Siehe weiterhin Balthasar, Herrlichkeit, 562-564.

315 Vgl. nochmals Pascal, Pensées, Frgt. 693-695. Diese Unterscheidung kann als Grundlegung zweier Wissenschaftsmethodiken und damit als *Trennung* von Geistes- und Naturwissenschaften gelesen werden.

Abstraktion vorzudringen, liegen die Stärken des Geistes des Feinsinns in der Weite des Geistes und einem äußerst sensiblen Empfindungsvermögen, also einem *guten Auge*, einem *guten Ohr*, einer *guten Nase* und einem *guten Geschmack*. Gelangt der eine gradlinig zu seinem Ziel, so der andere eher in konzentrischen Kreisen, die sich allmählich dem angestrebten Punkte nähern. Pascal wertet nicht zwischen beiden, der *honnête homme* verfügt über beide Zugänge in ausgeprägter Art und Weise, sondern betont ihre jeweiligen Stärken und Schwächen, weshalb jeder seinem speziellen Gegenstand zugeordnet sein soll. Die *Augen des Herzens* beziehen sich auf eine Form der Erkenntnis jenseits des Geistes der Geometrie und des Geistes des Feinsinns. Hier gibt es mit den Worten Bernhard Weltes eine eigene Sehfähigkeit.[316] Damit nehmen wir auch nochmal einen Bezug zu Schelers Verständnis des Menschen als Person auf. Scheler selbst weist darauf hin, dass er den „(...) alten großen Gedanken Blaise Pascals von einer *ordre du coer*, *logique du coer*, *raison du coer* wieder aufgenommen und zu einem der Fundamente seiner Ethik gemacht (...)“[317] hat. *Honnête homme* bezieht demnach eine umfassend menschliche und damit solidarische Dimension mit ein: „Nicht eine *isolierte* Person, sondern nur die sich ursprünglich mit Gott verknüpft wissende, auf die Welt mit Liebe gerichtete und sich mit der ganzen Geisteswelt und der Menschheit solidarisch geeint fühlende Person ist für den Verfasser die sittlich wertvolle“[318].

Sittlich wertvoll bezieht sich auf die Wahrnehmung der moralischen und ethischen Möglichkeiten und Qualifikationen des Menschen. Hierzu gehört – vielleicht – heute nicht mehr eine *Verknüpfung mit Gott*, wohl aber ein Gewissen mit Bezug auf objektive Werte. Diese aber werden nicht im Gefühl erzeugt. Sie sind weder individuell noch sozial konstruiert. Sie sind auch nicht einfach Normen, Güter oder Ideale. Sie sind uns gegeben als Kompass für unser Gewissen. Somit ermöglichen sie Orientierung für das Handeln und die eigene Lebensweise. Und sie bilden ein eigenständiges Reich, das sich uns nur mit den *Augen des Herzens* in seiner eigenen Ordnung und seiner eigenen Logik zu erschließen vermag.

An dieser Stelle könnten unsere Erörterungen zur Relation von Haltung und Bildung enden. Dies in der Hoffnung, dass verständlich wurde, warum *l'honnête homme* als ein Gebilde für Personen allgemein und auch im Besonderen mit Blick auf die professionelle Haltung für in der Sozialen Arbeit tätige

316 Vgl. hierzu Welte, Dialektik der Liebe, 61-62 und Pascal, Pensées, Frgt. 342. Auch Derrida beschreibt im Rahmen der Abhandlung über die unbedingte Gastfreundschaft eine *Innerlichkeit des Herzens* mit seinem *unsichtbaren Sprechen* über seine Verwundbarkeit. Diese Verwundbarkeit kann vom Anderen *gesehen* werden. Vgl. Derrida, Von der Gastfreundschaft, 85.

317 Scheler, Wesen und Formen der Sympathie, VIII.

318 Scheler, Der Formalismus der Ethik und die materiale Wertethik, 11.

Personen so bedeutsam ist. *L'honnête homme* ist ein Angebot zur Orientierung, das Verstehen und Achten des Anderen wie auch die Selbstachtung als Person ermöglichen kann. Und doch bleibt noch ein Hinweis offen mit Bezug auf Haltung und Bildung. *L'honnête homme* ermöglicht auch eine Perspektive auf das Ineinssehen der unmöglich zu vereinbarenden Ordnungen, in denen Menschen leben. Zur Eröffnung dieser Perspektive kehren wir nochmal ganz an den Anfang unserer Erörterungen zurück. Die in der Einleitung angeführten Verstehensweisen von Philosophie bei Gadamer und Lévinas beschrieben wir als paradigmatisch für die von uns dargestellten Pole der professionellen Haltung in der Sozialen Arbeit, Verstehen und Achten, zwischen denen sich die professionelle Haltung *aufspannt*. Gadamer sieht die Aufgabe der Philosophie darin, das sich dem Menschen Zusagende wahr- und aufzunehmen und das in ihm Zugesagte für alle überzeugend *verständlich* zu machen. Lévinas beschreibt die Philosophie als Liebe zur Liebesweisheit. Dabei ist zu beachten, dass Lévinas diese Liebe als Diakonie versteht. Gleiches gilt entsprechend für die unbedingte Gastfreundschaft in der Beschreibung Derridas. Beide, Diakonie und unbedingte Gastfreundschaft, stehen jedoch für die Achtung der Andersheit des Anderen, die nicht durch das Verstehen oder Erkennen des Anderen aufgelöst werden kann. Die Achtung ist somit eine Bewegung zur absoluten Andersheit des Anderen. Eine Bewegung, die nicht im Sinne einer Aktivität auf den Anderen zu verstehen ist, sondern als Empfang und Aufnahme des Anderen.

Die Ambivalenzen zwischen den beiden Zugängen zur Philosophie sowie zwischen Verstehen und Achten sind offensichtlich. Es ist jeweils kein *gemeinsamer Nenner* zu finden, auf den sie zurückgeführt werden können. Für die professionelle Haltung bedeutet dies, dass diese Ambivalenz ausge*halten* werden *muss*. Die Beziehung zwischen Sozialpädagogin und Klient behält in dem Spannungsbogen zwischen Achten und Verstehen immer etwas Paradoxes. Weisen diese Paradoxa zwischen Achten und Verstehen sowie analog zwischen den Zugängen zur Philosophie bei Gadamer und Lévinas nicht auf unterschiedliche *Ordnungen* hin, in denen wir zugleich leben?

Pascal beschreibt in Fragment 342 der Pensées drei Ordnungen: die der Körper, die des Geistes und die der Liebe.[319] In diese drei Ordnungen gliedert sich die Schöpfung ontologisch und soziologisch. Als Menschen bestehen wir in diesen drei Ordnungen.[320] Die Ordnung der Körper umfasst das Weltall mit allen Gesetzen, die seine Naturen bestimmen, und allen menschlichen (König) Reichen. Dazu gehört alles, was körperlich erfahrbar und auf Ursachen zurückführbar ist. Die Ordnung der Körper ist das *Universum* des empirisch messbaren. Die Ordnung des Geistes umfasst alle bildenden Künste und gestalteten

319 Vgl. Pascal, Pensées, Frgt. 342.
320 Vgl., auch für den folgenden Absatz Wasmuth, Die Philosophie Pascals, 223-225 u. 203.

Werke sowie alles das die Ordnung der Körper geistig erkennende, durchdringende und beschreibende in Wort und Zahl.[321] Die Ordnung der Liebe umfasst alle Regungen der Liebe zu Gott, wobei die Verbindung von Gottes- und Nächstenliebe bedacht sein soll.[322]

Analog zu diesen Ordnungen gliedern sich für Pascal auch die menschlichen Begabungen auf. So gibt es in jeder der Ordnungen Menschen mit *Größe*, die auch wiederum auf je ihre eigenen Bewunderer stoßen. In der Ordnung der Körper sind die *Großen* die gesellschaftlich und politisch Mächtigen, die, im heutigen Wortgebrauch ausgedrückt, gesellschaftlichen Einfluss haben und diesen als Zeichen *irdischer Größe* zu vermehren erachten. Die Ordnung des Geistes hat ihre eigenen Reiche. Die Größe eines *geistig Begabten* zeigt sich nicht im Glanze irdischer Größe, sondern in der Überzeugungs- und Beweiskraft seiner Argumente. Die Ordnung der Liebe kennt nun weder irdische noch geistige Größe, sondern die Größe der wahren Regung der Liebe zu Gott. Pascal macht dies an der Größe der Person Jesus Christus deutlich, dieser „(…) steht ohne Güter und ohne irgendeine Leistung außerhalb der Wissenschaft in seiner Ordnung der Heiligkeit"[323].

Ein entscheidender Punkt für unser Anliegen ist der Hinweis Pascals, dass zwischen den genannten Ordnungen ein unendlicher Abstand besteht. Dies drückt Pascal auch dadurch aus, dass er die Ordnung des Geistes *höher* als die der Körper und die der Liebe *höher* als die des Geistes bezeichnet. Die Ordnungen sind durch eine Kluft des unendlichen Abstands geschieden.[324] Wasmuth weist darauf hin, dass die Ordnungslehre Pascals keiner mystischen Betrachtung, sondern seiner rationalen Weltdeutung erwächst. Die unendlichen Abstände zwischen den Ordnungen sind auf mathematische Grundsätze zurückzuführen, beispielsweise dem unendlichen Abstand zwischen Punkt und Linie.[325] Entsprechend beschreibt Pascal den unendlichen Abstand zwischen den Ordnungen der Körper, des Geistes und der Liebe wie folgt:

---

321 An dieser Stelle ist zu fragen, ob der Geist im Menschen, oder der Mensch im Geist ist. So weist Bernhard Schleißheimer darauf hin, dass die *Dialogiker*, wie beispielsweise Buber oder Franz Rosenzweig, den Geist als das *Zwischen* des *Zwischen*menschlichen verstehen. Der Geist *ereignet* sich in der dialogischen Beziehung und aufgrund dieses Geistes im Dialog ist der Mensch Person. Vgl. hierzu Schleißheimer, Ethik heute, 151. Wäre in einer Ordnung des Geistes in einem solchen dialogischen Verständnis diese Ordnung nicht schon immer von der der Liebe durchdrungen? Wasmuth weist jedoch darauf hin, dass Pascal auf jeden Fall auch von einem Geist im Menschen ausgeht. Vgl. Wasmuth, Die Philosophie Pascals, 181.

322 Zur Verknüpfung von Gottes- und Nächstenliebe vgl. Pascal, Pensées, Frgt. 765.

323 Pascal, Pensées, Frgt. 342.

324 Vgl. Wasmuth, Die Philosophie Pascals, 181.

325 So ist der Abstand, der die Linie vom Punkt trennt, unendlich, da beide verschiedenen Ordnungen angehören. Wir können die Linie teilen und weiter teilen, nie finden wir das, was wesenhaft einen Punkt ausmacht. Vgl. Anmerkung Nr. 374 1 zu Frgt. 793 (1978) und

„Alle Körper, das Firmament, die Sterne, die Erde und ihre Königreiche wiegen nicht den geringsten der Geister auf. Denn er erkennt all dies und sich, und die Körper nichts.
Alle Körper zusammen und alle Geister zusammen und alle ihre Erzeugnisse wiegen nicht die geringste Regung der christlichen Liebe auf. Diese gehört einer unendlich höheren Ordnung an.
Aus allen Körpern zusammen wüsste man nicht einen kleinen Gedanken hervorzubringen, das ist unmöglich und gehört einer anderen Ordnung an. Aus allen Körpern und Geistern wüsste man nicht eine kleine Regung wahrer christlicher Liebe zu gewinnen, das ist unmöglich und gehört einer anderen, übernatürlichen Ordnung an."[326]

Betrachten wir nun noch einen bedeutenden Unterschied zwischen der Ordnung des Geistes und der der Liebe. Der Ordnung des Geistes sind die oben beschriebenen unterschiedlichen Arten der geistigen Tätigkeit, der Geist der Geometrie und der Geist des Feinsinns, mit ihren jeweiligen Prinzipien anheim gegeben. Mit Gadamer haben wir darauf hingewiesen, dass das Verstehen wesentlich auf dem Geist des Feinsinns beruht. Verstehen gehört also in die Ordnung des Geistes. Das Achten in dem von uns beschriebenen Sinne ist sich hiervon absetzend jedoch der Ordnung der Liebe zugehörig. So ist auch der Zugang zur Philosophie als Liebe zur Liebesweisheit bei Lévinas zu verstehen und daher rührt das Paradoxon zwischen den Beschreibungen der Philosophie bei Gadamer und Lévinas. Analog dem Verständnis Pascals sind sie unterschiedlichen Ordnungen zugehörig, die unendlich weit auseinander liegen und daher nie auf einen Grund zurückführbar sind. In der Ordnung der Liebe erschließt sich nichts durch den Feinsinn des Geistes oder den Geist der Geometrie. Dennoch kennt auch die Weisheit der Liebe ihre eigene *Logik*. Und aus dieser Logik heraus lässt sich mit den *Augen des Herzens* die Kluft zwischen den

---

Wasmuth, Die Philosophie Pascals, 183. Dazu auch Bense, Die Wissenschaftstheorie Blaise Pascals.

326 Pascal, Pensées, Frgt. 342. Da wir als Menschen den drei Ordnungen zugleich angehören, sind die unendlichen Abstände der Ordnungen *in* uns. Diese Kluft der unendlichen Abstände kann vom Menschen nicht *gefüllt* werden und bleibt als Leere und existenzielle Verlorenheit. Bei Pascal ist damit schon das angelegt, was später beispielsweise von Albert Camus und Jean Paul Sartre wieder aufgenommen werden wird, wenn diese die Kluft als das Absurde oder den Ekel beschreiben werden. Vgl. hierzu Camus, Der Mythos von Sisyphos sowie Sartre, Der Ekel. Im Unterschied zu Camus und Sartre betont aber Pascal, dass der Mensch in der Verlorenheit der unendlichen Abstände der drei Ordnungen in sich von der Liebe Gottes angerührt wird. Vgl. hierzu Guardini, Christliches Bewusstsein, 27-29.

verschiedenen, unendlich voneinander getrennten Ordnungen *ineinssehen.*[327] *L'honnête homme* umfasst daher auch die Bildung der Person zu einem Sehen der Zerrissenheit einer zersplitterten Welt, in der Menschen in die Abgründe des Absurden dieser Zerrissenheit blicken. Die *Augen des Herzens* ermöglichen eine Weisheit der Liebe, die Frieden stiftet![328]

Es mag um vieles gehen in der Sozialen Arbeit. Doch es bleibt die Frage, ob nicht ohne diese Weisheit der Liebe die Soziale Arbeit in Anlehnung an Hiob 15,31 sich mit falschen Werten selber täuscht und enttäuscht wird über falschen Lohn.

---

327 Dieses *Ineinssehen* kann mit Hundeck auch von dem Standpunkt und der Einsicht der Ewigkeit und Vollkommenheit (*sub specie aeternitatis)* aus als Weisheit im Sinne einer Haltung verstanden werden, die „die unendliche Würde und Hoheit" jedes Menschen achtet. Siehe hierzu Hundeck, Verstehen und Weisheit, Zitat S. 56.

328 Vgl. hierzu auch Mührel, Vom Anderen her – Soziale Arbeit in einer zersplitterten Welt. Zur Thematik des Friedens verweise ich vertiefend auf die Ausführungen von Lévinas zu Frieden und Nähe. Siehe hierzu Lévinas, Verletzlichkeit und Frieden, 137-149.

Literatur

Addams, Jane: Democracy and Social Ethics, Radford 2012.
Aristoteles: Philosophische Schriften, Hamburg 1995.
Balthasar, Hans Urs v.: Herrlichkeit. Eine theologische Ästhetik, Bd. II Fächer der Stile, Teil 2, Laikale Stile, Einsiedeln 1984.
Bartmann, Sylke; Fabel-Lamla, Melanie; Pfaff, Nicolle; Welter, Nicole (Hrsg.): Vertrauen in der erziehungswissenschaftlichen Forschung, Opladen 2014.
Becker, Ralf; Maaß, Stephan; Schneider-Harpprecht, Christoph (Hrsg.): Sicherheit neu denken – Von der militärischen zur zivilen Sicherheitspolitik, Karlsruhe 2018.
Begemann, Verena; Heckmann, Friedrich; Weber, Dieter (Hrsg.): Soziale Arbeit als angewandte Ethik. Positionen und Perspektiven für die Praxis, Stuttgart 2016.
Bense, Max: Die Wissenschaftstheorie Blaise Pascals, in: Zeitschrift für philosophische Forschung, Bd. II, Heft 1, 1947, S. 32-45.
Bewährungshilfe. Fachzeitschrift für Bewährungs-, Gerichts- und Straffälligenhilfe, Themenschwerpunkt Vertrauen, 4/2000.
Bien, Günther: Was ist das, die Philosophie?, in: Der blaue Reiter. Journal für Philosophie, 1/1995, S. 8-14.
Bieri, Peter: Wie wäre es, gebildet zu sein?, in: Lessing, Hans-Ulrich; Steenblock, Volker (Hrsg.): „Was den Menschen eigentlich zum Menschen macht…". Klassische Texte einer Philosophie der Bildung, Freiburg i.Br. 2010, S. 203-217.
Ders.: Wie wollen wir leben?, St. Pölten 2011.
Birgmeier, Bernd: Soziale Arbeit: „Handlungswissenschaft", „Praxiswissenschaft" oder „Praktische Wissenschaft"? Überlegungen zu einer handlungstheoretischen Fundierung Sozialer Arbeit, Eichstätter sozialpädagogische Arbeiten, Band 11, Eichstätt 2003.
Ders.: Handlung und Widerfahrnis. Prolegomena einer strukturellen Betrachtung von Lebenswirklichkeiten im Rahmen von Handlungs-Widerfahrnis-Kontexten, Frankfurt a.M. 2007.
Ders.: Handlungswissenschaft Soziale Arbeit. Eine Begriffsanalyse, Wiesbaden 2014.
Birgmeier, Bernd; Mührel, Eric (Hrsg.): Theorien der Sozialpädagogik – ein Theorie-Dilemma?, Wiesbaden 2009.
Birgmeier, Bernd; Mührel, Eric (Hrsg.): Die Sozialarbeitswissenschaft und ihre Theorie(n), Wiesbaden 2009.
Birgmeier, Bernd; Mührel, Eric (Hrsg.): Handlung in Theorie und Wissenschaft Sozialer Arbeit, Wiesbaden 2013.
Birgmeier, Bernd; Mührel, Eric: Handlung und Haltung. Zu den Möglichkeiten und Grenzen eines Zusammenspiels aus handlungswissenschaftlicher Perspektive, in: Dies. (Hrsg.): Handlung in Theorie und Wissenschaft Sozialer Arbeit, Wiesbaden 2013, S. 71-80.
Birgmeier, Bernd; Mührel, Eric: Wissenschaftliche Grundlagen Sozialer Arbeit, Schwalbach/Ts 2017.
Birnbaum, Walter: Das unverbrüchliche Gesetz im Tod des Sokrates, Göttingen 1953.
Blättner, Fritz: Die Dichtung in Unterricht und Wissenschaft, Würzburg 1956.
Blaha, Kathrin; Meyer, Christine; Colla, Herbert, Müller-Teusler, Stefan (Hrsg.): Die Person als Organon in der Sozialen Arbeit. Erzieherpersönlichkeit und qualifiziertes Handeln, Wiesbaden 2013.
Bloch, Jochanan: Die Aporie des Du. Probleme der Dialogik Martin Bubers, Heidelberg 1977.
Bollnow, Otto Friedrich: Die Ehrfurcht, Frankfurt a.M. 1947.
Brockhaus Philosophie. Ideen, Denker und Begriffe, Leipzig 2009.
Bruckner, Pascal: Ich leide, also bin ich. Die Krankheit der Moderne, Weinheim und Basel 1996.
Ders.: Verdammt zum Glück. Der Fluch der Moderne, Berlin 2001.
Buber, Martin: Das dialogische Prinzip, Gerlingen 1992^6.
Ders.: Das echte Gespräch und die Möglichkeit des Weltfriedens, in: Neue Schweizer Rundschau, Nr. 7/1953, S. 389-395.
Buck, August: Giovanni Pico della Mirandola und seine *Rede über die Würde des Menschen*, in: Pico

della Mirandola, Giovanni: De hominis dignitate. Über die Würde des Menschen, lateinisch-deutsch, Hamburg 1990, S. VII-XXVII.
Camus, Albert: Der Mythos von Sisyphos. Ein Versuch über das Absurde, Reinbek 1996.
Ders.: Der Mensch in der Revolte, Frankfurt a.M. 1997.
Ders.: Tagebücher 1935-1951, Reinbek 1997.
Capurro, Rafael: Homo Digitalis. Beiträge zur Ontologie, Anthropologie und Ethik der digitalen Technik, Wiesbaden 2017.
Ders.: Leben im Informationszeitalter, Berlin 1995.
Ders.: Ethik im Netz, Stuttgart 2003.
Ders.: Informationsbegriffe und ihre Bedeutungsnetze, in: Ethik und Sozialwissenschaften, Nr. 1/2001, S. 14-17.
Ders.: Ich bin ein Weltbürger aus Sinope. Vernetzung als Lebenskunst, in: Bittner, Peter et al (Hrsg.): Mensch – Informatisierung – Gesellschaft, Münster 1999, S. 1-19.
Ders.: Operari sequitur esse. Zur existenzial-ontologischen Begründung der Netzethik, in: Hausmanninger, Thomas; Capurro, Rafael (Hrsg.): Netzethik. Grundlegungsfragen der Internetethik, München 2002, S. 61-77.
Ders.: Theorie der Botschaft, in: Ders.: Ethik im Netz, Stuttgart 2003, S. 105-122.
Celan, Paul: Gesammelte Werke, Frankfurt a.M. 1986, Bd.1.
Dabrock, Peter: Man kann nicht nicht antworten. Sozialethische Gestaltungsperspektiven zum gesellschaftlichen Umgang mit Public Health Genetics, in: ZIF. Zentrum für interdisziplinäre Forschung der Universität Bielefeld – Mitteilungen, 2/2004, S. 18-28.
Der blaue Reiter. Journal für Philosophie, 1/1995, Was ist Philosophie?
Derrida, Jacques, Michel de Montaigne: Über die Freundschaft, Frankfurt a.M. 2000.
Derrida, Jacques: Die Schrift und die Differenz, Frankfurt a.M. 1972.
Ders.: Gesetzeskraft. Der mystische Grund der Autorität, Frankfurt a.M. 1991.
Ders.: Marx'Gespenster, Frankfurt a.M. 1995.
Ders.: Adieu. Nachruf auf Emmanuel Lévinas, München 1999.
Ders.: Politik der Freundschaft, Frankfurt a.M. 2000.
Ders.: Außer dem Namen (post-scriptum), in: ders., Über den Namen. Drei Essays, Wien 2000, S. 63-121.
Ders.: Der mich begleitet, in: Derrida, Jacques, Michel de Montaigne: Über die Freundschaft, Frankfurt a.M. 2000, S. 5-60.
Ders.: Von der Gastfreundschaft, Wien 2001.
Ders.: Die unbedingte Universität, Frankfurt a.M. 2001.
Ders.: Schibboleth. Für Paul Celan, Wien 2002.
Ders.: Seelenstände der Psychoanalyse. Das Unmögliche jenseits einer souveränen Grausamkeit, Frankfurt a.M. 2002.
Dewe, Bernd; Otto, Hans-Uwe: Profession, in: Otto, Hans-Uwe; Thiersch, Hans; Treptow, Rainer; Ziegler, Holger (Hrsg.): Handbuch Soziale Arbeit, München 2018, S. 1191-1202.
Dies.: Professionalität, in: Otto, Hans-Uwe; Thiersch, Hans; Treptow, Rainer; Ziegler, Holger (Hrsg.): Handbuch Soziale Arbeit, München 2018, S. 1203-1213.
Dies.: Wissenschaftstheorie, in: Otto, Hans-Uwe; Thiersch, Hans; Treptow, Rainer; Ziegler, Holger (Hrsg.): Handbuch Soziale Arbeit, München 2018, S. 1833-1845.
Dörner, Klaus: Der gute Arzt. Lehrbuch der ärztlichen Grundhaltung, Stuttgart 2001.
Dostojewskij, Fjodor M.: Die Brüder Karamasoff, Gütersloh o.J.
DU, die Zeitschrift für Kultur, Doppelheft Nr. 718, Juli 2001, Die Schöpfung. Sieben Szenen.
DU, die Zeitschrift für Kultur, Doppelheft Nr. 722, Dez. 2001/Jan. 2002, Heimaten. Sehnsucht nach Irgendwo.
Düring, Diana; Krause, Hans-Ullrich (Hrsg.): Pädagogische Kunst und professionelle Haltungen, Frankfurt a.M. 2011.
Dufourmantelle, Anne: Einladung, Nachwort in: Derrida, Jacques: Von der Gastfreundschaft, Wien 2001, S. 111-144.
Dungs, Susanne; Gerber, Uwe; Mührel, Eric (Hrsg.): Biotechnologie in den Kontexten Sozialer Arbeit, Frankfurt a.M. 2009.

Dungs, Susanne: Anerkennungsmodelle des Anderen. Sozialphilosophische Reflexionen und ihre Bedeutung für die Theorie und Praxis Sozialer Arbeit, in: Mührel, Eric (Hrsg.): Quo vadis Soziale Arbeit? Auf dem Wege zu grundlegenden Orientierungen, Essen 2006, S. 83-104.

Dies.: Anerkennen des Anderen im Zeitalter der Mediatisierung, sozialphilosophische und sozialarbeitswissenschaftliche Studien im Ausgang von Hegel, Lévinas, Butler, Zizek, Münster 2006.

Dussel, Enrique: Herrschaft – Befreiung. Ein veränderter theologischer Diskurs, in: Concilium 10 (1974), S. 396-407.

Elwert, Georg: Kühl, hochvernünftig und lernfähig. Wie terroristische Gruppen unter dem Dach von Ideologiefirmen effizient arbeiten und Attentäter heranziehen, in FR vom 20.10.2001, S. 16.

Fellsches, Josef: Wissen und Haltung, in: Fellsches, Josef; Hohmann, Werner L. (Hrsg.): Ethik und wissenschaftliche Objektivität, Essen 2001, S. 39-51.

Fink, Eugen: Metaphysik der Erziehung im Weltverständnis von Plato und Aristoteles, Frankfurt a.M. 1970

Finkielkraut, Alain: Die Weisheit der Liebe, München 1987.

Ders.: Verlust der Menschlichkeit. Versuch über das 20. Jahrhundert, Stuttgart 1998.

Foucault, Michel: Wahnsinn und Gesellschaft, Frankfurt a.M. 1969.

Ders.: Sexualität und Wahrheit, 3 Bände (Der Wille zum Wissen, Der Gebrauch der Lüste, Die Sorge um sich), Frankfurt a.M. 1977 u. 1986 (2).

Ders.: Überwachen und Strafen: Die Geburt des Gefängnisses, Frankfurt a.M. 1992.

Fromm, Erich: Die Kunst des Zuhörens, Weinheim 1991.

Gadamer, Hans-Georg: Wahrheit und Methode. Grundzüge einer philosophischen Hermeneutik, Tübingen 1990[6].

Ders.: Die Aufgabe der Philosophie, in: Ders.: Das Erbe Europas, Frankfurt a.M. 1995[3], S. 166-173.

Ders.: Gesammelte Werke, Tübingen 1999.

Gahleitner; Silke Birgitta: Soziale Arbeit als Beziehungsprofession. Bindung, Beziehung und Einbettung professionell ermöglichen, Weinheim und Basel 2017.

Galen, Brigitta Gräfin v.: Die Kultur- und Gesellschaftsethik José Ortega y Gassets, Heidelberg 1959.

Galuske, Michael: Dienstleistungsorientierung – ein neues Leitkonzept Sozialer Arbeit?, in: neue praxis 3/2002, S. 241-258.

Geertz, Clifford: Dichte Beschreibung. Beiträge zum Verstehen kultureller Systeme, Frankfurt a.M. 1983.

Gronemeyer, Marianne: Das Leben als letzte Gelegenheit. Sicherheitsbedürfnisse und Zeitknappheit, Darmstadt 1996.

Grondin, Jean: Von Heidegger zu Gadamer. Unterwegs zur Hermeneutik, Darmstadt 2001.

Guardini, Romano: Briefe über Selbstbildung, Bonn und Mainz 1930.

Ders.: Christliches Bewusstsein. Versuche über Pascal, München 1962.

Ders.: Die Begegnung, in: Messerschmid, Felix; Waltmann, Hans (Hrsg.): Romano Guardini – Otto Fr. Bollnow. Begegnung und Bildung, Würzburg 1969[6], S. 9-24.

Guzzoni, Ute: Das Lachen der thrakischen Magd, in: Seubold, Günter (Hrsg.): Die Zukunft des Menschen. Philosophische Ausblicke, Bonn 1999, S. 77-97.

Habbel, Torsten: Der dritte stört. Emmanuel Lévinas – Herausforderung für Politische Theologie und Befreiungsphilosophie. Mit einem Exkurs zum Verhältnis zwischen E. Lévinas und M. Buber, Mainz 1994.

Habermas, Jürgen: Erläuterungen zur Diskursethik, Frankfurt a.M. 1992[2].

Haupert, Bernhard: Kunde oder Klient? Soziale Arbeit im Spannungsfeld von Marktorientierung und Professionalität, in: Mührel, Eric (Hrsg.): Ethik und Menschenbild der Sozialen Arbeit, Essen 2003, S. 119-164.

Hausmanninger, Thomas; Capurro, Rafael: Ethik in der Globalität. Ein Dialog, in: Hausmanninger, Thomas; Capurro, Rafael (Hrsg.): Netzethik. Grundlegungsfragen der Internetethik, München 2002, S. 13-36.

Heidegger, Martin: Sein und Zeit, Tübingen 1993[17].

Ders.: Der Satz vom Grund, Stuttgart 1997[8].

Herbart, Johann Friedrich: Vielseitigkeit des Interesses – Charakterstärke der Sittlichkeit, in: Flitner, Wilhelm (Hrsg.): Die Erziehung. Pädagogen und Philosophen über die Erziehung und ihre Probleme, Bremen 1967, S. 259-261.

Hessel, Stéphane: Empört Euch!, Berlin 2011.

Ders.: Engagiert Euch!, Berlin 2011.

Hirschberger, Johannes: Geschichte der Philosophie, zwei Bände, Freiburg i.Br. 1991[14].

Hölderlin, Friedrich: Gesammelte Werke, Wiesbaden 1989.

Hollis, Martin: Soziales Handeln. Eine Einführung in die Philosophie der Sozialwissenschaften, Berlin 1995.

Honneth, Axel: Kampf um Anerkennung. Zur moralischen Grammatik sozialer Konflikte, Frankfurt a.M. 1992.

Ders.: Das Andere der Gerechtigkeit. Habermas und die ethische Herausforderung der Postmoderne, in: Fischer, Peter (Hrsg.): Freiheit oder Gerechtigkeit. Perspektiven politischer Philosophie, Leipzig 1995, S. 194-240.

Ders. (Hrsg.): Befreiung aus der Mündigkeit. Paradoxien des gegenwärtigen Kapitalismus, Frankfurt a.M. 2002.

Hubbertz, Karl-Peter: Problemlösen und Verstehen. Ein strategisch-kommunikatives Modell beruflichen Handelns in der Sozialen Arbeit, in: Archiv Soziale Arbeit, 2/2002, S. 84-127.

Hundeck, Markus; Mührel, Eric (Hrsg.): José Ortega y Gasset: Sozialpädagogik als politisches Programm. Von Spanien nach Europa, Wiesbaden 2016.

Hundeck, Markus: Welt und Zeit. Hans Blumenbergs Philosophie zwischen Schöpfungs- und Erlösungslehre, Würzburg 2000.

Ders.: Durchbrochene Kontingenz und verdankte Existenz als Perspektive Sozialer Arbeit. Ein Beitrag zur Profession Sozialer Arbeit aus christlicher Sicht, in: Mührel, Eric (Hrsg.): Ethik und Menschenbild der Sozialen Arbeit, Essen 2003, S. 51-72.

Ders.: Biographisches Erzählen als humane Selbstbehauptung, in: Mührel, Eric (Hrsg.): Quo vadis Soziale Arbeit? Auf dem Wege zu grundlegenden Orientierungen, Essen 2006, S. 41-51.

Ders.: Verstehen und Weisheit. Was es bedeuten könnte, Sozialpädagogik von einem anderen Standpunkt aus zu verstehen, in: Wesenberg, Sandra; Bock, Karin; Schröer, Wolfgang (Hrsg.): Verstehen: eine sozialpädagogische Herausforderung, Weinheim und Basel 2018, S. 47-57.

Ders.: Weltbejahung und Gemeinschaft. Studien zum Werk Paul Häberlins, Habilitationsschrift an der Fakultät für Sozial- und Verhaltenswissenschaften der Friedrich-Schiller-Universität Jena 2018.

Jauß, Hans Robert: Probleme des Verstehens, Stuttgart 1999.

Jegelka, Norbert: Paul Natorp. Philosophie, Pädagogik, Politik, Würzburg 1992.

Jongens, Marc: Der Mensch ist sein eigenes Experiment, in: DIE ZEIT, Nr. 33 vom 9. August 2001, S. 31.

Kimmerle, Heinz: Gadamer, Derrida und kein Ende, in: AZP 16/1991, S. 59-69.

Kleve, Heiko: Die Sozialarbeit ohne Eigenschaften. Fragmente einer postmodernen Professions und Wissenschaftstheorie Sozialer Arbeit, Freiburg i.Br. 2000.

Klossowski, Pierre: Die Gesetze der Gastfreundschaft, Reinbek 1966.

Kurbacher, Frauke A.; Wüschner, Phillip (Hrsg.) Was ist Haltung? Begriffsbestimmung, Positionen, Anschlüsse, Würzburg 2016.

Lévinas, Emmanuel: Vorwort, in: Mosès, Stéphane: System und Offenbarung. Die Philosophie Franz Rosenzweigs, München 1985, S. 9-18.

Ders.: Die Zeit und der Andere, Hamburg 1989.

Ders.: Totalität und Unendlichkeit. Versuch über die Exteriorität, Feiburg i.Br. 1987.

Ders.: Ganz Anders –Jacques Derrrida, in: ders.: Eigennamen, 1988, S. 67-76.

Ders.: Eigennamen, München 1988.

Ders.: Humanismus des anderen Menschen, Hamburg 1989.

Ders.: Franz Rosenzweig: Ein modernes jüdisches Denken, in ders.: Außer sich. Meditationen über Religion und Philosophie, München 1991, S. 99-122.

Ders.: Außer sich. Meditationen über Religion und Philosophie, München/Wien 1991.

Ders.: Jenseits des Seins oder anders als Sein geschieht, München 1992.

Ders.: Ethik und Unendliches. Gespräche mit Philippe Nemo, Wien 1992.
Ders.: Zwischen zwei Welten. Der Weg von Franz Rosenzweig, in: ders.: Schwierige Freiheit. Versuch über das Judentum, Frankfurt a.M. 1992, S. 129-154.
Ders.: Die Spur des Anderen. Untersuchungen zur Phänomenologie und Sozialphilosophie, Freiburg i.Br 1993.
Ders.: Die Stunde der Nationen. Talmudlektüren, München 1994.
Ders.: Zwischen uns. Versuch über das Denken an den Anderen, München/Wien 1995.
Ders.: Jenseits des Buchstabens, Band 1: Talmud-Lesungen, Frankfurt a.M. 1996.
Ders.: Vom Sein zum Seienden, München 1997.
Ders.: Verletzlichkeit und Frieden. Schriften über die Politik und das Politische, Zürich 2007.
Löwith, Karl: Das Individuum in der Rolle des Mitmenschen, Darmstadt 1962.
Maurer, Susanne: Soziale Arbeit als „offenes Archiv" gesellschaftlicher Konflikte, in: Mührel, Eric; Birgmeier, Bernd (Hrsg.): Theorien der Sozialpädagogik – ein Theorie-Dilemma?, Wiesbaden 2009, S. 147-164.
Mayer, Reinhold (Hrsg.): Der Babylonische Talmud, München 1978[4].
Meinberg, Eckhard: Das Menschenbild der modernen Erziehungswissenschaft, Darmstadt 1988.
Messerschmid, Felix; Waltmann, Hans (Hrsg.): Romano Guardini – Otto Fr. Bollnow. Begegnung und Bildung, Würzburg 1969[6].
Michel de Montaigne: Essais, Frankfurt a.M. 1999.
Mosès, Stéphane: System und Offenbarung. Die Philosophie Franz Rosenzweigs, München 1985.
Mührel, Eric; Niemeyer, Christian; Werner, Sven (Hrsg.): Capability Approach und Sozialpädagogik. Eine heilige Allianz?, Weinheim und Basel 2017.
Mührel, Eric: Zum Problem der Anerkennung und Verantwortung bei Emmanuel Lévinas, Essen 1997.
Ders.: Sinnhilfe in einer gespensterhaften Welt. Moralische Bildung zwischen Verantwortung und Lebenskunst, in: EB, 3/2000, S. 125-132.
Ders. (Hrsg.): Ethik und Menschenbild der Sozialen Arbeit, Essen 2003.
Ders.: Ethik und Menschenbild der Sozialen Arbeit. Eine Einführung, in: ders. (Hrsg.): Ethik und Menschenbild der Sozialen Arbeit, Essen 2003, S. 7-14.
Ders.: Zur Ethik der Gastfreundschaft als Fundament Sozialer Arbeit, in: ders. (Hrsg.): Ethik und Menschenbild der Sozialen Arbeit, Essen 2003, S. 73-83.
Ders.: Das Zwischenmenschliche in der Informations- und Biotechnologie-Gesellschaft, in: Dungs, Susanne; Gerber, Uwe (Hrsg.): Der Mensch im virtuellen Zeitalter. Wissensschöpfer oder Informationsnull, Frankfurt a.M. 2003, S. 125-141.
Ders.: Zur Einführung: quo vadis Soziale Arbeit?, in: ders. (Hrsg.): Quo vadis Soziale Arbeit? Auf dem Wege zu grundlegenden Orientierungen, Essen 2006. S. 7-12.
Ders.: Vom Anderen her – Soziale Arbeit in einer zersplitterten Welt, in: Dungs, Susanne; Gerber, Uwe; Schmidt, Heinz; Zitt, Renate (Hrsg.): Soziale Arbeit und Ethik im 21. Jahrhundert. Ein Handbuch, Leipzig 2006, S. 243-254.
Ders.: Soziale Arbeit im Menschenpark. Zwei Briefe an die Freunde der humanistischen Professionen der Sozialen Arbeit, in: Dungs, Susanne; Gerber, Uwe; Mührel, Eric (Hrsg.): Biotechnologie in den Kontexten Sozialer Arbeit, Frankfurt a.M. 2009, S. 297-310.
Ders.: Was ich liebte – Epilog zur Bestimmung der Sozialpädagogik, in: Mührel, Eric; Birgmeier, Bernd (Hrsg.): Theorien der Sozialpädagogik – ein Theorie-Dilemma?, Wiesbaden 2009, S. 185-199.
Ders.: Die Begründung der Sozialarbeitswissenschaft in den Sozialwissenschaften, in: Birgmeier, Bernd; Mührel, Eric (Hrsg.): Die Sozialarbeitswissenschaft und ihre Theorie(n), Wiesbaden 2009, S. 257-267.
Ders.: Individuum – Person – Mensch. Die zweite Schöpfung des Menschen in Schillers Briefen über die ästhetische Erziehung, in: Mührel, Eric (Hrsg.): Zum Personenverständnis in der Sozialen Arbeit und Pädagogik, Essen 2009, S. 97-106.
Ders.: Soziale Arbeit als Widerfahrnis von Personen. Grundlegung eines möglichen Verständnisses, in: Blaha, Kathrin; Meyer, Christine; Colla, Herbert, Müller-Teusler, Stefan (Hrsg.): Die Person als Organon in der Sozialen Arbeit. Erzieherpersönlichkeit und qualifiziertes Handeln, Wiesbaden 2013, S. 77-87.

Ders.: Menschenrechte und Demokratie als *soziale Ideale*. Zur Aktualität der Sozialpädagogik und des Sozialidealismus Paul Natorps. Mit einem Exkurs zu Jane Addams` *„Democracy and Social Ethics"*, in: Mührel, Eric; Birgmeier, Bernd (Hrsg.): Menschenrechte und Demokratie. Perspektiven für die Entwicklung der Sozialen Arbeit als Profession und wissenschaftliche Disziplin, Wiesbaden 2013, S. 219-241.

Ders.: Der Garten der Existenz und die Gesellschaft. Eine mögliche Perspektive der Sozialpädagogik, in: Mührel, Eric; Niemeyer, Christian; Werner, Sven (Hrsg.): Capability Approach und Sozialpädagogik. Eine heilige Allianz?, Weinheim und Basel 2017, S. 144-154.

Ders.: Melancholie des nicht vermittelbaren Lebens. Eine allegorische Interpretation über Fernando Pessoas Pessimismus gegenüber dem Verstehen, in: Wesenberg, Sandra; Bock, Karin; Schröer, Wolfgang (Hrsg.): Verstehen: eine sozialpädagogische Herausforderung, Weinheim und Basel 2018, S. 40-46.

Müller, Burkhard: Sozialpädagogisches Können. Ein Lehrbuch zur multiperspektivischen Fallarbeit, Freiburg 1993.

Ders.: Das Allgemeine und das Besondere beim sozialpädagogischen und psychoanalytischen Fallverstehen, in: ZfPäd., 5/1995, S. 697-708.

Müller, Burkhard: Das Glück der Tiere. Einspruch gegen die Evolutionstheorie, Berlin 2000.

Müller, Carsten: Sozialpädagogik als Erziehung zur Demokratie. Ein problemgeschichtlicher Theorieentwurf, Bad Heilbrunn 2005.

Natorp, Paul: Sozialpädagogik. Theorie der Willenserziehung auf der Grundlage der Gemeinschaft, 1904.

Ders.: Religion innerhalb der Grenzen der Humanität. Ein Kapitel zur Grundlegung der Sozialpädagogik, Tübingen 1908.

Ders.: Pädagogik und Philosophie, Paderborn 1964.

Niemeyer, Christian: Sozialpädagogisches Verstehen. Eine Einführung in ein Schlüsselproblem Sozialer Arbeit, Weinheim und Basel 2015.

Ders.: Sozialpädagogik und der Zwang der disziplinären Verortung, in: ders. u.a. (Hrsg.): Grundlinien historischer Sozialpädagogik, Weinheim und Basel 1997, S. 33-42.

Nussbaum, Martha: Fähigkeiten schaffen. Neue Wege zur Verbesserung menschlicher Lebensqualität, Freiburg i.Br. 2015.

Ortega y Gasset, José: Meditationen über Don Quijote, Stuttgart 1959.

Ders.: Gesammelte Werke, Stuttgart 1978.

Ders.: Der Mensch ist ein Fremder. Schriften zur Metaphysik und Lebensphilosophie, Freiburg 2008.

Otto, Hans-Uwe; Thiersch, Hans; Treptow, Rainer; Ziegler, Holger (Hrsg.): Handbuch Soziale Arbeit, Neuwied 2018[6].

Pascal, Blaise: Pensées – Gedanken, editiert und kommentiert von Philippe Sellier, Darmstadt 2016.

Pascal, Blaise: Pensées. Über die Religion und einige andere Gegenstände, übertragen und herausgegeben von Ewald Wasmuth, Heidelberg 2001[10].

Pelluchon, Corine: Ethik der Wertschätzung. Tugenden für eine ungewisse Welt, Darmstadt 2019.

Pfaffenberger, Hans: Klient, in Schwendkte, Arnold (Hrsg.), Wörterbuch der Sozialarbeit und Sozialpädagogik, Heidelberg 1995[4], S. 253-255

Pico della Mirandola, Giovanni: De hominis dignitate. Über die Würde des Menschen, lateinisch-deutsch, Hamburg 1990.

Platon: Werke in acht Bänden, Griechisch und Deutsch, Darmstadt 1990.

Pleger, Wolfgang: Handbuch der Anthropologie. Die wichtigsten Konzepte von Homer bis Sartre. Darmstadt 2018[3].

Plessner, Helmuth: Die Stufen des Organischen und der Mensch, Berlin 1975.

Rahner Karl: Experiment Mensch. Theologisches über die Selbstmanipulation des Menschen, in: Rombach, Hinrich (Hrsg.): Die Frage nach dem Menschen. Aufriß einer philosophischen Anthropologie, München 1966, S. 45-69.

Reschke, Anja: Haltung zeigen!, Reinbek 2018.

Ried, Christoph: Sozialpädagogik und Menschenbild. Bestimmung und Bestimmbarkeit der Sozialpädagogik als Denk- und Handlungsform, Wiesbaden 2017.

Richter, Hans-Günther: Pädagogische Kunsttherapie, Hamburg 1999.
Rittelmeyer, Christian; Parmentier, Michael: Einführung in die pädagogische Hermeneutik, Darmstadt 2001.
Röh, Dieter: Soziale Arbeit, Gerechtigkeit und das gute Leben. Eine Handlungstheorie zur daseinsmächtigen Lebensführung, Wiesbaden 2013.
Rogers, Carl: Die nicht-direktive Beratung, München 1985.
Rombach, Heinrich (Hrsg.): Die Frage nach dem Menschen. Aufriß einer philosophischen Anthropologie, München 1966.
Ders.: Strukturanthropologie. „Der menschliche Mensch", Freiburg i.Br. 1987.
Rosenzweig, Franz: Der Stern der Erlösung, Frankfurt a.M. 1996.
Rusker, Udo: Grundzüge von Ortegas Philosophie, in: Zeitschrift für Philosophische Forschung, Bd. 19, 1965, S. 668-692.
Salomon, Alice; Wronsky, G.: Soziale Therapie, Berlin 1926.
Salomon, Alice: Charakter ist Schicksal. Lebenserinnerungen, Weinheim und Basel 1984.
Sartre, Jean Paul: Der Ekel, Reinbek 1983.
Ders.: Der Existentialismus ist ein Humanismus, in: Ders.: Der Existentialismus ist ein Humanismus und andere philosophische Essays 1943-1948, Reinbek 2007, S. 145-192.
Schaarschuch, Andreas: Theoretische Grundelemente Sozialer Arbeit als Dienstleistung. Ein analytischer Zugang zur Neuorientierung Sozialer Arbeit, in: neue praxis 6/99, S. 543-560.
Scheler, Max: Die Stellung des Menschen im Kosmos, mit einer Einleitung und Anmerkungen herausgegeben von Wolfhart Henckmann, Darmstadt 2018 (Erstausgabe 1928).
Ders.: Wesen und Formen der Sympathie, Paderborn 2015 (Nachdruck des Originals von 1923).
Ders.: Der Formalismus in der Ethik und die materiale Wertethik, Hamburg 2014 (Erstausgabe 1916).
Ders.: Die Stellung des Menschen im Kosmos, Bonn 1988.
Schiller, Friedrich: Briefe über ästhetische Erziehung, Berlin 1946.
Schilling, Johannes: Soziale Arbeit. Entwicklungslinien der Sozialpädagogik/Sozialarbeit, Neuwied, 1997.
Schleißheimer, Bernhard: Ethik heute. Eine Antwort auf die Frage nach dem guten Leben, Würzburg 2003.
Schmidt, Hans-Ludwig: Theorien der Sozialpädagogik, Rheinstetten 1981.
Ders.: Der Sozialpädagoge als Helfer, in: Miedaner, Michael; Rath, Matthias; Schmidt, Hans-Ludwig (Hrsg.): Leben verantworten. Festschrift für Bernhard Schleißheimer zum 65. Geburtstag, Frankfurt a.M. 1987, S. 151-157.
Ders.: Menschen in krisenhaften Lebenssituationen. Überlegungen zu Aufgaben und Grenzen der Sozialpädagogik, in: Jendrowiak, Hans-Werner (Hrsg.): Humane Schule in Theorie und Praxis, Frankfurt a.M. 1998, S. 182-203.
Ders.: „Und so weiter" – „Warum gerade ich?" Normalbiographie, Krise und Sozialpädagogik, in: Pelzl, Claudia: Psychoonkologische Fragestellungen und sozialpädagogischer Handlungsbedarf bei Krebserkrankungen, Eichstätt 1998, S. V-XIX.
Ders.: Soziale Arbeit und Ethik. Auch ein Beitrag zur Effizienz- und Effektivitätsdebatte, in: Reindl, Richard (Hrsg.): Effektivität. Effizienz und Ethik in Straffälligenhilfe und Kriminalpolitik, Freiburg i.Br. 1998, S. 32-71.
Ders.: Ethische Überlegungen zum beruflichen Selbstverständnis der Bewährungshilfe, in: Bewährungshilfe, 3/2000, S. 282-301.
Schulz, Walter: Ich und Welt. Philosophie der Subjektivität, Pfullingen 1979.
Schwer, Christine; Solzbacher, Claudia (Hrsg.): Professionelle pädagogische Haltung. Historische, theoretische und empirische Zugänge zu einem viel strapazierten Begriff, Bad Heilbrunn 2014.
Seel, Martin: Versuch über die Form des Glücks, Frankfurt a.M. 1995.
Sloterdijk, Peter: Regeln für den Menschenpark. Ein Antwortschreiben zu Heideggers Brief über den Humanismus, Frankfurt a.M. 1999.
Spaemann, Robert: Grenzen. Zur ethischen Dimension des Handelns, Stuttgart 2001.
Ders.: Wie praktisch ist die Ethik?, in: ders.: Grenzen. Zur ethischen Dimension des Handelns, Stuttgart 2001, S. 26-37.

Ders.: Sind alle Menschen Personen? Über neue philosophische Rechtfertigungen der Lebensvernichtung, in: ders.: Grenzen. Zur ethischen Dimension des Handelns, Stuttgart 2001, S. 417-428.
Ders.: Wer ist ein gebildeter Mensch?. Aus einer Promotionsrede, in: ders.; Grenzen. Zur ethischen Dimension des Handelns, Stuttgart 2001, S. 513-516.
Speck, Otto: Erziehung und Achtung vor dem Anderen. Zur moralischen Dimension der Erziehung, München 1996.
Sprey, Thea: Beraten und Ratgeben in der Erziehung. Zur Differenzierung einer pädagogischen Handlungsform, Weinheim 1968.
Staub-Bernasconi, Sylvia: Das fachliche Selbstverständnis Sozialer Arbeit – Wege aus der Bescheidenheit. Soziale Arbeit als Human Rights Profession, in Wendt, Wolf Rainer (Hrsg.): Soziale Arbeit im Wandel ihres Selbstverständnisses: Beruf und Identität, Freiburg i.Br. 1995, S. 57-104.
Dies.: Political Democracy is necessary, but not sufficient – ein Beitrag aus der Theorietradition Sozialer Arbeit, in: Mührel, Eric; Birgmeier, Bernd (Hrsg.): Menschenrechte und Demokratie. Perspektiven für die Entwicklung der Sozialen Arbeit als Profession und wissenschaftliche Disziplin, Wiesbaden 2013, S. 163-182.
Stein, Edith: Endliches und ewiges Sein. Versuch eines Aufstiegs zum Sinn des Seins, Edith Stein Gesamtausgabe Bd. 11/12, Phänomenologie und Ontologie 3/4 Freiburg i.Br. 2006.
Dies.: Der Aufbau der menschlichen Person. Vorlesung zur philosophischen Anthropologie, Edith Stein Gesamtausgabe Bd. 14, Schriften zu Anthropologie und Pädagogik 2, Freiburg i.Br. 2004.
Stegmaier, Werner: Die Zeit und die Schrift. Berührungen zwischen Lévinas und Derrida, in: Freyer, Thomas; Schenk, Richard (Hrsg.): Emmanuel Lévinas – Fragen an die Moderne, Wien 1996, S. 51-72.
Suter, Alois: Menschenbild und Erziehung bei Martin Buber und Carl Rogers. Ein Vergleich, Bern 1986.
Taylor, Charles: Quellen des Selbst. Die Entstehung der neuzeitlichen Identität, Frankfurt a.M. 1996.
Thiersch, Hans: Lebensweltorientierte Soziale Arbeit, Weinheim und München 1992.
Ders.: Verstehen – lebensweltorientiert, in: Wesenberg, Sandra; Bock, Karin; Schröer, Wolfgang (Hrsg.): Verstehen: eine sozialpädagogische Herausforderung, Weinheim und Basel 2018, S. 16-32.
Thies, Christian: Philosophische Anthropologie auf neuen Wegen, Weilerswist 2018.
Ulrich, Ferdinand: Gegenwart der Freiheit, Einsiedeln 1974.
Volz, Fritz-Rüdiger: Lebensführungshermeneutik. Zu einigen Aspekten des Verhältnisses von Sozialpädagogik und Ethik, in: neue praxis 1+2/93, S. 25-31.
Ders.: „In aller Freundschaft" – Thesen zu Personwerdung und Vermögensbildung, in: Mührel, Eric; Birgmeier, Bernd (Hrsg.): Theorien der Sozialpädagogik – ein Theorie-Dilemma?, Wiesbaden 2009, S. 287-305.
Waldenfels, Bernhard: Verfremdung der Moderne. Phänomenologische Grenzgänge, Göttingen 2001.
Wasmuth, Ewald: Die Philosophie Pascals. Unter besonderer Berücksichtigung seiner Lehren von dem Unendlichen und dem Nichts und den Ordnungen, Heidelberg 1949.
Weinberger, Sabine: Klientenzentrierte Gesprächsführung. Eine Lern- und Praxisanleitung für helfende Berufe, Weinheim und Basel 2013.
Weingart, Peter: Von Menschenzüchtern, Weltbeherrschern und skrupellosen Genies. Das Bild der Wissenschaft im Spielfilm, in: ZIF. Zentrum für interdisziplinäre Forschung der Universität Bielefeld – Mitteilungen I/2003, S. 9-19.
Weizsäcker, Carl Friedrich v.: Die Einheit der Natur, München 1979.
Welte, Bernhard: Zum Begriff der Person, in: Rombach, Hinrich (Hrsg.): Die Frage nach dem Menschen. Aufriß einer philosophischen Anthropologie, München 1966, S. 11-22.
Ders.: Dialektik der Liebe, Frankfurt a.M. 1973.
Wendt, Wolf Rainer: Eignung. Ethische Erwägungen, Frankfurt a.M. 1989.

Ders.: Fachsozialarbeit als notwendige professionelle Spezialisierung, in: Blätter Wohlfahrtspflege 4/2003, S. 124-128.

Wesenberg, Sandra; Bock, Karin; Schröer, Wolfgang (Hrsg.): Verstehen: eine sozialpädagogische Herausforderung, Weinheim und Basel 2018.

Winkler, Michael: Haltung bewahren – sozialpädagogisches Handeln unter Unsicherheitsbedingungen, in: Düring, Diana; Krause, Hans-Ullrich (Hrsg.): Pädagogische Kunst und professionelle Haltungen, Frankfurt a.M. 2011, S. 14-34.

Ders.: Kritik der Pädagogik. Der Sinn der Erziehung, Stuttgart 2006.

Wittgenstein, Ludwig: Philosophische Untersuchungen, Frankfurt a.M. 2001.

Wojtyla, Karol: Wer ist der Mensch? Skizzen zur Anthropologie, eingeleitet und übersetzt von Hanns-Gregor Nissing, München 2011.

Wolf, Ursula: Worin sich die Platonische und die Aristotelische Ethik unterscheiden, in: Wingert, Lutz; Günther, Klaus (Hrsg.): Die Öffentlichkeit der Vernunft und die Vernunft der Öffentlichkeit, Frankfurt a.M. 2001, S. 271-279.

Dies.: Aristoteles' Nikomachische Ethik, Darmstadt 2002.

Yates, Francis A.: Die okkulte Philosophie im elisabethanischen Zeitalter, Amsterdam 1979.

Zeller, Susanne: Nicht Almosen, sondern Gerechtigkeit. Jüdische Ethik und ihre historischen Wurzeln für die Professionalisierung in der Sozialen Arbeit, in: neue praxis 6/98, S. 540-556.

Dies.: Juan Luis Vives (1492-1540), Freiburg i.Br. 2006.

ZIF. Zentrum für interdisziplinäre Forschung der Universität Bielefeld – Mitteilungen, 2/2004.